本书受西南财经大学2022年度中央高校基本科研专著出版项目"第三次分配视域下中国大学募捐多机构协同形成研究"(JBK2204010)资助

中国大学募捐多机构协同形成机制研究

刘黄娟 著

中国社会科学出版社

图书在版编目（CIP）数据

中国大学募捐多机构协同形成机制研究/刘黄娟著 .—北京：中国社会科学出版社，2023.8
ISBN 978-7-5227-2547-5

Ⅰ.①中…　Ⅱ.①刘…　Ⅲ.①高等学校—募捐—研究—中国　Ⅳ.①G647

中国国家版本馆 CIP 数据核字（2023）第 165972 号

出 版 人	赵剑英
责任编辑	李庆红
责任校对	刘　娟
责任印制	王　超

出　版	中国社会科学出版社
社　址	北京鼓楼西大街甲 158 号
邮　编	100720
网　址	http://www.csspw.cn
发 行 部	010-84083685
门 市 部	010-84029450
经　销	新华书店及其他书店
印　刷	北京君升印刷有限公司
装　订	廊坊市广阳区广增装订厂
版　次	2023 年 8 月第 1 版
印　次	2023 年 8 月第 1 次印刷
开　本	710×1000　1/16
印　张	16
插　页	2
字　数	258 千字
定　价	85.00 元

凡购买中国社会科学出版社图书，如有质量问题请与本社营销中心联系调换
电话：010-84083683
版权所有　侵权必究

目　录

第一章　导论 …………………………………………………………… 1

　　第一节　研究背景及意义 …………………………………………… 1
　　第二节　概念界定 …………………………………………………… 7
　　第三节　研究问题的提出 ………………………………………… 27
　　第四节　研究目标和学科贡献 …………………………………… 35
　　第五节　研究地图 ………………………………………………… 36
　　第六节　小结 ……………………………………………………… 45

第二章　研究现状和相关文献评述 ………………………………… 47

　　第一节　学科文献：大学募捐"网络"协同研究现状综述 …… 47
　　第二节　主题文献：四类协同形成机制研究综述 ……………… 64
　　第三节　理论文献：研究协同形成的四种理论 ………………… 73
　　第四节　小结 ……………………………………………………… 95

第三章　多机构协同形成机制解释框架构建 ……………………… 96

　　第一节　框架基础：网络结构中的互动关系 …………………… 96
　　第二节　框架构建：网络互动视角下大学募捐协同
　　　　　　形成解释框架 ………………………………………… 106
　　第三节　小结 ……………………………………………………… 109

第四章　类型学划分：网络结构与互动模式 ……………………… 111

　　第一节　实务界对大学募捐机构间关系描述 …………………… 111
　　第二节　基于机构自治的募捐网络结构类型 …………………… 114
　　第三节　基于募捐网络结构的互动模式类型 …………………… 127

第四节　小结 …………………………………………………… 137

第五章　案例分析：大学募捐"网络"互动—协同过程 …………… 140

第一节　典型案例研究说明 …………………………………… 140

第二节　WH大学募捐案例：行政管理"网络"互动模式
协同形成机制 ………………………………………… 148

第三节　HN大学募捐案例：执行者"网络"互动模式
协同形成机制 ………………………………………… 161

第四节　小结 …………………………………………………… 172

第六章　大学募捐"网络"协同形成整合模型 …………………… 178

第一节　大学募捐"网络"结构下互动特征提炼 …………… 178

第二节　大学募捐"网络"协同形成四个机制提炼 ………… 181

第三节　大学募捐"网络"协同形成的三个逻辑 …………… 185

第四节　小结 …………………………………………………… 198

第七章　研究结论与建议 …………………………………………… 203

第一节　结论：大学募捐"网络"互动如何能形成协同 …… 203

第二节　反思：协同形成机制、逻辑与网络结构关系 ……… 210

第三节　建议：大学募捐多机构协同行动优化建议 ………… 215

第四节　展望：从网络互动到网络协同 ……………………… 221

第五节　小结 …………………………………………………… 226

附录一：募捐"网络"和互动模式类型划分（节选） ………………… 229

附录二：典型案例的访谈提纲和访谈纪要（节选） …………………… 232

参考文献 …………………………………………………………………… 235

后记 ………………………………………………………………………… 253

第一章 导论

第一节 研究背景及意义

一 研究背景

对协同形成过程的研究是公共管理领域的前沿课题，但该研究在理论界尚有争议。协同形成过程是一个待揭的暗箱：理论界的框架构建鲜少在实务界尤其是微观层面得到清楚的描述，已有研究往往是照搬西方理论和分析框架，用于解释同一级跨部门合作、不同级政府部门府际合作等。大学教育基金会[①]项目提供了一个绝佳的针对协同形成的观察领域，通过对慈善募捐领域中同为一级法人的多机构协同行动形成过程进行了历时三年的观察，可以归纳出中国大学募捐多机构协同形成的规律。

本书旨在贡献一个研究协同形成的新视角：网络互动视角。根据"社会网络"的定义和特征，在中国大学治理情境下，大学募捐过程涉及的多机构及其互动关系构成了一个近似的网络结构——但不能视为西方社会网络分析理论当中强调"社会性"的典型网络结构。一方面，尽管大学教育基金会进行募捐是公益活动，但大学教育基金会受到科层制组织形式的影响。如大学教育基金会和校友总会机构负责人虽然由公开招聘产生，但实际上需要大学认可；大学教育基金会需要与大学统筹筹款、与对外合作的行政职能部门进行对接等。从这些层面来说，三机构间的关系被直观地视为非自愿的韦伯所指称的行政官僚结构。另一方面，大

[①] 大学教育基金会属于基金会的一种类型，专注于资助大学教育，部分大学将该机构命名为"大学教育发展基金会"、"教育基金会"，本书统称为"大学教育基金会"，无特指的情况下简称为"基金会"，下同。

学教育基金会和校友总会①是社会组织性质，具有独立法人地位；在大学募捐过程中，除了不同治理主体因为行政权威参加同一个活动之外，还有诸多科层制不能解释的募捐协同现象。因此，在韦伯所指称的官僚制的非人格化的刚性规制约束之外，存在大量的基于共同目标、基于机构自主性、基于自愿地能动地合作的多机构协同募捐机制。故下文的"网络""大学募捐'网络'"均是指中国大学募捐过程中的多机构关系结构，即含有中国大学治理行政特色的"近似网络结构"，着重关注该近似网络中，基于多机构间互动关系、信任、心理契约和共识的，行政权威命令和行政约束之外的大学募捐活动，并借鉴社会网络分析理论的概念来解释这个近似网络结构的运行。

此外，大学募捐极具重要性和发展前景，不少大学将大学基金视为实现追赶世界一流的最佳发力点（张辉、洪成文，2016）。大学募捐是指大学设立经政府批准注册的公募或非公募基金会，动员以校友为主的社会力量，以筹集社会资源的方式来参与大学建设的行为，多以资金筹集的方式被人认知。大学募捐可以有助于提供更多样和更有针对性的教育类公共产品，尤其是非指定性用途的筹款。资金用途包括参与校园建筑建设规划（如设立艺术博物馆）、提高教育质量、促进国际交流和公益项目培育（本书的新发现）等。募捐资金具备财政拨款和学费收入这两种大学建设主要资金来源所不具备的优势：可以很好地补充学校资金预算并灵活运用（徐孝民、莫蕾钰，2020）。

大学募捐属于慈善募捐范畴。中国社会力量尤其是非营利组织参与办学的历史可以追溯至春秋时期私学兴起，改革开放后中国大学教育基金会募捐获得越来越多的政策倾斜。1986年颁布的《中华人民共和国义务教育法》确定了教育捐赠的合法地位，最早提出鼓励教育捐赠。1993年中共中央、国务院发布的《中国教育改革和发展纲要》首次明确提出，"要逐步建立以国家财政拨款为主，辅之以社会捐赠集资和设立教育基金等多种渠道筹措教育经费的体制。欢迎港澳台同胞、海外侨胞、外籍群体和友好人士对教育提供资助和捐赠"，明确了教育的多元化捐赠主体和教育基金会开展募捐活动的必要性。1998年《中华人民共和国高等教育

---

① 该处"校友总会"包含校友总会和校友分会，下文中与大学教育基金会成对出现的多为校友总会，为同一层级对接机构，大学里实现注册的校友会多为校友总会，下同。

法》规定,"国家建立以财政拨款为主、其他多种渠道筹措高等教育经费为辅的体制,使高等教育事业的发展同经济、社会发展的水平相适应。国家鼓励企业事业组织、社会群体及其他社会组织和个人向高等教育投入",促成了1999年《中华人民共和国公益事业捐赠法》的出台。1999年,党中央和国务院做出进一步扩大高等院校招生规模的重大决策,有效缓解了高等教育长期形成的"供求"矛盾与压力。但此后教育经费进一步紧缺,高等教育投入增幅有所放缓并伴随支出增幅升高[1],大学募捐在此背景下方兴未艾,并随着2004年《基金会管理条例》的扣税优惠政策获得了强有力的配套支持[2]。

中国大学募捐协同状态参差不齐。关注中国大学募捐现状发现,中国大学募捐是多机构共同完成的慈善活动,机构间合作状态参差不齐,部分大学募捐机构设置缺失、部分大学机构间的关系尚未理顺,或者两者兼而有之。《中国高校基金会年度发展报告(2020)》数据显示,中国目前已有623家成建制高校基金会(截至2020年6月15日),但存在以下主要问题:①机构设置零乱、三类机构配套不齐。行政职能部门、大学教育基金会、校友总会三类机构配备齐全的大学数量有待提高。②专职人员少,平均仅为6人(2018年146所大学平均数据)。要提高大学募捐绩效,必须提高大学募捐的多机构协同。一所大学的募捐绩效受外部环境和内部机构治理影响,从大学教育基金会募捐职能出发,构建募捐主体间网络,向外获取资源,形成网络式协同,是与自身专职人数同等重要的因素。专职人数过少使大学教育基金会与其他机构协同显得有心无力。总之,大学募捐中协同的重要性主要表现在两个方面:一是各自为政的大学募捐带来多机构协同需求,协同是可持续发展的路径选择;二是协同与绩效正相关,中国大学募捐长期处于初级阶段,募捐绩效极

---

[1] 据教育部最新统计,2018年中国财政性教育经费近3.7万亿元,占到GDP的4.11%,该比例在2015年达到4.24%后,逐年下降。从增幅上看,相比国家财政性教育经费比2017年增长8.15%的幅度,普通高等学校生均一般公共预算的教育经费增幅仅为3.61%,且其增幅相较其他各类型教育机构最低;同时,普通高等学校生均一般公共预算的公用经费支出增幅(3.76%)比普通小学和普通初中的增幅要高,且全国普通高等学校的生均支出高达每年8825.89元,为各类型教育机构之最。

[2] 2004年《财政部 国家税务总局关于教育税收政策的通知》、国务院常务会议通过的《基金会管理条例》明确了大学教育基金会及其捐赠人、受益人通过境内非营利的社会群体、国家机关向教育事业的捐赠享受税前全额扣除的税收优惠政策。

化倒逼协同状态提升。

1. 各自为政大学募捐多机构的协同需求

大学募捐往往不是由某一机构独立完成的,而是具有多机构合作需求。在中国,大学募捐任务往往由以下三类主体共同完成:大学教育基金会是主要执行机构,校友总会进行辅助(如提供有潜在捐赠意向的校友名单),大学里的校长或学校党委办公室和校长办公室下的某一个行政职能部门提供支持或进行统筹。其中,大学教育基金会和校友总会属于经政府部门批准的社会组织中的基金会和社会团体,大学属于事业单位,是大学教育基金会和校友总会的服务对象,三者均为一级法人。从法律地位上讲,大学教育基金会、校友总会、大学行政职能部门(含校长们)是同一级别的协同行动者。形式上存在部分大学领导兼任大学教育基金会和校友总会的法人或理事长的现象,但从机构角度出发,实践中三类机构在功能上属于互为主体的合作关系,具有各自不同的使命和发展任务,围绕着募捐活动进行合作,具有达至协同状态的需求。

与欧美国家相比,中国大学募捐多机构存在"各自为政"的情况,远未达到协同状态。美国大学募捐协同表现为设置完备的机构层级和专业分工,由校长或副校长带队组建平均人数为200—500人的庞大募捐团队,由学校和学院募捐机构、国内和国外办事处协同完成募捐。由于国情不同,中国大学募捐目前尚缺乏可持续发展的路径选择。第一,大学募捐主体缺乏募捐动力,没有意识到募款的重要性,被动接受捐赠且注意力更多被募款后期的投资理财所吸引(陈根林,2007)。第二,大学募捐活动缺乏流程上的专业性和规范性,比如倡议信撰写、系统的募捐方案的经验总结等均有待完善。第三,大学募捐事业整体上缺乏向校友募捐的慈善文化氛围,这同中国的经济水平和公立大学居多的社会环境有关。非营利组织和大学合作募捐的过程中,哪些因素是可以改变和选择的,这是我们促进大学可持续募捐、推动大学教育质量提高所需要思考的问题。只有尽快缩短与世界一流大学的差距,才能促进中国大学教育的创新和可持续发展。

2. 协同与绩效关系下的协同研究必要性

已有研究文献认为,不同类型组织在治理中的协同协作对提升治理绩效具有积极效应(康晓强,2011)。在大学募捐实践中,多机构协同对绩效有正向影响。中国第一个大学教育基金会成立已有近三十年[①]，与美国近四百年的大学募捐历史相比，中国大学募捐一直处于起步和初级阶段，且募捐绩效呈现长期停滞状态。

对此，本书研究大学募捐较为成熟的大学基金会，以大学综合实力较强，大学教育基金会的专职人员数不小于1为标准，选择"艾瑞深中国校友会"官网2021年排名的前200所高校的大学教育基金会为研究对象（截至2020年2月）。前200所大学基本上均设置了大学教育基金会，且大学教育基金会成立时间较长（成立年龄平均为8年），但是相比大学自身的历史（平均为83年），大学教育基金会仍然相当年轻。每个省、直辖市和自治区的大学教育基金会数量平均为22个，信息透明度平均为48分（满分为100），大学教育基金会个数的差异相较于基金会历史和信息公开情况要大，且北京、江苏、浙江等局部省份城市大学教育基金会数量较多，中国大学募捐情况分布不均。

中国大学募捐绩效呈现长期停滞状态，具体体现在：①大学募捐与大学合作协同性有待加强；②大学募捐贡献度偏低，清华大学的大学募捐占大学资金预算的10%，其他高校筹款绩效在高等教育经费总额中占比平均不足1%（2019年数据），各校募捐上升空间大；③中国大学募捐的绩效呈现两极分化的态势，发展极度不平衡，头部院校的募捐动辄千万。根据"艾瑞深中国校友会"2021年排名，前200所大学《大学教育基金会年度工作报告》，2017—2018年大学募捐绩效平均为5770万元（146所大学的平均数）。行业内比较和竞争倒逼大学内部的募捐改革，务必形成多机构协同行动。同时，头部院校募捐绩效说明，中国大学募捐中募捐主体对大学募捐规律把握不够、主动性不够，大学募捐主体的协同性、能动性亟待加强。

二 研究意义

1. 理论意义：SNA理论在新领域的情景应用

（1）网络结构中的互动关系是研究协同形成的新视角。本研究选定社会网络分析理论（SNA）为对话理论，整合主体视角、主体间关系视

[①] 1986年，暨南大学在香港注册成立大学教育基金会，这是中国大学中最早成立的教育基金会（郭秀晶，2009）。1993年，中华人民共和国国务院颁布《中国教育改革和发展纲要》，第一次明确规定把教育基金会作为一种筹措教育经费的重要手段。清华大学、北京大学、ZJ大学等中国高水平大学成为最早一批成立教育基金会的高校。

角和过程视角，着重从社会网络分析的互动关系视角切入，兼顾网络结构中节点和关系两方面因素，更适合解释网络中协同状态的形成机制。"协同状态是否由网络互动关系决定的？"这个问题的回答以及整合机构主体维度分析和多机构间关系分析具有理论意义。

（2）社会网络理论在大学募捐情景的运用能提高社会网络分析解释力度。一方面，可以更好地解释大学募捐协同。另一方面，作为SNA理论在中国大学募捐特定情境的应用，从特定情境中归纳出共性的约束条件——共性寓于特性之中，可以提高SNA理论的可复制性和适用范围。

（3）具有对前人成果进行补充和深化的意义。前人关于协同（collaboration）的同类命题如制定协同治理综合分析框架，虽然挖掘了协同的"协商和共识"特征，但尚未厘清具体协同形成过程中各主体间的关系，忽略了真实运作中的关系嵌套、力量对比与资源占有情况，使已有协同治理综合分析框架脱离现实关注，成为一种规范性倡导。本书侧重挖掘协同状态的具体形成机制，揭开协同形成过程的"暗箱"，在前人的"协同"命题中增加协同形成机制的具体内容。

2. 实践意义：募捐网络的协同形成模型构建

（1）本书构建并验证中国大学募捐"网络"协同形成分析框架，为同为一级法人的社会组织与大学事业单位的互动、协同提供可借鉴的指导机制。大学募捐实践中存在一级法人的社会组织包括大学教育基金会（基金会）、校友总会（社会团体）与同为一级法人的大学（多为事业单位）存在合作关系。现实中媒体对大学募捐的报道片面地聚焦于大额捐赠，较少从募捐主体角度探索募捐具体过程及多募捐主体间真实运作和研究性质不同的机构如何围绕大学募捐活动形成共同体。取得持续的募捐效果，支持学校人才培养、教学科研、基础设施建设，提高教育质量等将具有实质性实践效果。

（2）本书归纳的多机构协同形成规律主要是所验证的四个机制在一定程度上适用于围绕其他活动形成的网络中多机构协同形成过程分析。研究大学募捐领域的多机构协同形成机制，可以回答公共管理领域不同性质、不同愿景组织组成的网络如何采取协同行为最终达到协同状态，构建四个协同形成机制以构成微观的机构与中观的网络之间的桥梁。

（3）本书以网络中互动关系为切入点，通过大学募捐"网络"形成机制所体现出的权力、关系和文化逻辑，网络的"提供机会""提供约束"作用，关系的"作为渠道""作为黏合剂"作用，来认识网络中行为协同、合意协同，对于理解现实中多机构协同矛盾、未来优化工作流程方向具有启发性。

第二节 概念界定

一 大学教育基金会自我中心"网络"

本书的研究对象是中国大学募捐"网络"协同，即多机构间关系的协同状态。如何形成好的互动关系这个过程是本书的观察范围并最终关注网络协同。协同的前提是都有互动，得先有相互关系、相互作用才能谈协同。因此，互动是协同的起点。但互动关系有很多种，哪些互动过程是有效的？协同实质上是一种过程之后的状态，强调协调与合作这些互动的综合结果。因此，"好的互动"是本书研究和观察的对象。对从互动到协同的过程分析需要从围绕募捐的所有互动关系中找出指向协同的"好的互动关系"，观察和归纳出从"不好的互动"到"好的互动"的过程的特征、机制、逻辑，这个过程机制可能是信息共享、规范制约、成本控制和能力建设。

网络的学界定义。从广义上讲，在自然科学中，任何二元现象均可被视为网络（Borgatti，2009）[①]。狭义地讲，网络结构的重点是三个或三个以上的合法自主组织共同努力，不仅实现自己的目标，而且实现集体目标（Provan & Kenis，2008）；这种网络可以是由网络成员自己发起，也可以是委托或签约的——这在公共部门经常发生；当以这种方式定义多边集体时，网络可以成为极其复杂的实体，需要的解释远远超出了传统上在组织理论和战略管理文献中讨论的二元方法；该定义集中在 Kilduff 和 Tsai（2003）所说的"目标导向"。虽然目标导向的网络出现的频率较低，但它们已成为实现多组织结果的正式机制，特别是在公共和非营利部门，往往需要集体行动来解决问题（Agranoff & McGuire，Provan et al.，2004；Provan & Milward，1995）。社会学科中，网络可以是一种社会关

[①] 参考原文："In the physical sciences, it is not unusual to regard any dyadic phenomena as a network"。

系，也可以是我们说的互联网（Internet），本书讨论的网络主要是一种社会结构中的关系构成，由人或者组织形成的一种关系网。需要区分网络（network）、合作伙伴（collaboration partnership）等概念，比如网络是一种去中心化（decentralized）的治理模式，强调不同的利益相关方的介入。同以往科层制的中心化（centralized）的形式相比，网络更体现出治理的民主性。当前取得共识的是，"网络"是指节点（node）和节点间相互关系（tie）形成的结构，节点可以是个体，也可以是组织。"网络"概念最初来自齐美尔的"社会网"隐喻，齐美尔认为，个体行为嵌入社会蛛网结构之中。该概念逐渐被从社会学引入计量学和组织行为研究中，形成社会网络分析方法论和理论。社会网络分析（SNA）作为20世纪60年代西方社会学兴起的分析视角，可以很好地解释网络中广泛连接、有明确边界的群体性弱化和个体自主性增强的现象（Rainie，2012）。

网络类型。从网络类型看，网络可以分为基于成员关系形成的网络（membership based network）和基于活动形成的网络（event based network）。还可以分为整体网络（whole network）和自我中心网络（ego network）。本书所涉的"网络"概念特指大学募捐多机构间关系结构，下文统一使用"网络"指代大学募捐中三个主要机构间关系结构。大学募捐围绕大学募捐领域的募捐活动，从大学教育基金会募捐职能出发，三个主要机构和机构间关系形成了近似的网络结构。从类型上看，大学募捐"网络"主要指以大学教育基金会为核心的自我中心"网络"，是局域网而非整体网络。

之所以说大学募捐多机构关系是"近似的网络结构"，是由于实践中大学募捐领域的机构设置的复杂性。多个募捐主体基于共同的价值观来完成大学募捐这个公益活动，决策和行动上具备一定自主性，遵循社会性合作的网络逻辑。但同时，大学募捐活动是在大学这个事业单位中开展，统筹性大学行政职能部门的加入，表明行政级别、行政指令、规章制度等制度化的非自愿的行政逻辑的存在。一般意义上的社会网络强调多个合法行为主体自主地同时实现自我目标和集体目标；协同状态则包含有自愿、互动参与和协商的特征，往往意味着多个自主主体基于自愿合作与平等协商。而科层制组织形式则是通过上级给下级下达命令达成合作，各个部门都服从规章制度规定的职责，其行为不是出于自愿，行动无须协商，仅看是否合规。只有在各机构完全自发地组织、自愿地参与一些不由学校规定的活动的情况下，围绕该活动形成的网络才是完全的社会网络，具有自愿性、非制度化、自主性、处理方式灵活的特点。出于现实复杂性（行政职能部门的加入）和谨慎使用概念的考虑，本研究认为大学募捐多机构关系结构仅属于近似的网络结构。

用近似网络的概念界定大学募捐多主体关系具有一定合理性。之所以借鉴社会网络的概念，主要基于现实观察发现：（1）前期调研中发现，不同学校的大学募捐多主体间的合作氛围差异和对应的募捐绩效差异较大。三个主要募捐机构的关系外显为凝聚力、团结性和共同价值观；（2）此外，在大学针对募捐活动的规定（一般不做过细的募捐要求和规定）以及大学针对募捐机构间关系的规定之外（一般大学只能规定统筹性行政职能部门的职责和业务范畴），大学教育基金会和校友总会具有一定自主性，否则，每所大学的募捐模式将会一模一样，募捐主体的行为选择都将会遵从科层制组织形式下的规章制度和上级命令。而实际上，大学募捐实务界的募捐行为模式是多样且复杂的；（3）实践中，三个主要募捐部门间的协作和互动具有一定自主空间，仅凭科层制下行政组织形式解释不了大学募捐的各类资源整合和创新表现以及现有的大学募捐效力，因此需要借鉴社会网络分析中的"社会网络"概念。

网络治理。许多研究网络的人似乎不愿意讨论涉及控制的正式机制。一个常见的假设是，由于网络是协同安排，意味着有等级和控制的网络治理是不合适的（Kenis & Provan，2006）。而网络是由自主组织组成的，本质上是进行合作的努力，对于具有独特身份的目标导向的组织网络，需要某种形式的治理，以确保参与者参与集体的相互支持的行动，获得并有效利用网络资源解决冲突（Provin & Kenis，2008），最终形成协同网络。针对这种对网络中正式机制的回避，Provan、Kenis（2008）提出网络是对市场与科层协调失灵以及对社会与科技进步的一种反映，并将网络治理归纳为参与者共同治理、领导机构治理、网络行政组织治理（NAO）三种模式，分析了目标一致性、信任、参与者数量、网络级能力需求等影响网络治理模式选择的权变因素，认为当信任变得更少的人口分布在整个网络中，参与者的数量越大，作为网络目标的共识越低，所需要的网络级能力增加，促成网络治理的形式。因此，大学募捐"网络"是包含大学行政委托的近似网络，更加类似于多元领导机构治理。

网络作为分析单位。尽管越来越多的文献将网络作为一个分析单元，但大部分的研究都是描述性的（Agranoff & McGuire，2003；Goldsmith & Eggers，2004）。本书不仅将网络作为分析单位，也将网络中互动关系作为解释协同形成的因素。社会网络分析理论的分析单位是行动者之间的关系（刘军，2004）。围绕大学募捐形成的从大学教育基金会延伸出去的机构间互动关系包括"大学教育基金会—大学行政职能部门"和"大学教育基金会—校友总会"两对关系。本书的分析单位是自我中心网络和成对关系。研究单个网络结构的互动如何形成协同的分析单位是"大学教育基金会—大学行政职能部门""大学教育基金会—校友总会"两对关系；研究整体大学募捐"网络"协同形成时，分析单位是大学募捐自我中心"网络"。

基于上述网络的学界定义、类型划分、治理类型以及功能，总结"网络"的主要特征如下。广义上的网络只需要满足两个要素：①两个及以上的主体构成的二元关系结构；②两个主体相互作用（Borgatti，2009）。狭义上的网络则需要满足三个要素：①三个或三个以上的主体；②合法的、自主的组织；③同时实现自身和集体目标（Provan，Kenis，2008）①。网络可以是自发形成，也可以是由于委托（mandate）和签约形成，意味着网络可以接受一定的行政约束和网络治理，目标共识、信任、参与者数量、能力是网络作用发挥的影响因素。基于上述网络定义和网络的主要特征，结合中国情境下的大学募捐机构设置受大学掣肘甚多，其自主性有待进一步确认，因此，可以将大学募捐多机构和机构间关系视为一个近似的网络结构。同时，在该近似网络结构中，大学教育基金会从募捐功能上占据中心位置。围绕大学募捐活动形成的近似网络结构可被视为一个大学教育基金会中心"网络"。

大学募捐中大学教育基金会自我中心"网络"（以下简称大学募捐"网络"）包括两层含义。首先，围绕募捐活动形成网络边界，多个募捐机构及与大学教育基金会直接相关的两对机构间关系构成了募捐网络。

---

① 参考 Provan 和 Kenis（2008）的原文："我们对'网络'一词的定义很狭隘。我们的重点是三个或三个以上的合法自主组织，共同努力，不仅实现自己的目标，而且实现集体目标。这种网络可以是由网络成员自己发起的，也可以是委托的或签约的，这在公共部门是经常发生的。当以这种方式定义为多边集体时，网络可以成为极其复杂的实体，需要的解释远远超出了传统上在组织理论和战略管理文献中讨论的二元方法。我们的定义集中在 Kilduff 和 Tsai（2003）所说的'目标导向'，而不是'偶然'的网络。"

其次，从募捐职能和募捐活动的必经节点来看，以核心执行机构大学教育基金会为中心，构成的大学募捐自我中心"网络"包含大学教育基金会、大学行政职能部门（主要是"对外联络部门"或"对外联络和发展统筹部门"）、校友总会三个机构，如表1-1所示。

表1-1　　　　　　　　大学募捐"网络"三个节点

募捐网络节点	性质	登记单位主管部门	设立目的	重要历史节点	功能	常设机构	代表
大学教育基金会	社会组织中基金会	多为民政部门、教育部门	募集教育资金	1993年《中国教育改革和发展纲要》	分担教育成本；促进中国高等教育发展进程	理事会；秘书处	暨南大学教育发展基金会；清华大学教育基金会
大学行政职能部门①	行政管理机构，事业编制	属于大学直属单位或行政职能部门	负责争取和联合校内外资源	在新中国，其前身是统一战线工作部	统筹大学教育基金会和校友总会②，联络外界	董事会办公室、校友总会办公室、教育发展基金会办公室三个科级办事机构	华东理工大学校友与发展联络处；暨南大对外联络处
校友总会	社会组织中社会团体	多为民政部门、教育部门	服务校友，增强校友凝聚力	20世纪二三十年代随现代高校出现。在新中国，改革开放后发挥作用	组织在校师生和毕业校友开展周年校庆等活动	会员代表大会；理事会；领导机构、常务理事会和秘书处	北京大学校友总会、清华大学校友总会、南开校友总会

资料来源：笔者自制。

大学教育基金会。中国大学教育基金会是在党委和校长领导下面向

---

① 大学行政职能部门为统称，各大学具体称呼不同，主要为"对外联络部门"或"对外联络和发展统筹部门"。

② 校友指在该校学习3个月以上的毕业、结业、肄业学生（部分学校规定是学习一年以上）。学校设立"＊＊大学校友总会"为校友总会性质，下同。学校校友总会（校友总会）依照国家有关规定及章程开展活动。同时，学校鼓励和支持校友成立具有届别、行业、地域特点的校友总会和校友分会。学校通过校友总会及其他形式联系和服务校友。校友总会办公室（大学行政职能部门）对接校友总会（社会组织）。为统一研究对象的层次，下文所提的校友总会主要为校友总会。

海内外的非营利性筹款机构，其作用在于继续保持高等教育以国家投入为主体的同时，大力拓展社会筹资渠道，吸引社会力量投资高等教育，保证高等教育的持续、稳定和快速发展（陈秀峰，2007）。大学教育基金会被不同大学命名为"大学教育基金会"或"大学教育发展基金会"。可见，大学教育基金会除了具有通过筹集资金分担教育成本的功能外，还有促进中国高等教育发展进程的重要使命。[①] 有学者总结大学捐赠基金的主要功能为：保持教研独立性和学术自由，增强学校长期发展的稳定性，改善教学环境和提升大学质量和综合实力（谢永超等，2008）。基金会接受大学海内外校友、校友所在单位及关心和支持学校教育事业的社会团体、企事业单位和各界人士的自愿捐赠。所募集的基金主要用于支持大学教育事业，用于改善教学设施；奖励优秀学生和优秀教师；资助基础研究、教学研究和著作出版；资助教师出国深造及参加国际学术合作和国际学术会议。对特定项目捐赠，可按捐赠者意愿定向使用。

大学行政职能部门。不少大学教育基金会和校友总会受对外联络与发展部门统筹。对外联络和发展部门参与筹款的程度取决于部门设置初衷，每所大学情况各异。对外联络与发展部门是旨在为学校争取各种社会资源，提升社会声誉及影响力的职能部门，可能包含董事会办公室、校友总会办公室、基金会办公室、驻香港办事处、驻澳门联络处。除了对外联络与发展部门，其他职能完全相同但命名不同的统筹机构有：对外合作部、发展委员会、校友事务与发展联络处等；具有相似职能但并不同类的统筹机构有：统战部、大学发展规划处、校友工作办公室等。但是，通过梳理艾瑞深中国校友网2021年排名前200所大学的筹款相关的行政职能部门的简介内容，发现绝大部分学校将设置的筹款统筹行政职能部门命名为对外联络与发展部门；极少数暂时放在对外合作部门、统战部等部门；校友工作办公室则主要与校友总会合署办公，一般不计入直接募捐统筹行政职能部门；只有极个别的学校命名为"服务地方经

---

① 以深圳大学为例：深圳大学教育发展基金会属于非公募基金会，旨在弘扬深圳大学优良传统，加强学校与校友及社会各界的联系，争取校友和社会各界捐赠，全面支持和推动深圳大学的长远建设和发展，实现深圳大学成为高水平、有特色、创新型的国际一流大学的目标。

济办公室（校友工作办公室）"①。

校友总会。校友总会是校友自愿结成的全国性、联合性、非营利性社会组织，具有社会团体性质。从数量上看，校友总会的完备程度不如基金会，合法注册难度更大。校友总会下辖学院校友总会、地方校友总会、海外校友总会等，致力于联络大学校友、增进友谊，做好"服务校友、服务社会、服务母校"的"三服务"工作。校友总会主要围绕"联络校友感情，了解校友需求，宣传校友成就，展示校友风采，拓展校友资源，健全校友组织，凝聚校友力量，推动学校发展"的工作思路，开展丰富多彩的活动，逐渐成为校友与校友之间、校友与母校之间情感的纽带、合作的平台和沟通的桥梁。

校友总会与大学教育基金会是平等合作关系，与负责统筹筹款事务的行政职能部门属于弱关联，而主要与负责校友事务的行政职能部门进行强关联。本书主要考虑校友总会、大学教育基金会、统筹筹款的大学行政职能部门三个主要募捐机构。校友总会与大学教育基金会募捐的关系从校友总会规章制度可见一斑。部分大学的校友总会规章中明确了"建设和维护各类校友信息平台；为校友捐赠提供支持与服务"等要求（如 HN 大学）；部分大学的校友总会的业务范围聚焦于"增强校友的归属感"（如 WH 大学），并没有明确协助募捐义务。因此，募捐绩效和协同的取得仍需要多机构合作努力。

两对关系。中国大学募捐"网络"中围绕大学募捐活动形成的互动关系主要包括"大学教育基金会—大学行政职能部门"和"大学教育基金会—校友总会"。根据社会网络分析理论的阐述，节点间关系是成对二元关系，而非整体和群体关系，这意味着资源的对称性交换和互惠，以及两节点互为行动因果。

两对关系的紧密度和自主程度是重点考察对象。本书认为，"大学教

---

① 部门职责如下：
(1) 负责校（院）的合作发展工作，落实一流社会服务行动计划，建立校（院）与地方政府、企业及其他社会机构联合发展关系，做好科技合作和横向联合。
(2) 负责对外联络，拓宽校（院）与社会各界合作交流渠道，提高校（院）的社会影响力。
(3) 负责校理事会工作，拓展校友资源，争取社会各界对（院）的关心与支持。
(4) 负责校（院）校友和校友总会工作，指导各地校友联谊分会开展工作。
(5) 负责校（院）教育发展基金会工作，做好社会捐助的使用管理。
(6) 完成上级部门和校（院）党委、行政交办的其他工作。

育基金会—校友总会"关系在大学募捐"网络"中体现为合作必然性——在已有文献和访谈中得知中国大学募捐金额的80%—90%均来自校友,对校友关系的维护并非朝夕可成,一些大学的校友总会有向大学教育基金会提供信息的义务,接受大学教育基金会的资金资助,二者呈现相对平等的合作关系(ZR大学访谈)。"大学教育基金会—大学行政职能部门"关系则更多地考虑从行政权威出发的自上而下的工作关系,或者从执行平台影响力出发的自下而上的工作关系(见表1-2)。

表1-2　　　　　大学募捐"网络"两对互动关系

募捐网络互动关系	实质关系描述	互动内容	大学募捐实例
大学教育基金会—对外联络和发展部门	是否将对外联络和发展部门作为支持平台	汇报	·汇报与寻求支持,如站台; ·创新与寻求保障; ·反馈情况与寻求建议采纳
	是否将大学教育基金会当作行政职能部门的延伸	拍板	·制定和实施政策; ·活动策划; ·促进社会认捐、助推
大学教育基金会—校友总会	是否将校友总会当作大学教育基金会募捐的后备力量	提议和影响	·资助校友、校友总会活动; ·礼品管理及报纸、刊物征订、发放; ·配合做好校友刊物的赠阅、邮寄; ·为校友贡献母校创造条件
	是否将大学教育基金会当作校友总会的信息汇报对象	作嫁衣裳	·增强校友凝聚力; ·建立健全校友信息库; ·支持大学发展和大学募捐

二　协同:状态层面的定义及操作化测量

1. 协同的定义

本书关于协同的定义是从状态层面和过程层面两方面展开的,最终落脚于状态性定义。同时,"协同"概念定义是在与"合作""协调""集体行动"等描述的比较中产生。协同是一种"众之同和"的状态、是作为合作与协调结果的状态;协同是涉及互动互利和共享准则过程的状态、是涉及由合作转化成为的高级阶段集体行动过程的状态。协同与管理和对抗相对,与参与和互动相近,但更强调协商、共识、自愿等特征(见表1-3)。

表 1-3 协同界定

	相对的概念
抗争	均强调参与和互动,但协同更能突出协商和共识导向,具有自愿的特征
管理主义	
	相似的概念
协调(coordination)	协同是协调的产物
合作(cooperation)	协同是合作的产物,高阶集体行动,好的合作状态。协同与合作在相互作用程度、整合性、承诺性和复杂性方面存在差异
一般意义的协作(collaboration or team)	近似概念,但协同无主次偏好,关注平等配合
联盟(collaborative alliances)	联盟形式之外,协同具有改善困境、促进创新、解决争端的作用
协同学(synergetic)	协同不只强调对系统性整体研究,还关注共享准则和互利互动过程

资料来源:笔者自制。

(1)状态层面定义:"众之同和"的状态、合作与协调的"剩余物"。

协同学或协同理论最早出现在20世纪70年代,德国物理学家哈肯用协同效应描述自然科学中的协调与合作,采用源自希腊文的协同(synergetic)一词,强调元素之间的干预和自我维持能力,引进"序参数"无形之手的自治概念,认为从自发秩序形成的协调与合作就是协同,即"协同是协调合作之学",用来解释结构的自行组织状态,并使用激光强化原理举例(哈肯,2013)。

20世纪末,协同概念(collaboration)被引入公共管理和企业管理等社会科学,认为协同不是协调与合作本身,而是二者的"残余"或产物(Thomson,1999)。协同强调协调与合作的综合后果,即协同是一种结果状态,用来解释合作的效果。

在中国古代思想史和管理史中,《说文解字·卷十三》将"协"字解为"众之同和",即众人之力,呈现"同"与"和"的状态。根据《汉书·律历志上》《后汉书·桓帝纪》等记载,协同的实质是协调一致、和合共同,并含有团结统一、协助会同、相互配合的意思;协同的方向是"内外协同";协同的对象是朋类、地方、个人或国家。

(2) 过程层面定义：涉及互动和准则共享、合作等互动转化。

旨在揭示过程层面的协同经历了1991年和2017年两次大的讨论，得出"协同是涉及共享准则和互利互动的过程"这个模糊的定义（伍德、格雷，1991；Ring & Van de Ven，1994；汤姆森，2001；Thomson & Perry，2006）和协同治理过程的两类综合性分析框架（安塞尔、加什，2008；爱默生，2012）。

汤姆森（2001）使用Ring和Van de Ven（1994）的协作（cooperative）过程框架，扩展了伍德和格雷（1991）的定义，开发了协同的定义："协同（collaboration）是一个过程，自主的行动者通过正式和非正式的谈判进行互动，共同创建规则和结构，来管理他们的关系、管理采取行动的方式，或决定将他们聚在一起的目标——这是一个涉及共同规范和多重利益互动的过程。"

相比协同状态强调协调过程中的秩序变化，协同过程层面更加强调行动模式和框架，如安塞尔和加什提出了一个较为具体的SFIC协同治理模式（关注协同治理种类即事物本身性质或特点）、爱默生三层嵌套综合分析框架（从环境和问题的解决方式常态化两方面讨论协同治理生成机理）。前者认为协同过程包括"面对面对话、建立信任、投入到过程中、共识、中间结果"五要素循环，将协同治理定义为"一个或多个公共机构连同非政府利益相关者参与正式的、共识导向的、审慎的集体决策过程，以期实现制定或执行公共政策、管理公共项目和财产的制度安排"（安塞尔、加什，2008）。后者将协同治理定义为"使人们建设性地跨越公共部门、政府层级，公共、私人以及公民领域的边界以实现其他方式无法达到的公共目标的公共政策制定和管理过程与结构"（爱默生，2012），主张协同治理不局限于国家发起的正式安排，而涵盖"多伙伴治理"。

(3) 比较层面定义：协同与合作、协调、协作、集体行动的区别。协同与合作的区别。

协同（collaboration）与合作（cooperation）二者在相互作用程度、整合性、承诺性和复杂性方面存在差异（Thomson & Perry，2006）。协同意味着实现个人目的的同时会有一个其他目的，合作会因为共同目标转换为协同（Thomson & Perry，2006）。因此，协同可以由合作转化达到，最终使整体大于其各部分之和（Thomson & Perry，2006；苗红培，2019；

李辉，2014）。Young 和 Wilkinson（1997）将合作（cooperativeness）定义为一方与有同样兴趣或利益的另一方共同进行的联合行动。国内文献中提及的"合作治理"与本书"网络协同"和"协同形成"的概念差距较大，合作治理的概念多引用西方的定义，主要是三个流派：①部分学者强调合作治理是社会自治力量成长的必然结果，实际上是用"协同"（synergy）的概念定义"合作"（张康之，2004、2008）。②部分学者强调"合作治理"是超越自治的社会管理方式，引用的是"共同体""集体行动"概念（侯琦、魏子扬，2012；王国勤，2007），用来说明政府与市场主体、社会力量的相互嵌入这种新型制度安排（杨宏山，2011）。③有学者梳理中国"合作治理"研究（2000—2016），却引用了安塞尔（2008）的"公民参与模式"经典定义——学界一般翻译为"协同"（collaboration）（荀欢，2017）。总之，治理背景下的"协同"研究的数量、视角和深度均较为薄弱（刘伟忠，2012）。"协同"一词的使用必须与一般意义上的"合作""合作治理"予以区分。

协同与协调的区别。协同是与对抗和管理主义相对的概念；与相似的概念，如一般性的参与和互动概念相比较，协同强调协商、共识和自愿等特征（安塞尔、加什，2008）；协调则更多地强调具体的调和行为，协调与协同的使用层次差异较大，不容易混淆。

协同与协作的区别。美国学者 Rice（2002）将协作定义为："围绕共同目标的实现，把各组织的资源、信息、权利、兴趣进行再组织、再调整而产生一个新的有机体的过程。"已有研究往往将组织间的 collaboration 自动翻译为"组织间协作"（Berends & Sydow，2020）；将 collaborative 翻译为"协作式的"，强调能力和方式（Mervyn et al.，2019）。因此，一般意义上的协作和协同可以互用。

协同与集体行动的区别。协同是一种高级别的集体行动。与合作或协调相比，协同在集体行动的程度上处于更高秩序水平，学者们一致认为，合作和协同分别是集体行动连续体的低端和高端（Thomson & Perry，2006）。

因此，协同在名词意义上是指好的合作状态和更高级别的集体行动程度，而拥有共同目标和取得共识是合作转换为协同的必要条件。

一方面，什么是高阶的集体行动？集体行动是 Ross 于 1908 年提出的概念，认为集体行动是一个群体面对一定情况和冲突时，体现群体态度的各种形式的行动，Ross 旨在强调集体行动对冲突的解决和群体态度两个要素。此外,关于协同阈值,Granovetter 的经典阈值模型和李振鹏等学者(2014)引入的效应和心理阈值模型研究显示,集体行动的阈值在于均衡状态的达成,公式表达为 $r(t+1)=r(t)$,即保持稳定的认知和稳定的支持。在诸如非暴力行动如政策创新等协同中,各项阈值并没有突变临界值,而是呈现平滑线趋势。因此,高级别的集体行动是指拥有均衡且稳定的群体态度的状态。

另一方面,什么是好的合作状态?是指个人与个人、群体与群体之间为达到共同目的,彼此相互配合的一种联合行动、方式,分为非对称性合作和对称性合作。非对称关系是指两个(类)事物之间,A 与 B 有着某种关系,而 B 与 A 也可以具有或不具有此种关系。例如,校友总会单方面支持大学教育基金会,不计成本和回报地提供资源和信息,这种合作是无法持续的。在网络中,好的合作状态是指对称性合作,资源被充分交换和利用,两个机构互为对方行动的主体和原因,提供对称的依赖性资源。

(4)落脚点:协同状态和协同形成机制。

首先,协同状态强调"好的互动状态",即不等同于外在组织间联盟形式(Fishman,2001),也不等同于协同的后果。协同可以理解为高阶集体行动和好的合作状态,但协同不能等同于协同行动、协同结果、协同效应等协同产出效果——以协同治理综合性分析框架为例,其模式中的特定行动、中间效果和制度适应性等协同产出效果均不是协同本身(爱默生,2012)。

其次,协同状态的达成涉及共享准则和互利互动的过程,协同形成机制是协同状态达成的必经之路径和过程,也是本书研究的重点。"协同是一个共享创新的行为或过程,通过做一些新的或不同的事情来创造新的价值……有一系列变化……行动者放弃自己的一部分东西,然后创建新的。由于这个过程,发生的事情将有所不同。……协同就是每个人带来一些东西放到桌子上(专长、金钱、授予允许的能力)——他们把它放在桌子上,松开他们各自的手,然后整体团队在桌面上创造"(Thomson & Perry,2006)。

2. 协同测量

协同的操作化测量是根据定义展开的。从过程层面的定义看,安塞尔的协同治理定义强调了协同形成的六个重要标准:①论坛由公共机构发起；②论坛的参与者包括非国家行为者；③参与者直接参与决策，而不仅仅是公共机构的"咨询"；④存在公共论坛；⑤公共论坛的目的是达成公共决策；⑥公共论坛的目的不是达成共识（Ansell & Gash，2008）。安塞尔的定义在已有"愿意接受所有参与者合法利益，结果'反映了团体达成共识，而不是形成联盟或强权政治'"的定义基础上更进一步（McCaffrey et al.，1995），认为群体共识最终目的是达成公共决策和集体行动。本书认为，多主体的相互作用达成好的协同状态即众之同和及高阶集体行动才是公共论坛的最终目的。此外，学者们认为，正确设置自我治理机构是一个困难、耗时、充满冲突的过程（Ostrom，1990），因为信任和相互依存在一定程度上是内生的，它们是由合作过程本身以积极或消极的方式形成（Ansell & Gash，2008），并且具有失效时间（Huxham，1996）。参与协同过程的利益相关者可能不会认为自己存在特别的相互依赖。许多案例表明，利益相关者只有经历协同过程才能逐渐认识到彼此之间的依赖性，与其他利益相关者的对话或中间成果的成功可能会使他们对彼此关系有一个新的认识（Ansell & Gash，2008）。因此，测量某一时间点的共识、信任、相互依存程度，进而表征协同状态是一个艰巨的任务。

协同测量的实证研究有两种思路。一种观点认为，从同一种行为（如颁布一条政策）出发，达成两个及以上目标，使用了两种及以上措施，则分别体现了目标协同和措施协同。比如在政策协同研究中（彭纪生等，2008；张国兴等，2014；梅菁、何卫红，2018），政策协同的四个判断维度分别是：协同力度、部门协同、目标协同和措施协同。将协同具体化为一个行动的渠道多样化或多机构目标兼顾状况。但部门协同和措施协同实际上都属于互动现象。

另一种观点认为，从不同主体出发，多个机构的自我目标趋向一致，或服务于集体目标的认知达成稳定一致，或多个机构的服务和资源被充分利用，或原有各机构投资由于整合节约了成本，这些表征也体现了多机构的协同状态。这种观点将协同具化为通过达成共识形成了一致性行动目标并达成该目标；通过资源和服务被充分利用以提高多方合作效率或减少规模不经济。

现实研究往往综合使用这两种观点。比如，在协同型政府研究中，李辉（2014）认为，政策协同、管理协同、资源协同、服务协同既是协同的核心要素，也是表征和评价协同的重要依据，政策协同、管理协同是状态维度。政府的协同状态首先表现为政策间相互兼容和配合，执行业务单元和管理流程间顺畅无阻和相互促进；资源协同、服务协同是效应维度。战略协同理论指出，衡量协同效应的标准在于在给定的投资水平下可能增加的收益，或者在既定的收益水平下联合运作可以使组织节约的成本，体现为资源协同和服务协同（罗森布罗姆、克拉夫丘克，2002）。如前所述，协同效应不应被视为协同本身，状态维度下的多个行为主体的相互兼容和配合、执行单元和流程环节间的畅通、相互促进是协同的真正表现。同时，一种指向协同的互动行为确实应当兼顾多方目标和实现目标的多个渠道。此外，在治理背景下，已有关于协同的判断是在自上而下的环境中达成的，协同行动背后是权力和法律的保障；但在自下而上或者网络化环境中，行政权威的影响力下降，协同状态的判断和测量需要根据实际情况进行综合考察。

3. 本研究的协同定义和协同操作化测量

关于协同概念，已经取得的共识是：协同是协调与合作的产物、一种高级别的集体行动、一种好的合作状态，具有协商、自愿、达成共识等特征（Thomson & Perry, 2006；安塞尔、加什, 2008）。协同也是通过互动实现从一般性合作向高阶集体行动转化的过程（Alter & Hage, 1993; Himmelman, 1996; Mattessich & Monsey, 1992）。因此，协同既是过程趋势，也是一定阶段的状态。

本研究将网络结构中的协同简称为"网络协同"，有两层含义：一是网络是协同产生的前提条件之一，大学募捐过程中多机构协同是一种近似网络的结构；二是将上述已有研究结论结合实际，发现该近似网络结构中的协同状态特征更加明显，不同大学募捐"网络"的差距不是多机构协同与非协同的质的差异，而是在已经建立多个机构且形成募捐网络的基础上，协同状态的差别。大学募捐"网络"中协同具有以下特征：第一，多机构间是成对关系，且有可能产生对称性合作与资源依赖。第二，多机构经过一定时间的互动，会形成一定的利益共识，还有诸如慈善文化、博施济众等价值共识。第三，网络自身具有特定冲突。围绕募捐活动的多个机构性质、使命、愿景不一致导致目标不一致；机构间存在信息壁垒和校友信息被破坏性开发等资源浪费现象。第四，大学募捐"网络"协同最终指向募捐绩效的完成和长远意义上的多机构有序发展。

协同效应的核心价值在于打破传统管理的规模不经济（曾鸣，2018①；麦奎尔、阿加诺夫，2011）和促进可持续发展（Amit & Zott，2001；Borgatti，2009），资源管理和可持续发展等问题早已被视为最好由组织间合作解决的领域问题（Demirag，2018）。

本研究在什么意义上使用"协同"概念？本研究取状态维度的定义，即将协同定义为好的合作状态即"众之同和"的状态。"同"的部分是指对称性合作，目标一致、冲突降低、完成筹款任务；"和"的部分是指多机构具有一致、稳定、明确的共识，多机构集体行动具有协商和自愿的特征。因此，协同指多个行动主体通过多种渠道将一般性互动转化成对称性合作的过程，形成共同目标，达成稳定、明确共识，最终形成高阶集体行动的过程。本书借鉴协同测量的实证研究，结合大学募捐实际，针对协同状态，从以下三个方面进行操作化测量（见表1-4）。

表1-4　　　　　　　　　　协同操作化指标

判断指标	
协同力度	直接要求协同的文件级别、强度
目标协同	目标协同的形成判断：目标一致、明确、稳定
冲突降低或反向协同	解决冲突、解决规模不经济
具体判断指标	
募捐协同力度	大学募捐"网络"的文件规定中是否直接强调协同，多个机构围绕募捐活动形成的网络结构是否强调协同
募捐目标协同	大学募捐目标一致性、群体态度的明确性、长期稳定性互动中，是否同时实现集体目标和个体目标，筹款任务完成
募捐冲突降低或反向协同	大学募捐多机构互动冲突的解决情况互动中是否实现了冲突或不协同因素的解决，规模不经济的解决

资料来源：笔者自制。

---

① 曾鸣：《协同效应：智能商业的价值源泉》，2018全球智慧物会，2018年5月31日，https：//www.sohu.com/a/234025836_237776。阿里巴巴集团学术委员会主席曾鸣认为网络协同就是基于社会化分工的一种合作机制，网络协同产生协同网络，而协同网络产生的价值可以定义为协同效应。网络协同是一种合作机制，产生的价值被称为协同效应，未来网络要产生更大的价值，就要有更多协同。曾鸣认为智能商业的两个核心是网络协同和数据智能；未来智能商业时代竞争的关键是谁能创造协同效应；如果物流要再往前走，必须改变模式，走网络协同模式；协同效应的核心价值是打破了传统的封闭管理的束缚；协同的基础是互动，密度影响价值；互联网改造传统行业本质就是把供应链传输管控改造为社会协同网络；重点在于如何通过互动的广度深度密度提升协同效应。参考曾鸣《智能商业》，中信出版集团2018年版。

(1) 协同力度。协同力度为绝对值，主要由文件、政策的支持予以体现。通常写入发展规划处、对外联络与发展部门等大学行政职能部门的简介里或《**大学"十三五"规划》等文件里。

(2) 目标协同。协同的方向是内外协调，即机构自身目标、年度规划与网络整体目标的契合度。协同的对象是协同朋类，所以要看与其他机构的合作程度，是否一起完成了整体性目标，完成了筹款任务。具体测量指标是目标一致的明确性和稳定性，比如是否形成了对称性合作，是否实现了资源共享重组或价值共创等双向互动。本研究目标协同表明多机构募捐目标趋向一致，强调"同"的部分。比如马克·康斯戴恩（2013）总结的协同（collaborative）特征包括地域发展上要求有共同训练和投资；资源管理上有收集共同资源的责任；服务供应上有整体性预算和共同关键绩效指标。表现在募捐网络中，也就是各机构要有明确的意愿进行大学募捐训练和投资，明确地认识到有收集共同资源的责任以及为了整体绩效努力，例如多机构同时执行已有的共同认可的政策、贯彻共同的决定、互相监督（李辉，2014）。同时，要有明显的对称性合作，即双向的、互惠式的合作与资源依赖，例如共同组织联席会议、出席联席会议①，大学募捐部门间可以签订机构间合作备忘录或者类似契约的协议。

(3) 反向协同或降低不协同的可能。反向协同针对解决冲突，强调"谐调"与"和"的部分。表现在募捐网络中，即要有明显的机构间冲突减少，即压制不协同的状态与维持协同状态。在大学募捐"网络"运行来看，包括解决冲突、解决规模不经济的问题，如整合信息与联合发布信息，通过会议形式解决冲突，减少规模成本等。

协同形成机制是指大学募捐所涉各机构、各要素之间的指向协同的网络结构关系和互动运行方式。本质上看，协同形成机制是协同形成过程中的"互动—协同"的结构关系和运行方式，即互动效应过程就是协同形成的过程。具体地，协同形成可以定义为：多个行动主体通过多种渠道将一般性互动转化成指向协同状态的对称性合作的过程和方式，形成共同目标，达成稳定和明确的共识，最终形成高阶集体行动的过程。

---

① 刘西忠（2014）研究城市群之间的协调发展模式，总结出"行政契约""联席座谈会"（包括主要领导座谈会、联席会议、重点合作专题组会等）经验。

三 互动：关系层面的定义及操作化测量

互动（interaction）是指主体间彼此联系、相互作用和相互影响。日常中的互动是指个人与个人之间、群体与群体之间等通过语言或其他手段传播信息而发生的相互依赖性行为的过程。本研究中"互动"指表现出来的能被测量到的互动现象。

互动的特征主要体现在互动是双向的，参与者互为行动的主体，互动性带来的改变，有可能成为参与者下一步行为的原因。互动的实质是对称性资源依赖。因为，互动是广义上的对等行为（Simmel，1989）。社会互动有的时候是形式化和象征性的，不同的关系如平级间、上下级间、陌生人间的互动在很大程度上由行为准则所左右，使每个人都能履行预期的角色，维护和谐氛围和"面子"，通过互动仪式将可能的交互多样性约束到更熟悉的交往模式中。互动主义社会学建议研究微观社会学层面（一些看似次要的当前情况和日常关系）与宏观社会学层面（社会环境以及特定时期的制约和组织可能性）的相互作用。这种宏微观的交互也会产生新的情况（Strauss，1994）。因此，连接微观与宏观的互动模式亟待被挖掘。学者对网络中互动的研究主要涉及表 1-5 中四个方面，可以为互动的定义提供借鉴。

表 1-5　　　　　　　　　　网络中的互动概念

互动的概念面向	互动的概念描述
功能性定义	· 互动是友谊关系的前提；互动导致流（flow）；互动在友谊关系（关系状态）—互动（关系事件）—事物流动、关系改变的过程中具有中介作用 · 只能从互动中推断关系；互动经常被收集为看不见的潜在社会关系的代理，但要小心被过度解释；共同参与社会关系的联系比较薄弱，必须涉及互动才可以，因为关系只能通过交互进行推断 · 互动会产生影响，如相似的观点，但是结构性的环境也会产生相似的影响 · 互动用来解释影响和扩散，面对面互动更有感染力，更能接受信息流（信息、支持和物质）
描述性定义	· 互动更容易发生在组内，而非组间；冲突则既发生在组间，也发生在组内；争执会产生派系 · 单个行动者在一个时期的变化可以进行叠加，组成群体矩阵；单个行动者跨越多个时间段的网络变化可以被描述 · 最大特征值一般是第二大特征值的两倍到三倍；可以通过 person 相关性矩阵对交互次数进行排序 · 核心与外围的交叉产生四个象限的互动模式；我们需要做的就是识别核心和外围 · 交互分为对称性交互和非对称性交互 · 在双模式中可以允许非方块形独立于列与行

续表

互动的 概念面向	互动的概念描述
内容性 定义	· 网络与互动频率、联系的边数、联系强度和联系概率有关 · 互动包括游戏、交换工作、冲突等，可以采取问卷和直接观察的方法 · 互动可以分为交换性互动和非交换性互动 · 互动包括聊天、看电影、玩等，互动也与文化有关 · 电子邮件是互动的形式之一，本质是建立档案电子互动，仍然难以解释潜在社会关系 · 从邮件是否发送和内容上都很难判断关系；日志记录也可能是不准确的，记忆有偏差 · 提出重复多次发生的事情，而不是单次发生的事情；互动的量表程度可以参考里克特量表；互动的频率可以分为年、月、周；用李克特量表测互动的频率，问题设置有绝对频率（一个月几次?）和相对频率（经常还是偶尔）之分 · 互动的种类少了，互动的次数会变多，相邻的季节或者地理位置会影响互动 · 可以将共同成员关系解释为互动概率和激活机制 · 需进行核心行动者参与外围活动；外围行动者参与核心活动的分析
前因性 定义	· 相似关系中物理距离影响互动 · 关系状态（relational states，包括共同性、关系角色、关系认知）导致关系事件（relation events） · 互动需要被记录下来组织间流动比个人间流动更容易测量，互动是被记录，流动是被假设的

资料来源：笔者根据 Stephen P. Borgatti, Martin G. Everett, Jeffrey C. Johnson (2013), *Analyzing Social Networks*, California: SAGE Publications Inc. 整理。

从社会学来看，互动是与建构并列的两大支柱，其重要性不言而喻，是在实践中自行涌现和凸显的。互动效应表现在：①测量效应。通过互动能够测量关系程度，甚至关系只能通过互动才能进行测量，关系只能通过交互判断，例如，互动是产生友谊关系的前提（Borgatti et al., 2013）；②驱动效应。根据社会网络分析理论的群体动力学流派观点，互动可以成为双方下一步行为的驱动力，增强凝聚力，多机构互动会产生相互作用和群体成员间的相互影响力（Cartwright & Zender, 1971）；根据协同治理综合分析框架，驱动力可能表现为联合行动能力、有原则的接触联系、有共同的动机和目标（爱默生等，2017）；根据表 1-5 中的网络中的互动概念的梳理，互动会产生相似观点（但结构性环境也会产生）。

有学者认为，"网络互动"是指在网络社区中，网络个体及网络群体之间的人格交互、社会行为和社会关系（谢宝婷，2002）。但社会网络分析理论将节点间关系分为相似属性、社会关系、互动、流动四大类。其中，以活动为途径所形成的关系就是互动（关系），比如和某人讨论过、获得过某人的帮助（Borgatti，2009）。

根据这个划分标准，本研究围绕大学募捐活动所形成的关系实质上是互动关系。这种活动关系与相互作用界定了募捐网络的边界。从实践来看，将大学看作社区，各大学均设置了多个募捐相关机构，且大学募捐活动中各环节都存在多机构互动和网络成员间的相互依存关系。因此，本研究中的"网络互动"可以定义为：多个机构围绕大学募捐活动形成的联系和行为。下文的互动全部指网络中互动行为和互动行为所代表的互动关系。

互动与结构之间的关系。互动模式主要受到网络结构影响。从社会网络分析视角来看，二元关联结构均可以被视为网络。哈贝马斯认为，彻底规范个体行为的意义容易被高估，不能够解释功能联系，需要对个体间交往进行结构性、系统性解释。"奥佛及其合作者所提出的系统论模型将行政系统的结构同解决冲突和形成共识的过程、决策及其执行过程区分开来。奥佛认为，'结构'是一组积淀而成的选择规则。这些规则能够预先决定，什么是公认需要调控的，什么是应该考虑的主话题，什么是真正的公共管理渠道，什么是应该优先加以考虑的以及通过何种渠道加以优先考虑，等等。行为模式能够相对稳定地、有所取舍地在客观上影响资本的运作，所谓客观，是说这些行为模式与行政部门公开承认的意图是没有什么关系的。行为可以用结构来解释，即它们可以用选择规则来加以解释，因为选择规则预先决定了对于问题、主题、论证以及利益是予以考虑还是加以压制。"（哈贝马斯，2000）通过网络结构以及与网络结构对应的网络互动模式来解释大学募捐主体的功能联系更加全面，前提是网络结构为主体互动预留了空间，同时网络结构由互动关系界定，因此互动是指网络结构下的互动，互动模式与网络结构相辅相成。

互动与协同的关系。①互动是群体动力的因素之一。相互依存作为驱动因素，可以通过产生联合行动能力、共同动机、有原则的接触等协同动力或协作动态，从治理角度形成协同治理制度，进而形成协同行动（Cartwright & Zender，1971；爱默生等，2017）；②交互类型是协同是否发生的因素。Roberts 和 Bradley（1991）描述了协同过程中必要的几个元素，包括可转化的目标、明确和自愿的成员关系、组织、互动过程和时间属性（temporal property）。前述过程元素的存在或不存在决定了协同是否发生（Gray & Wood，1991）；③已有的社会互动模型研究了个体之间互动如何导致集体行为和聚集模式：组内个体可以彼此交互，一般性社会互动模型包括内生性效应、情境效应和未观察到的相关效应（Anselin，2006），但已有研究主要从空间面板经济学角度给出宏观模型解释，并没有给出社会科学层面的协同形成机制解释；④需要考虑大学募捐协同形成过程的网络结构前提，以及内源性、背景性和相关性对社会互动的规范，这样才能产生互动效应；⑤多机构互动、多层次互动（宏微观互动）有可能产生新的变化和不确定性，其规律需要进一步把握。因此，研究大学募捐"网络"中的"互动—协同"非常有必要。

互动与措施（渠道）的关系。由于互动方向是"向外治理"，因此涉及渠道和措施。互动主体是否同时通过正式渠道和非正式渠道进行互动联系和资源交换？同一个互动渠道有哪些具体互动类型？比如同一条信息由多个部门联合颁布，大学募捐"网络"中主要指人事措施、经济措施、沟通措施、行政措施中的互动等（张兴国等，2014）。

本研究在什么意义上使用"互动"概念？大学募捐"网络"作为自我中心网络，更强调大学教育基金会与募捐所涉其他机构的互动关系，如讨论关系、互助关系等。互动首先是一种网络关系（Borgatti et al.，2009）。互动具有参与者互为行动主体的双向性特征，互动带来的改变有可能成为行动者下一步行为原因的因果性特征，互动是广义上的对等行为（Simmel，1989）。动词意义上的互动具有测量效应、驱动效应，并最终形成更好的互动关系。已有研究表明：相互依存和互动产生协同动力，进而形成协同行动（Cartwright & Zender，1971；爱默生等，2017），但并未揭开哪些互动通过何种机制形成协同的暗箱。

并非所有的互动关系内容都指向协同，因此需要对全部互动关系内容进行划分，对互动进行操作化测量。本研究互动关系内容的划分主要是基于互动频率（关系程度的测量）和互动渠道（正式还是非正式渠道），分为报告式互动、咨询互惠式互动、友谊式互动和私人联系式互动。

第三节 研究问题的提出

一 基于数据：协同与绩效的同趋关系

已有关于协同的研究多从治理效果层面强调其重要性，成功合作的一个必要条件是自利动机，只有当协同能产生更好的组织绩效或与不协同相比产生更低的成本时，才应该被重视（Huxham，1996；Bardach，1998）。有学者认为，不同类型组织在治理中的协同、协作对于提升治理绩效具有积极效应（康晓强，2011）。① 在实践中，对募捐网络的协同和绩效关系的观察还要考虑时间变量，"那些为合作过程提供了深刻见解的理论采用了一种更加动态的、纵向的方式来看待现象，而不是横向的"（Gray & Wood，1991）。学者们认为合作进程难以表述，并怀疑是由于互动的非线性性质所导致——协同过程是迭代和循环的（Ring & Van de Ven，1994）；协同和共识的产生是一个长期的综合过程，时间是协同中最昂贵的资源之一（Thomson & Perry，2006）。因此，需基于纵向的时间序列来梳理协同与绩效的相关性。

在调研中均发现，从某一所大学的大学教育基金会、校友总会、行政职能部门三者同台的官方报道中可以窥见大学募捐多机构协同状态，进而观察大学募捐"网络"协同与该大学募捐绩效间关系，本研究以WH大学和HN大学为例。

1. WH大学的募捐绩效与募捐网络协同的关系

WH大学教育发展基金会是1995年成立的。其官网公布的年度工作报告只能覆盖2012—2019年的数据，因此无法看到成立前后的多机构互动与协同的变化。但是可以从大学教育基金会、校友总会、大学行政职能部门的官方报道中三个机构同时出现在活动现场来分析，多机构同框的报道条数与当年新闻总条数的比值。该占比说明了大学募捐"网络"中多机构的互动强度，并观察多机构互动强度与大学募捐额的关系（见表1-6）。

---

① 康晓强基于不同分工与功能定位将参与治理的公益组织分为运作型、协调型与资助型三种类型，加强、优化不同类型的公益组织在治理中的协同、协作，对提升治理绩效具有积极效应。

表 1-6　　　　　WH 大学募捐"网络"协同的报道情况

年份	募捐额（千万元）	基金会专职人数（人）	新闻总数（条）	三个机构同框次数	比值	调整比值（滞后一阶）
2012	5.61	1	18	10	0.56	0
2013	9.37	1	8	3	0.38	0.56
2014	4.45	1	64	15	0.23	0.38
2015	7.73	1	91	40	0.44	0.23
2016	16.16	2	191	44	0.23	0.44
2017	12.69	5	57	19	0.33	0.23
2018	11.45	5	62	22	0.35	0.33
2019	14.14	7	51	37	0.73	0.35

资料来源：《WH 大学教育发展基金会年度工作报告》，WH 大学教育发展基金会官网，http://edf.whu.edu.cn/。

对 WH 大学募捐"网络"协同与绩效关联分析结果如下。WH 大学募捐报道新闻总条数包括大学教育基金会官网页面的综合新闻、基金会动态、资助信息共计 542 条信息，校友总会官网和校友事务与发展联络处官网上新闻信息共计 230 条，但与大学教育基金会信息重复，且以大学教育基金会为核心的自我中心网络的关系数据只需要大学教育基金会官网报道即可。此外，由于年度工作报告截至 12 月底，当年的捐赠仪式的多机构同台较多，当年多机构同台与捐赠额关系密切，因此采用上一年的同台次数与当年捐赠额的相关性分析结果（见图 1-1）。

从 WH 大学募捐收入趋势来看，募捐额与大学募捐"网络"中三个机构同台次数呈正相关趋势，募捐额度超过 1.5 亿元时，当年的三个机构同台次数超过 5 次。基金会专职人员数量与大学募捐收入的关联度并非一直呈同幅度相关趋势，而是具有转折点：当专职人员超过 5 人时，募捐绩效并没有预期中的上升幅度，即预期是募捐绩效和专职人员保持一致的上升幅度。WH 大学的三个机构同台这种好的互动：协同趋势最终也会给募捐收入带来同样的趋势。与大学教育基金会专职人数的影响力相比，大学募捐"网络"的互动到协同对募捐绩效的影响表现得更为持久和一致。

图 1-2 中的滞后一阶比例值是指调整后的占比，比例值指同框报道次数与新闻总次数的占比；调整后的滞后一阶比例值指前一年的同框报

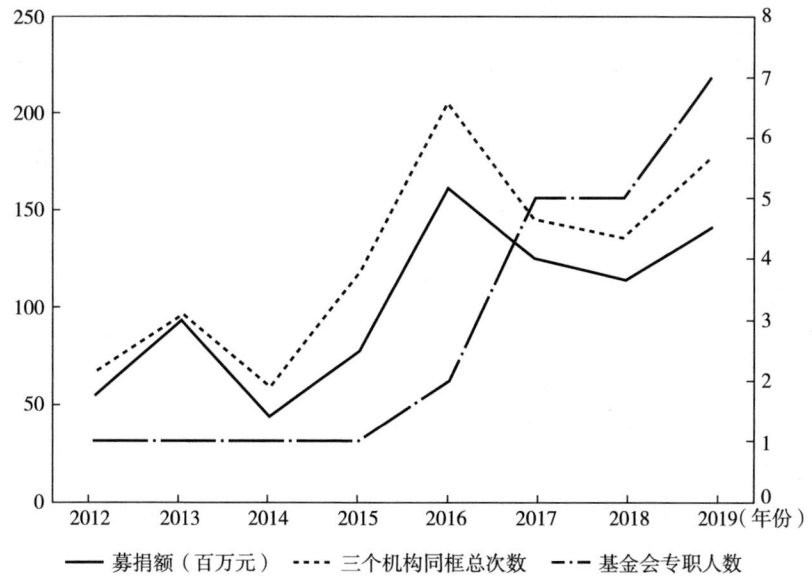

图 1-1　WH 大学募捐"网络"协同与绩效关联

注：黑色线表示募捐额（百万元），虚线表示三个机构同框总次数，灰色线表示基金会专职人数。

资料来源：笔者自制。

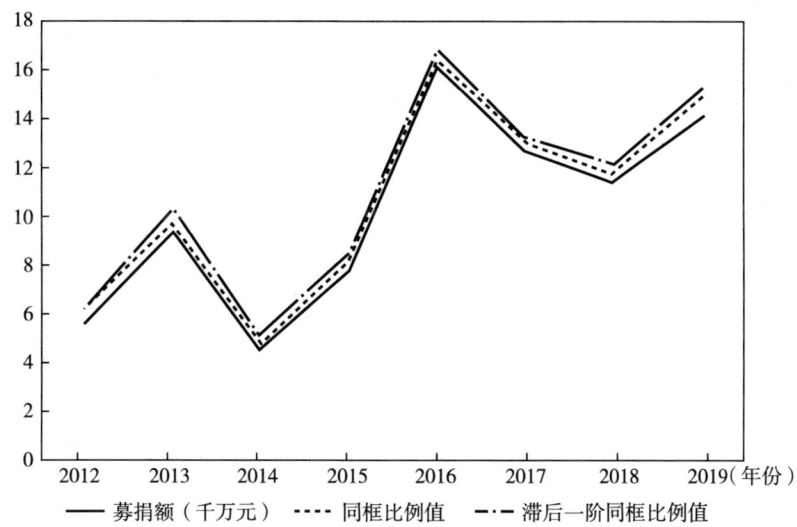

图 1-2　WH 大学募捐"网络"协同与绩效关联图滞后一阶修正

注：黑色线表示募捐额（千万元），虚线表示三个机构同框比例值，灰色线表示滞后一阶同框比例值

资料来源：笔者自制。

道次数与前一年的新闻总条数的比值,用来与当年的募捐额进行关联。结果表明,滞后一阶比例值与募捐额的趋势完全一致,相较于当年的比例值,上一年的趋势更加吻合。上一年的大学教育基金会与大学领导和校友总会的同台情况,影响下一年的募捐收入。说明上一年的互动到协同可以为下一年的募捐积累能量,同时剔除了当年捐赠仪式上多机构同台的互为因果的情况。

2. 大学教育基金会HN大学的募捐绩效与募捐网络协同的关系

HN大学的情况代表着中国大学募捐的普遍情况,本身又具有执行者"网络"的典型特征。HN大学教育发展基金会是2009年成立的,因此其年度工作报告内容覆盖2010—2019年。仍然不能比较机构成立前后募捐的效果,但是能够针对多机构协同对绩效的影响进行趋势判断。

表1-7中新闻总条数包括大学教育基金会官网页面的通知公告、新闻资讯共计285条信息。同WH大学一样,在新闻报道三个机构同框时,大学教育基金会和大学领导出现的次数最多。

表1-7　　　　HN大学募捐"网络"协同的报道情况

年份	募捐额（千万元）	基金会专职人数	新闻总数（条）	三个机构同框次数	比值	调整比值（滞后一阶）
2010	0.81	3	1	1.00	1.00	0
2011	0.99	3	1	1.00	1.00	1.00
2012	2.61	4	1	0	0	1.00
2013	2.18	4	3	2.00	0.67	0.00
2014	1.56	4	4	4.00	1.00	0.67
2015	0.86	1	6	4.00	0.67	1.00
2016	3.42	4	36	20.00	0.56	0.67
2017	4.70	8	61	27.00	0.44	0.56
2018	3.84	12	93	37.00	0.40	0.44
2019	3.28	12	79	30.00	0.38	0.40

资料来源:《HN大学教育基金会年度工作报告》,HN大学教育发展基金会官网,http://hnuef.hnu.edu.cn/。

多机构同台报道次数与大学募捐绩效趋势（见图1-3）比较一致。

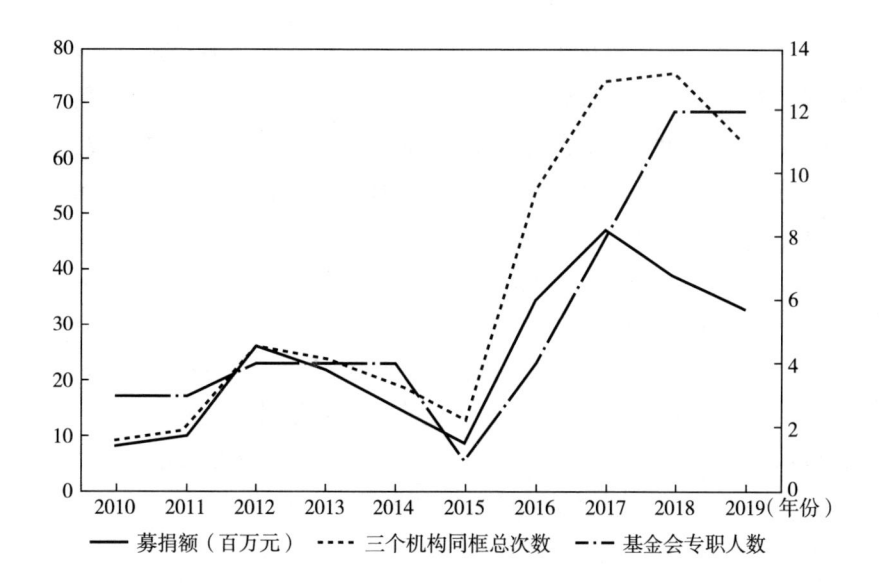

图 1-3　HN 大学募捐 "网络" 协同与绩效关联

注：黑色线表示募捐额（百万元），虚线表示三个机构同框总次数，灰色线表示基金会专职人数

资料来源：笔者自制。

多机构同台一方面意味着互相支持和站台，另外一方面意味着支持网络和协同网络的形成，状态和谐一致。基金会专职人数为 8 时，大学教育基金会的专业化与大学募捐绩效不成正比。2015 年，专职人数降到 1，大学教育基金会的协同和绩效都因此而受到影响。同基金会自身努力相比，大学教育基金会与外部力量的协调与合作对大学募捐绩效影响也非常大，尤其当专职人员达到一定数量后。

由图 1-4 可知，调整后的同框比例值与当年的大学募捐绩效的趋势更吻合。说明上一年的互动到协同持续影响下一年的募捐绩效，同时剔除了当年捐赠仪式上多机构同台的互为因果情况。但不可否认的是，多机构同框次数等协同行为受到专职人数的限制和影响，大学教育基金会内部治理的专业化仍然是影响募捐绩效的最主要因素之一。相较于 WH 大学的调整比例值和募捐绩效折线高度吻合，HN 大学的折线有较大波折，调整后比例值与绩效不是完全正相关，但仍产生了良好的可持续发展状态。从上述分析中，可以保守地得出以下三个结论：①运用主体间关系研究协同行动的有效性即募捐绩效，强调的是有效性和效果，上述两类网络类型的数据表明：多机构协同行动与大学募捐绩效高度相关，趋势线尤其是长远发展趋势一致。②大学募捐机构内部的专职人数与大学募捐绩效直接相关且影响明显，机构外部的联系和协同容易被忽略。与专职人数有转折点和天花板相比，募捐网络协同没有转折点，潜力巨大。③大学募捐"网络"的协同效果具有滞后性。上一年的多机构互动到协同，通过新闻报道统计发现，诸如多机构同台形成的支持网络和协同行为会影响下一年的募捐收入，且变化趋势非常吻合，不分行政管理"网络"和执行者"网络"。但行政管理"网络"的趋势吻合度更高，更为平滑。总之，大学募捐"网络"协同与大学募捐绩效趋势高度一致，趋同性没有上限且潜力巨大，行政管理"网络"趋势线更为平滑，从长远看，募捐"网络"协同与募捐绩效高度相关，因此需要高度关注募捐"网络"协同的形成。

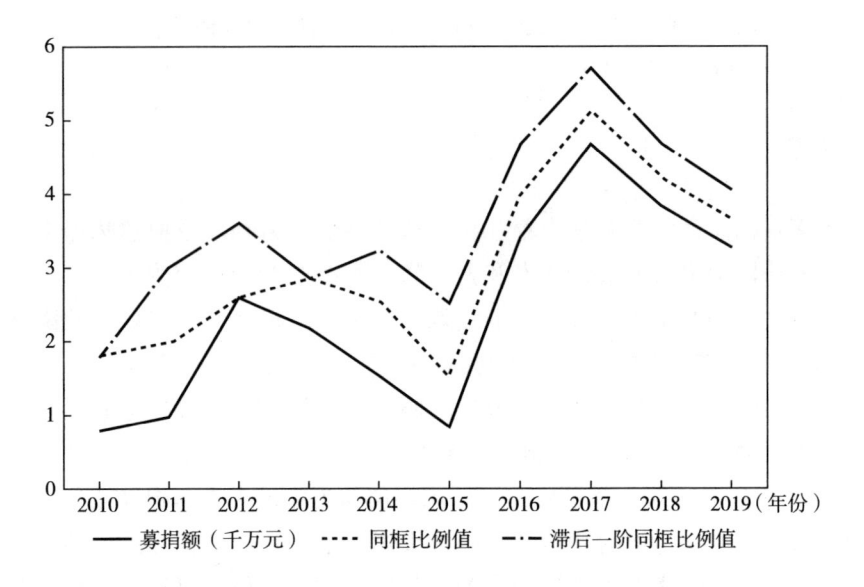

图1-4　HN大学募捐"网络"协同与绩效关联图滞后一阶修正

注：黑色线表示募捐额（千万元），虚线表示三个机构同框比例值，灰色线表示滞后一阶同框比例值。

资料来源：笔者自制。

二　现实观察：四种协同形成可能机制

前期项目调研发现，影响协同形成的因素包括多机构设置和互动关系两个方面。机构设置是指参与大学募捐的三类主要机构——大学行政职能部门、大学教育基金会、校友总会分别承担统筹、执行、辅助的功能。大学普遍设立了这三类机构，这是募捐合作的前提。在互动关系中，发现四类可能的协同形成机制：

1. 信息共享机制

美国的大学募捐实行募捐组织间网络化信息共享，运用多种平台软件。中国大学的校友实名制平台远未实现，更不用说募捐使用的系统的校友资源库，但ZJ大学在募捐过程中建立了信息共享机制：①校友总会主动将潜在捐赠人信息反馈给筹资和发展规划部门的沟通机制；②各部门提供给筹资和发展部门《福布斯中国名人排行榜》《胡润百富榜》上校友信息和目前情况（ZJ20190618①）。

2. 规范制约机制

大学募捐"网络"中如何约束不同性质的机构走向协同值得深思。ZJ大学在募捐过程中具备规范制约机制：①界定合作边界。"合作边界不梳理清楚就会尴尬"：如各机构在什么场合需要出席其他机构举办的活动，校友总会活动需不需要邀请基金会？哪些机构应当列席捐赠仪式？②角色定位。校友总会是否在为基金会作嫁衣裳？如何认识为母校和校友服务与向校友募款之间的关系？③行动规范。中国大学教育基金会向校友总会募捐为什么会感觉"不能提钱要谈感情"？（ZJ20190618）

3. 成本控制机制

WH大学在募捐过程中的成本控制机制如下：①筹资成本控制机制；②捐赠金额配比和上限奖励机制（WH20190528②）。由于大学募捐"网络"中的三个主要机构的性质分别为事业单位、基金会、社团团体，且有一定的大学服务场域中的行政领导和权威管理和统筹成分，但是核心募捐职能仍在大学教育基金会，并且呈现逐渐专业化趋势。因此，不同于传统的自上而下的等级管理和有主有次的单纯协同管理，中国大学募捐必然地呈现网络化的规模不经济的特征，即在募捐过程中经常出现成对二元关系；在募捐结果中，要综合考虑基金会和社会团体自身的使命

---

① 编号是对ZJ大学三个机构相关负责人进行深度访谈所得，时间为2019年6月18日。下同。

② 编号是对WH大学三个机构相关负责人进行深度访谈所得，时间为2019年5月28日。下同。

和可持续发展；在满足前两者的条件下，考虑综合统筹协调，尽量克服联合行动网络带来的小组会议、信息沟通、公开化讨论带来的成本，减少规模不经济。通过成本控制机制，不仅可以减少规模不经济、资源浪费和耗时过长等冲突和问题，还可以产生更大的协同力度和更为明显的中间结果，加快资源重组和创新性利用。更重要的是，成本控制和复盘可以对未来多机构合作进行反馈指导和调适，有利于协同状态的维持和发展。

4. 能力建设机制

WH 大学在募捐过程中的能力建设机制如下：①对海外募捐者人才要求高，包括英语、人脉、社会网等；②评估董事会和名誉校董是否具备在学校参政议政、影响学校办学的能力，充当咨询机构和顾问机构的能力等。ZJ 大学的能力建设经验是发展规划处处长通过闭门会请募捐部和校友部一起总结经验和失败教训（ZJ20190618）。对募捐机构间关系来说，资源依赖体现在大学行政职能部门是大学教育基金会和校友总会的服务对象；大学教育基金会和校友总会合作募捐需要大学行政职能部门的支持。因此，围绕募捐活动的大学教育基金会和校友总会的服务大学的能力，以及大学行政职能部门的支持能力都需要提高。

三 研究的问题：募捐网络协同如何形成

1. 研究问题的提出：协同研究出发点

为了应对上述日趋复杂的社会问题和日趋细分的专业要求，协同已经成为一门显学。中国古代的协同思想源远流长，散见于诸子百家学说和日常实践之中，呈现出集体主义和责任本位的特征；现代协同学和协同理论源自西方。在美国公民精神背景下，协同可理解为根植于古典自由主义和公民共和主义两种相互竞争的政治传统的产物。前者认为协同过程是将个人利益偏好通过讨价还价聚合为集体选择的过程，通过谈判、订立合作协议、形成经纪联盟来达成自利动机。后者认为协同过程是将对集体承诺置于个人利益之上的审议差异，达成"相互理解、集体意志、信任和同理心、共享偏好的实现"的集成过程（March & Olsen, 1989）。但在实践中，利己谈判和集体承诺这两种目标和过程经常是同时存在的。因此，协同研究还需要理论结合本土实践进行深入研究，以揭开过程暗箱。

2. 基于实践的具体问题：大学募捐"网络"的协同形成机制

在现实中我们观察到，围绕大学募捐活动，多个机构间产生成对联系和双向互动，形成募捐网络，一定程度上产生了以协商、共识和自愿为特征的协同状态。现实中存在四类协同形成机制：一是信息共享机制；二是规范制约机制；三是成本控制机制；四是能力建设机制。已有理论并没有系统地对这些协同机制的形成做出描述和解释。针对现实中发现和大学募捐的网络特征，以及针对大学募捐"网络"中哪些互动如何导致协同，给出一套规范秩序，确保最终能够促进大学校友募捐，打造大学募捐机构的微观个体机构与中观募捐网络之间的桥梁，使微观机构和中观网络产生有序互动，获得可持续发展动力。

基于协同研究和大学募捐实践，本研究选取网络互动视角，探究互动如何、为什么能导致协同？具体需要回答下述问题：

核心问题：解释性研究——大学募捐"网络"中协同如何形成？

相关问题1："互动—协同互动—协同"的过程特征是什么？

相关问题2："互动—协同互动—协同"的逻辑链条是什么？

相关问题3："互动—协同互动—协同"的普遍约束条件有哪些？

解释协同形成过程之前，需要对两个描述性问题进行确认：①协同体现在一个完整的募捐流程中，还是体现在各个环节中，是否每个环节都需要协同，需要的协同程度如何？②是否只有互动才能形成协同？不互动是否无法形成协同？互动后无法形成协同的情况是什么样的？是否存在不互动却形成协同的情况？——从已有文献可知，关系一般通过互动才能衡量；协同的定义中隐含了互动是协同起点的预设。此外，现实观察中并没有发现不经互动就能产生协同的情况。因此，互动是协同的必经之路。

第四节 研究目标和学科贡献

一 研究目标

本研究属于解释性研究。根据巴比（2009）的总结，社会研究要满足许多目的，其中三个基本的、有用的目的为：探索、描述和解释。"当桑德斯（Sanders，1994）开始描述帮派暴力时，他也想重建帮派暴力进入不同群体的过程。"研究大学募捐"网络"协同形成过程不仅需要描述,还需构建形成机制解释框架。

本研究旨在以大学募捐为案例,解释多机构协同形成机制。本研究中协同是一种结果或状态,作为被解释对象。三个核心部门性质不同、各有使命,从各自为政通过过程、机制和逻辑链条,最后形成协同状态,从一个状态到达另一个状态,因此需要具体化、实证地解释协同形成过程中的机制。目前所观察到的是信息共享机制、规范制约机制、成本控制机制、能力建设机制四个机制。因此,本研究的具体目标是通过大学募捐过程回答"大学募捐'网络'中协同如何形成"的问题,对大学募捐领域的"互动—协同"过程进行分析。

二 学科贡献

公共管理学科贡献。通过研究网络结构下互动与协同形成机制,最终探索网络协同如何形成,补充公共管理学科中的集体行动逻辑、组织间关系研究、协同治理分析框架之外的社会网络视角,引入社会学经典理论,进行跨学科研究和观点碰撞。

慈善募捐领域贡献。大学募捐是基金会和社会团体等社会组织动员社会资源和社会力量的典型代表。大学募捐是慈善募捐领域的重大阵地,既有地域特色又有领域特色。大学募捐的理论构建水平是慈善募捐领域发展水平的缩影。

NGO行业发展贡献。作为新兴行业,大学募捐实践在中国方兴未艾,正处于起步和完善阶段。每年均有新的大学教育发展基金会成立,大学募捐活动日趋规范化、专业化和规模化。中国大学教育基金会未来有较好发展前景,大学募捐是NGO行业中的朝阳事业。

第五节 研究地图

一 研究内容和研究方法

1. 研究内容

本研究关注中国大学筹款现状,发现中国大学筹款普遍有协同和不协同两种状态。通过实际数据的趋势图发现筹款绩效与协同正相关:越接近协同状态,筹款绩效越高。如何使大学募捐"网络"达至协同状态呢？本书从大学筹款的三个主要机构的关系为切入点，着手研究募捐协同。三个机构是指：大学教育基金会、校友总会、大学行政职能部门如对外发展联络部门和大学发展规划处以及校办党办或校长们。根据前期观察和文献梳理，本书认为：筹款效果受三者之间关系协同的影响。本书运用社会网络理论来研究三者之间的互动关系，将关系网络分成两类：一类是行政主导的行政管理"网络"，另一类是校友总会和大学教育基金会两个发挥很大作用的执行者"网络"。针对所划分的两类网络结构，选取 WH 大学和 HN 大学两个典型案例，来分析这两类筹款网络分别如何有效地运转。这两类关系网络对应两个互动模式结构，每个结构底下探讨四种协同形成机制及其所体现的逻辑影响到网络中三个募捐机构互动模式的发挥是好还是不好。具体地，本研究在借鉴社会网络分析的自我中心网络结构基础上，构建了以大学教育基金会为核心的延伸出的"大学教育基金会—大学行政职能部门"关系对"大学教育基金会—校友总会"关系对的三个节点和两对主要关系的大学募捐"网络"，用以描述多机构互动的网络结构背景。在网络互动中，既要考虑静态结构的作用，又要考虑关系的作用及引起的互动状态的变化。网络协同被视为一个好的合作状态，是一个涉及共享准则和互利互动的过程。协同是互动的结果，可以通过目标协同和反向协同来进行测量或由文件直接规定的协同力度判定，因此构建出"网络互动（网络结构下的互动）—网络协同"的中国大学募捐协同形成解释框架。

  各类募捐机构的互动关系属于类同事关系的强关系，根据机构间联系频率和渠道的交互，形成 2×2 矩阵，可以将所有的互动内容分为四类：①高频联系下的正式渠道互动形成工作报告式互动内容，如协商校庆安排；②高频联系下的非正式渠道形成友谊式互动内容，如多机构一起拜访老校友；③低频联系的正式渠道互动形成互利互惠和咨询式互动内容，如共享校友数据库；④低频联系的非正式渠道互动形成浅层联系式互动内容，如一起参加体育活动。

  依据前述中国大学募捐协同形成解释框架建构，挖掘中国大学募捐"网络"协同形成机制。首先，介绍现阶段中国大学募捐"网络"的静态结构和网络类型划分；其次，确定不同网络类型当中的四类互动内容是否存在，并通过所有互动类型排查出一共有多少种协同形成机制，确定每类网络类型的互动的行动主体、功能作用、关联逻辑，并判断是否形成协同；最后，运用协同形成框架进行典型案例分析，归纳总结出每一类网络类型的所有互动导致协同的普遍机制，通过共性归纳得出不同网络类型的所有互动导致协同的普遍机制和约束条件，验证中国大学募捐协同形成的解释框架。

2. 研究方法

研究方法一般包含方法论、研究方法或方式、具体的技术和技巧三个层面：方法论层面即指导研究的思想体系，包括基本理论假设、原则、研究逻辑和思路等；研究方式方法即贯穿于研究全过程的程序与操作方式；具体的技术和技巧即在研究的某一阶段使用的具体工具、手段和技巧等（陈向明，2008）。艾尔·巴比（2009）认为，"科学"的两大支柱是逻辑和观察；科学研究分理论、资料收集和资料分析三个层面。理论处理科学的逻辑层面；资料收集处理观察层面；资料分析则是比较逻辑预期和实际观察以寻找可能的解释模式。

本研究属于实证研究，资料分析采用质性研究中的案例研究（case study），且采用社会网络分析视角，具体观察方法采用调查研究中的问卷调查和访谈调查，数据来源包括一手调研资料积累、辅助以文献梳理和二手数据整理。这里的"实证研究"指的是广义上的基于事实的观察和分析。基于事实的方式进行论证并有规范的研究设计和研究报告，包括实证研究（量化的、质化的）、思辨研究（又称理论研究）、实践研究（常以对策、反思、改革形式显现）（刘良华，2015）。案例研究是质性研究的一种，也称个案调查，指对某一特定个体、单位、现象或主题的研究。这类研究广泛收集有关资料，详细了解、整理和分析研究对象产生与发展的过程、内在与外在因素及其相互关系，以形成对有关问题深入全面的认识和结论。个案研究的单位可以是个人、群体、组织、事件或者某一类问题，由此而产生人员研究个案，各生活单位或社会团体个案、传播媒介个案，以及各种社会问题个案等（刘建明等，1993）。本研究可视为社会网络个案研究，分析单位是大学募捐自我中心"网络"。

从分析深度来看，本研究主要属于解释性研究，其案例分析的目标是获得有关协同形成的信息、知识、现象理解和规范性模型（张静，2018）。本研究采取先理论演绎、后实证归纳的分析顺序，历经"概念化—名义定义—操作定义—现实测量"过程，最终回答"大学募捐'网络'中协同如何形成"这一问题。本研究采用调研访谈获取一手数据，并通过梳理官方信息来获取二手数据。具体如下。

（1）前期调查研究和焦点小组访谈。研究者作为 ZR 大学教育基金会项目组成员，前期实地观察了国内近十所大学，深度访谈其中四所大学：ZR 大学、HN 大学、WH 大学、ZJ 大学，对上述学校的大学教育基金会秘书长、行政职能部门负责人、校友总会秘书长均进行了焦点小组访谈和跟踪访谈，访谈记录共计 12 万字。访谈和观察国外 8 所大学：宾夕法尼亚大学、哈佛大学、麻省理工学院、得克萨斯大学奥斯汀分校、北卡罗来纳大学教堂山分校、密歇根大学安娜堡分校、普林斯顿大学、辛辛那提大学的募捐情况，访谈记录共计 10 万字，进行知识积累和前期接触。主要调研内容包括：第一，利用对单个利益相关者的调查来指标化关键行为因素（Margerum，2001；Frame et al.，2004），即通过对多机构关键负责人的访谈，确认前期调研数据和文献梳理数据整理后的关键因素"协同""网络结构""网络互动"是否被感知到。第二，针对合作前后的调查可能是评估态度变化的一种特别有用的策略（Blatner et al.，2001）。因此，需要直接或间接地测量互动前后多机构的合作与共识状态（安塞尔、加什，2008）。

后期选择典型案例和长期跟踪访谈。选定中国两所最为典型的大学进行深入跟踪调研，落脚于中国大学募捐的研究。经过前期严格的控制因素和筛选，确定 WH 大学、HN 大学两个典型案例——WH 大学作为大学募捐"网络"结构类型中的"行政管理'网络'类型"的典型，HN 大学作为大学募捐"网络"结构类型中的"执行者'网络'类型"的典型——用来分析协同行动形成过程。后期针对思考和行文中遇到的具体问题，与 HN 大学和 WH 大学保持长期联系和随时跟踪询问；并发挥地域便利，随时将分析结论与 ZR 大学募捐负责人进行讨论、比较、验证和调适，取得反馈。

（2）本研究梳理年度工作报告和三个机构官网信息来获取二手数据。收集"艾瑞深中国校友总会"官网 2021 年排名前 200 所大学的大学教育基金会、校友总会和大学行政职能部门数据（选择 200 所大学的标准是募捐网络相对成熟，大学教育基金会专职人员大于或等于 1）。所收集的大学募捐"网络"结构和关系型数据主要包括大学教育基金会、大学行政职能部门（对外联络发展处）、校友总会三个机构的基本信息、网站链接共用及主要负责人跨部门任职情况。以此判断大学教育基金会自主程度，划分网络结构类型和所对应网络互动模式，并由两人对同一份二手数据进行质量把关。[①]

收集到上述一手和二手资料后，具体分析方式如下。

（1）网络结构类型分析。根据获取的二手关系型数据，为大学募捐"网络"结构提供新的分类方式。网络结构划分主要基于"大学教育基金会—校友总会"天然具备强关系的前提，依据"大学教育基金会—大学行政职能部门"这组关系的自主程度进行分类，具体的区分标准是：行政职能部门实质性介入、行政职能部门象征性存在，前者对应行政管理"网络"结构，后者对应执行者"网络"结构。进而得出对应的多机构互动模式：行政管理"网络"结构类型的网络互动、执行者"网络"结构类型的网络互动。

（2）典型案例分析。要分析不同网络结构下的互动如何形成协同，归纳协同形成的约束条件，需要控制其他显著影响协同和募捐绩效的因素。诸如大学募捐政策、大学教育基金会历史、专职人员的人数、声誉资本这些网络互动的外在因素需要保持基本一致。在此前提下选择不同网络结构的典型案例，具体分析两类网络结构下的多机构互动模式：行政管理"网络"结构类型典型案例中，网络互动模式为"三位一体模式"；执行者"网络"结构类型典型案例中，网络互动模式为"双轮驱动模式"。本研究案例分析主要采用归纳法，分析主体间关系通过哪些机制会普遍出现协同。从协同力度、目标协同、反向协同三个维度对大学募捐"网络"协同进行判断，从网络结构对应的互动模式的互动内容（以互动程度和互动渠道为划分标准）出发对协同形成过程进行描述和解释。归纳哪些互动内容会出现协同，分析协同形成特征、机制细节、机制逻辑，最终验证网络互动视角下"网络互动（网络结构下的网络互动，以下简称'网络互动'）—网络协同"大学募捐协同形成解释框架。

二 研究思路和章节安排

1. 研究思路

本研究遵循"问题提出—构建解决问题/协同形成的模型—采用典型案例分析验证模型"的思路。通过已有文献评述和社会网络分析理论，提出用"网络互动"的新视角揭开协同形成暗箱，构建"网络互动—网

[①] 感谢合作伙伴原香菊女士的全程核对。

络协同"模型这个协同形成过程分析框架,其中网络结构是网络互动到网络协同的先决条件,因此,需要先做网络结构类型学划分,进而找出对应的互动模式。最终通过两类互动模式的单案例分析,从真实运作中整合出两类网络结构下的"网络互动—网络协同"的过程分析模型,并结合理论验证大学募捐"网络"中的"网络互动—网络协同"的协同形成解释框架。

具体思路是(见图1-5):以大学募捐自我中心"网络"为例,探索机构互动如何形成协同的过程。通过访谈材料和大学教育基金会年度工作报告等实证资料来描述和揭开协同形成暗箱,构建"网络互动—网络协同"的协同形成模型。以网络互动的视角重新看待大学募捐的主体机构合作的发展方向。在全球化背景下和现代化视野下,提高中国大学募捐主体的能动性和协同性迫在眉睫。"互动如何形成协同"的分析有利于在中国国情下重新认识协同概念,该分析视角首次被应用在大学募捐领域,为中国慈善募捐事业和社会组织发展做出领域贡献,为满足大学募捐主体协同需求、解决大学募捐绩效极化问题、促进处在初级阶段的中国大学募捐事业迈入新阶段和可持续发展提供理论指导和路径选择,为如何动员整合社会力量投身中国社会治理能力现代化建设提供判断依据。

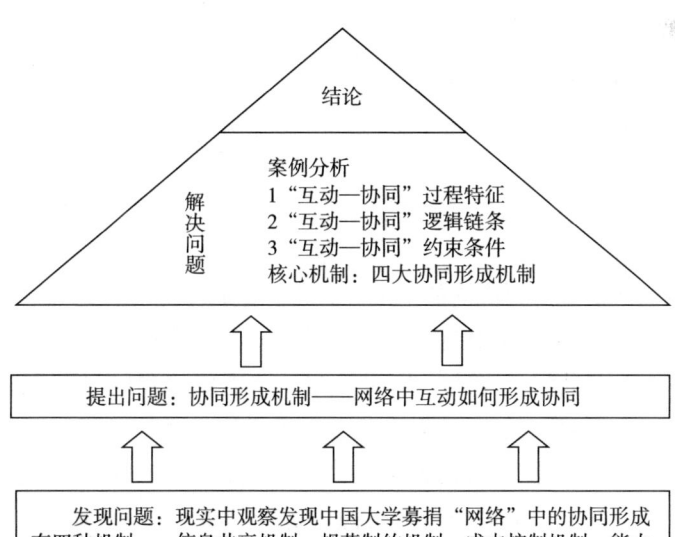

图1-5 中国大学募捐协同形成机制研究思路

随着大学治理能力的现代化,大学基金作为"双一流"建设和追赶国际大学教育质量最佳发力点的现实需求,使得动员资源尤其是校友资源的大学筹款日趋重要。各校开始设立大学行政职能部门去统筹大学教育基金会和校友总会这两类社会组织,行政权威对非营利组织自主性提出挑战。一些学校遵循着"三位一体"的行政控制逻辑,一些学校遵循着大学教育基金会和校友总会双轮驱动的相对平等独立的执行联盟逻辑。随着市场化和与国际接轨不断深入,大学募捐的活动空间越来越大,机构之间的自发性互动越来越多,大学募捐"网络"中多主体互动关系和互动秩序作用愈发明显,机构个体的专业化与向外获取支持资源的关系网络化处在不断协同和调整之中。与此同时,大学募捐具有自身公益特性,与社会整体的慈善文化氛围密切相关。结合上述实践,本研究致力于理论结合实际来验证前述"网络互动—网络协同"协同形成解释框架。

本书主要通过三个方面构建和验证该框架:一是网络结构和机构自治情况。由于大学教育基金会是承担核心募捐职能的责任主体,因此运用社会网络分析方法构建以大学教育基金会为中心的自我中心网络,从募捐主体成对关系的自主性程度出发构建网络结构类型及对应的互动模式。二是网络互动过程。运用社会网络分析中的互动关系理论,构建两大网络结构类型下的现实中主体关系互动过程的真实模型。三是协同形成机制和协同形成逻辑。运用社会网络分析理论,进行整体性分析,抽象出互动过程中协同机制和逻辑解释。最终对大学募捐协同过程提出优化建议。

2. 研究设计及技术路线

(1) 研究设计

解释网络中互动到协同的形成过程需要进行三个方面的设计。

一是如何控制其他相关因素,并选择不同网络结构下的典型案例,分析其典型性即共性。首先,从文献中总结需要控制的显著影响协同形成的因素,由于协同状态与募捐绩效高度相关,因此控制影响募捐绩效的网络互动之外的显著因素即可。其次,进行协同形成先决条件分析,从文献来看,主要是结构分析和机构分析(Thomson & Perry, 2006):根据社会网络分析理论划分募捐网络类型,并定义对应的互动模式。在此基础上选择典型性案例,进行案例分析,归纳共性。

二是如何归纳出协同形成机制并挖掘普遍约束条件。从 SNA 理论的自我中心网络定义出发，确定大学募捐活动形成的网络边界，将从大学教育基金会这个核心执行机构出发的两对关系作为分析单位，主要分析互动关系对协同的影响，总结"互动—协同"形成机制的特征、机制、逻辑解释、协同募捐方案。

三是如何用社会网络分析解释上述协同形成机制。本研究主要从权力赋能逻辑、关系桥接逻辑和文化拓展逻辑三方面解释形成机制：①从网络结构上看，关系对自主程度与行政职能部门权威介入程度息息相关，权力赋能逻辑可以部分地解释协同的形成；②从网络互动上看，根据已有文献梳理发现，信息共享机制和规范制约机制是协同形成的渠道（Betrand，2000；Lee，2007；Thomson & Perry，2006），指向异质信息交换；能力建设机制和成本控制机制分别是网络化治理的内、外生成原因（王德建，2006），指向化解协同形成的阻碍。根据本研究的实践观察，四个协同形成机制分别利用了网络互动的提供机会、提供约束两个方面的作用：一方面，信息共享机制和能力建设机制利用互动给募捐网络提供更多募捐机会；另一方面，规范制约机制带来的信任和互惠必不可少，能降低沟通成本，可以取代正式制度，是协同秩序形成的内核，加上成本控制机制中将关系维护成本等前馈性地考虑在项目设计中，规范制约机制和成本控制机制的实质是利用互动为募捐网络协同的形成提供约束。对网络中这些自有的成对关系的利用可以在很大程度上解释协同的形成；③从慈善领域看，大学募捐具有独特的公益文化逻辑。大学募捐项目本身是具有号召力的公益项目，吸引更多的捐赠者的同时，反馈给募捐者更多的协同动力，使募捐活动持续拓展。三种逻辑均在四个协同形成机制中被观察到，但总体上统筹于网络结构之中，关系桥接逻辑和四个协同形成机制贯彻大学募捐始终。

（2）技术路线

本研究在借鉴社会网络分析的自我中心网络结构基础上，从强关系出发，构建了以大学教育基金会为核心的延伸出的"大学教育基金会—大学行政职能部门""大学教育基金会—校友总会"的三个主要节点和两对主要关系的大学募捐"网络"，勾勒出多机构互动的网络结构背景，并分析互动形成协同的机制。如图1-6所示，分析步骤有三个：第一，对现阶段中国大学募捐"网络"静态结构进行类型学划分，每一个网络结构类型取一个典型案例；第二，进行单个典型案例分析，建立真实模型。

将所有互动内容根据机构间关联频率和关联渠道划分为四类互动，通过所有互动类型排查出可能的协同形成机制；以大学募捐"网络"中两个关系对为分析单位，总结归纳出每个案例中指向协同的互动内容、特征描述、具体协同形成机制。第三，对全部结构类型对应的典型案例进行综合性分析，建立整体上典型案例所代表的募捐网络结构中的协同形成整合模型，验证中国大学募捐"网络""网络互动—网络协同"的协同形成解释框架。具体地以大学募捐"网络"（自我中心网络）为分析单位，通过共性特征分析，抽象出所有网络结构类型的互动到协同的形成机制、形成逻辑和约束条件。最后总结募捐网络协同策略，提供协同优化建议。

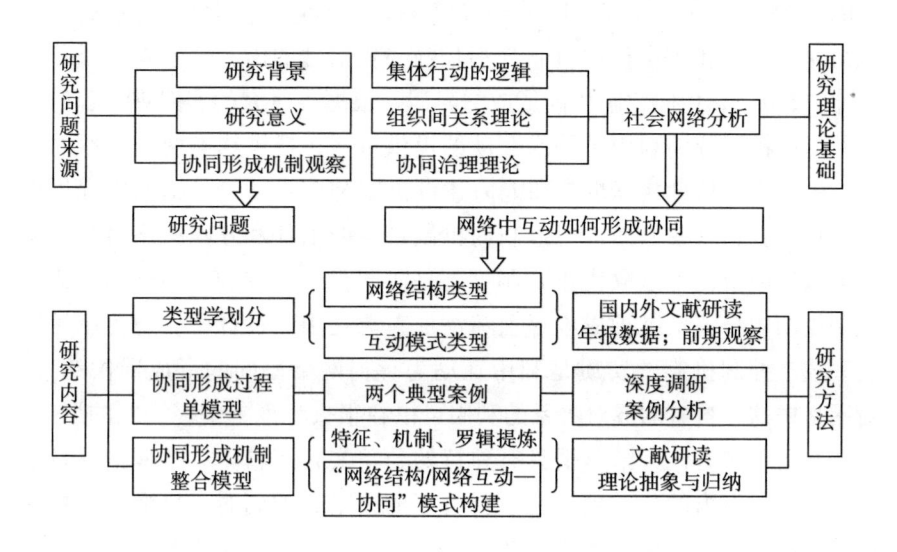

图 1-6　中国大学募捐协同形成机制研究技术路线

3. 章节安排

根据研究目标，本研究需要回答"大学募捐'网络'中协同如何形成"的问题。本研究包括研究问题的提出、研究现状和文献评述、理论基础、网络结构与互动模式的类型学划分、大学募捐"网络""互动—协同"真实模型、大学募捐"网络"协同形成整合模型、研究结论与建议七章内容。

第一章研究背景及意义。重难点在于研究意义、研究问题和概念界定。募捐网络即募捐多机构主体及机构间关系；互动即网络中的互动，互动和协同均是在网络中发生的。

第二章研究现状和相关文献评述。重难点在于评述研究现状，主要包括学科文献（国内外慈善募捐和大学募捐领域多主体互动研究）、主题文献（所观察到的四个协同形成机制及机制之间关系的研究）。

第三章多机构协同形成机制解释框架构建。主要包括理论文献（集体行动的逻辑、组织间关系理论、协同治理分析框架）、对话文献（社会网络分析理论）。重点难点在于所选视角的有效性和差异性说明。

第四章类型学划分：网络结构与互动模式。重点在于对网络互动模式中的不同机构模式的相对独立性和自主程度做出分析和说明，根据结构维度和机构维度进行结构和互动模式类型学划分，进而选出典型案例。类型学划分是进行社会资本维度分析的先决条件。

第五章案例分析：大学募捐"网络"互动到协同过程。重难点在于对单案例进行协同形成机制分析，以两对关系为分析单位，归纳总结出每一种网络结构类型的互动形成协同的机制。

第六章大学募捐"网络"协同形成整合模型。重点在于对两个典型案例的协同过程的横向比较，抽象出相同机制及相同机制出现的条件，同时对特殊机制结合理论进行逻辑分析，将互动相关因素纳入整合模型中。最终验证中国大学募捐"网络""网络互动—网络协同"的协同形成解释框架的适用性。难点在于对执行者"网络"互动模式中的相对平等执行联盟中行政职能部门的角色弱化原因进行讨论分析，并说明该模式的代表性程度；进一步解释清楚两种模式、三个逻辑和四种机制的联系和内在关系，包括不同的逻辑组合如何解释两种网络结构模式的"互动—协同"实现过程。

第七章研究结论与建议。重点、难点在于提供协同优化建议。

第六节　小结

本研究提出了较为清晰的研究问题：中国大学募捐需要大学教育基金会、大学行政职能部门、校友总会三个主要机构的协同，其形成机制是什么？协同为什么能从互动中产生？中国高校募捐体制产生、发展近30年，大学教育基金会、大学行政职能部门、校友总会之间的协同与大学募捐绩效高度相关。该研究问题具有较为重要的理论和实践意义，有助于揭开协同形成机制暗箱并为多机构慈善募捐提供协同优化指南。

通过对大学募捐"网络"中的互动现象的观察，初步观察到四个互动到协同的机制，但没有很好的理论解释。从互动这个整合性视角出发探讨大学募捐三个主体机构间协同形成机制在中国尚属首次。

本研究从协同概念讨论出发，确定互动是协同的起点，增加网络互动这个新的分析视角，从两类多机构互动模式入手，采用质性案例研究方法，分别以关系对和自我中心网络作为分析单位，归纳出协同形成真实模型和整合模型。得出协同体现为目标一致、冲突降低、完成筹款任务；协同过程具有整合性和创新性特征等结论，勾勒出大学募捐所涉机构的协同形成机制和逻辑。本书将有针对性地回答前述"大学募捐'网络'中互动为何能形成协同"的研究问题。

第二章 研究现状和相关文献评述

根据第一章概念界定部分对"协同"的定义，确定"大学募捐'网络'中互动为何能形成协同"的研究问题后，本章将对大学募捐协同形成的研究现状和相关文献进行评述。主要包括对学科文献、主题文献和理论文献的梳理，研究协同形成的四种相关理论：集体行动的逻辑、组织间关系、协同治理分析框架、社会网络分析。

第一节 学科文献：大学募捐"网络"协同研究现状综述

一 大学募捐多机构协同研究现状

1. 国外大学募捐多机构协同研究现状

从实践观察和研究成果数量来看，欧美大学募捐主体的协同性较强，已有不少经验总结，但尚缺乏理论梳理。以大学募捐机构设置和机构间关系比较成熟的美国为例，美国学者总结认为，美国大学的募捐组织机构设置完全体现了协同常态化的思维（Duronio & Loessin，1991）。Hank Rosso（2003）、Margaret A. Duronio、Bruce A. Loessin（1991）等经过研究认为，大学募捐组织机构设置有如下特点。

多元参与模型。Hank Rosso（2003）提出了多元参与模型和员工参与案例。美国大学募捐遵循"发展规划办公室主席开启项目—执行主任（基金会秘书长）提出建议—学校的发展委员会、基金会理事会审核—整个校董会支持—选区募捐—发展规划办公室验收"的流程。

四级募捐结构。Margaret A. Duronio、Bruce A. Loessin（1991）以美国十个筹款比较成功的大学为例，分析了美国各高校的筹资组织构架和特色。美国各高校的筹资部门包括副校长，筹款发展部门主任和副校长助理，校友事务协调者、年度募捐协调者等以及活动主任和顾问四个组成部分。Bruce Cook（1997）、James Langley（2014，2016）强调校长募捐的重要作用：①校长统筹募捐。筹款能力和成功筹款经验几乎是所有即将上任的校长所必备的（Cook，1997）。Cook 提到，在选拔学术领袖时要考虑校友和其他捐赠者对校长的身份和出场的反应；②发挥高校发展办公室、理事会的设计、规划作用。Noah D. Drezner（2014）指出，高校的发展办公室激励校友和该机构的朋友提供自愿支持、为母校捐款，这是理事会制定良好筹款战略的基础。在设计大型捐赠运动时，理事会和工作人员作为一个下级单位予以执行（Bayley，1988）；③基金会与学校校友总会、地区校友总会的协同合作。最早的大学募捐数据统计和操作指南是美国教育援助委员会副主席 John Albert Pollard 撰写的 Fund Raising for Higher Education，给出了大学募捐的实用建议。关于校友基金，John Albert Pollard（1958）认为大学教育基金会必须与校友总会协同合作。

学者们认为影响大学募捐绩效（协同）的因素较多，包括客观上的经济状况，更多的则是主观上的战略规划、文化传统、机构设置。

David R. Dunlop（2002）总结了影响机构募捐成功的因素，包括选区选民的财富、经济状况、机构使命的重要性、完成使命的战略规划的质量等。上述影响因素中，除了潜在捐赠者的经济状况，其他所有因素均指向筹款者的规划、领导和协调。Margaret A. Duronio 和 Bruce A. Loessin（1991）总结十所大学募捐的最普遍的经验是都有校长的领导、机构定位及形象传播机构、首席开发官的领导、学校机构对募捐的支持和承诺等。

Bruce Cook（1996）、Bill J. Harrison（1998）、Lenoar Foster（2008）、Adrian Sargeant 和 Elaine Jay（2009）、Noah Drezner（2014）、Eugene R. Tempel（2016）、James M. Langley（2016）的研究指出，美国大学募捐能做到多机构协同有其先天和后天的原因。

先天优势主要指社会文化传统。美国大学募捐奠基人威廉·劳伦斯主教坚持认为，大学募捐是一个长久的过程而非一次性的运动。他提出，大学募捐在于过程，其根本动力在于国民思想认知。安·萨金也在《筹款管理》中提出"群体思维"和"群体动力和领导力"的重要性。此外，大学募捐在欧美还具有宗教性捐赠的传统（Foster，2008）。

后天培养是指大学教育基金会的治理能力较强，主要包括对机构群内聚力、机构群成员互动、对机构群目标进行管理和治理、建立有效的机构群领导方式等。关于机构群内聚力，Adrian Sargeant 和 Elaine Jay（2009）认为，团队是美国大学募捐中的重要角色，执行者可能负责管理一个包括员工和志愿者的工作组。布鲁斯·库克（Cook，1996）指出，募捐是一种关系的一部分，在这种关系中不同组织都有自己的需求，需要满足多方需求。关于机构群成员互动，James M. Langley（2016）认为，理事会应该要求进行广泛的制度评估，即各组织间的关系是互动的，必须放在更广的范围内来进行绩效评估。关于机构群目标，Bill J. Harrison（1998）认为，募捐额度的递增和协调认知的下调形成了募捐金字塔，即募捐额度越大，协调的困难越大。高校的发展办公室、理事会和校长在募款中所具备的功能能够在成熟的募款体系中起到维持群体目标的作用。关于建立有效的机构群领导方式，Noah Drezner（2014）提出，在组织集群中的领导力分析有两种框架：共享领导力模型和领导与成员交流模型（LMX）。共享领导力模型取决于共享目标、社会支持和参与者声音；领导与成员交流模型取决于追随者对领导者的认可。单个组织的领导风格则用交易型或变革型、服务型、真实型的框架来分析。大学校长能否成功筹款，取决于能否为该任务建立有效的领导风格。Nicholson（2007）观察到，校长在筹款过程中会根据具体情境同时使用交易型和变革型方法。

因此，国外大学募捐多机构协同研究主要体现在对机构群设置和领导体系的关注上，更加关注大学募捐主体的成体系合作、分工与能动性的发挥，具有群体思维，同时关注机构群的动态变化和机构间互动。

2. 中国大学募捐多机构协同研究现状

从政策规定角度和学术研究角度来看，中国对大学募捐多机构协同主题的研究具有领域新和偏实务两个特点。

从研究成果数量上讲，中国大学募捐的研究刚起步，是一个新的研究领域。2016年《中华人民共和国慈善法》正式出台，规定促进科教文卫等事业发展的活动都属于公益慈善活动的范畴，正式将慈善募捐、捐赠、信息公开、促进措施、监督管理等全过程纳入法律轨道。除了《中华人民共和国慈善法》，与高校慈善募捐有关的法律法规还有《基金会管理条例》（2004）、《慈善组织认定办法》（2016）、《中华人民共和国公益事业捐赠法》（2016）等。教育基金会的名称管理、年检年报工作、信息公开三项工作也分别对应着《基金会名称管理规定》（2004）《基金会年度检查办法》（2005）和《基金会信息公布办法》（2005）三个文件。这些法规是针对基金会甚至是教育类基金会的专门规定，从申请成立、名称规范、项目管理、人员管理、薪酬要求、筹款范围、支出规范、公开公示，到检查监督、惩戒责任、注销退出等都有规定，全方位、全流程地规范了高校基金会的工作、管理方式。尽管已有对大学教育基金会治理的新规定比较详细，但只针对中国大学募捐的核心主体——大学教育基金会，却鲜有关于大学募捐的重要参与者大学行政职能部门和校友总会的功能等方面的规定，更不用说对三者之间关联的规定。

协同学作为源于自然科学的理论，已在计算机学、经济学、企业管理等领域有所运用，国内只有几篇论文将社会网络理论运用于慈善募捐研究领域，如认为大学教育基金会和校友总会的秘书长连锁强度对于筹款能力产生了显著影响（颜克高、罗欧琳，2015）；基金会在捐赠网络中所处的中心度会显著影响基金会透明度表现（桑壮、陶泽、程文浩，2019）；校友总会会员和校友组织的增加可以扩大校友捐赠网络（杨维东，2020）。

从研究领域和研究内容上讲，中国大学募捐研究者主要是实务界人员，包括大学教育基金会成员或大学教育基金研究中心专职研究员，研究内容倾向于实践总结。大学募捐研究的主题主要涉及五个方面：①大学教育基金会的性质与发展（孟东军，2003；陈秀峰，2008；刘树堂，2009）；②大学教育基金会的治理与运作机制（张雷，2008；李洁，2010；顾玉林等，2010；杨维东，2014）；③大学教育基金会资金的投资和理财（阳荣威，2008；谢永超等，2009）；④大学教育基金会募捐环境，包括立法、制度、影响因素等（刘丽娜，2009；罗公利等，2005；王冬梅，2007；王任达、刘春生，2005）；⑤中外大学教育基金会募捐经验比较和借鉴（孟东军等，2005；陈志琴，2005；陆根书、陈丽，2006；许灯红，2008；王小军、范宁，2008；徐吉洪，2013；钱敏，2011）。对大学募捐科学管理优化和高校教育基金发展路径选择进行总结，主要可以从以下几个维度进行思考：大学、捐赠者与大学教育基金会之间存在相互影响的关系，并且三者均受社会总体政治、经济、文化状况的影响（刘树堂，2009）；加入社会互构视野和合作视野（吴惠、张彦通，2006；陈秀峰，2010）；决策过程的动态模型（确定目标—选定经理—投资组合决策—修订投资组合—评估）以及投资组合决策的模型（谢永超、杨忠直，2009）；需注重协调机制、校友联络、投资经营、人才队伍、政策引导和透明管理的管理方向（雷旭东，2010）；理念、渠道、队伍、品牌和文化五个方面的系统建设（张宇峰，2008）。

目前大学募捐研究没有很好地总结出募捐主体行为模式和可借鉴理论。资源依赖理论（马玲，2008）和非对称性依赖关系（徐宇珊，2008）过于强调大学募捐对外在环境如政策、法律、税收的依赖；李门楼等（2018）则从经济学角度出发，认为捐赠行为本质上是捐赠者与高校之间的一种经济交易行为，将公益捐赠视为对等交换，在互惠互利的原则下表现出交易行为，这完全违背了大学募捐服务高校师生的公益本质；教育成本分担理论的核心观点则是"利益获得者支付原则"和"有能力支付原则"。上述研究过于强调环境依赖、经济交易方式和支付能力，而忽视组织和人的能动性的理论解释，不能很好地概括当今大学募捐现实，也不足以指导未来的大学募捐模式。

笔者聚焦于大学募捐多机构协同和主体间互动，通过知网（CNKI）共线搜索关键词"大学""基金会""募捐""主体""互动"，发现只有五篇文章（达选芳，2017；刘亮等，2015；李炜冰，2013；翁士洪，2013；赵海林，2012），如表2-1所示。由此可知，已有关于多机构协同的研究较少针对大学募捐这个具体领域，多为对慈善组织本身或者政府组织与慈善组织的合作的研究，且对慈善组织募捐主体互动相关的研究还停留在追求清晰、真实、创新的阶段，互动效应的过程暗箱尚未揭开。

表2-1　　　大学募捐多机构主体间互动相关研究

作者 （发表时间）	运用理论和研究思路	核心观点
达选芳 （2017）	社会资本理论	·慈善组织的筹资平台意味着拥有社会网络 ·慈善组织的筹资基础是信任 ·慈善组织的筹资保障是互惠规范（包括正式与非正式规范） ·平台、信任、互惠三个核心因素影响筹资结果
刘亮、陈以增等 （2015）	研究具有中国特色的非常规突发事件应急管理拳头模式，将国家应急管理工作组（NEMWG）合作网络视为一个大型社会合作网络，分析其结构特征和运行机制	·以汶川地震为例，基于二模网络（属性—关系网络）构建应对汶川地震的NEMWG合作网络模型，其中将政府应急主体视为节点，应急主体在工作组中的合作关系视为边 ·基于社会网络分析的度、介数和接近性三类中心性指标，分析政府职能部门、军队和大型国有企业等应急主体在合作网络中的个体位置优先性和重要性

续表

作者（发表时间）	运用理论和研究思路	核心观点
李炜冰（2013）	政府职能理论、公共治理理论	・推断"政府与慈善组织应该建立一种制度化框架下的合作伙伴关系" ・在治理语境和本土国情下中国政府的行政伦理规引、社会权力归还、社会立法供给的应然的集体行动和相关责任 ・中国政府与慈善组织等社会组织之间相互关怀、相互合作，共商社会发展目标，共同创造更长远的社会公共利益，二者间良性伙伴关系会更清晰、更真实
翁士洪（2013）	制度空间、资源依赖与行动策略间的相互强化导致非营利组织援助义务教育的服务效能衰减	・以中国青少年发展基金会为例，政社合作过程中会出现类似于西方志愿失灵现象的内卷化现象，表现为"活动空间的边缘化、组织机构的官僚化、组织行为的策略化和功能作用的游离化"四个方面
赵海林（2012）	组织创新角度	・给慈善组织发展的建议是正式制度、非正式制度的创新和组织创新 ・组织创新主要是治理结构、筹资能力、项目管理能力、慈善营销能力和人力资源管理能力的创新

资料来源：笔者自制。

二 协同形成研究和应用领域述评

关于协同形成机制研究流派，学术界分别在1991年和2017年有两次大的讨论或总结，前者可视为国外传统的经典的协同形成机制研究，后者可视为国内学者对最新的协同形成研究的编纂和应用。

1. 国外对协同形成机制的研究

The Journal of Applied Behavioral Science 于1991年设了2个专题，收录了9篇主题为 collaboration alliances 的案例研究的文章，将现有的协同相关研究归纳为三个方面：先决条件、过程和结果；并确定了6种最有可能解释协同和协同联盟的支持理论：①资源依赖理论；②企业社会绩效理论（制度经济学理论）；③战略管理理论和社会生态理论；④微观经济学理论；⑤制度理论（谈判秩序理论）；⑥政治学理论。资源依赖理论、企业社会绩效理论、微观经济学理论将单个组织视为理论切入点；企业社会绩效理论和政治学理论的关注点从组织动态转向组织间领域动态，聚焦于领域层面的交互（domain-level interactions）产生的新的问题，这些问题的答案为一个新兴的协同理论奠定了基础（Gray & Wood，1991）。

这次讨论通过已有案例确定了关于协同（合作联盟）有三个问题需要解决，即"先决条件—互动过程—预期结果"。第一，协同产生的先决条件是什么，即哪些因素（例如单个组织的动机或环境激励因素）导致组织参与某种形式的合作？第二，协同到底是什么，它是如何发生的？即互动的利益相关者通过什么过程来进行交互进而实现他们的目标？第三，组织合作的预期结果是什么？有些特殊的结果是否可能通过其他类型的行动来实现？什么是成功的合作？具体结果与合作联盟的成功或失败有关吗？协同在这里不仅指合作联盟，更指一个成功的合作状态，并非有了一个联盟的机构群就代表存在协同了。这次讨论指明协同主题未来的研究方向为：一是证明现有理论在新的协同环境中的贡献；二是对现有组织理论的局限性进行批判性评论，以更好地解释协同；三是推动理论前沿，以提供清晰和深入的理解或启发新的视角。以上述讨论为界，将国外对协同形成机制的研究分为 1991 年及以前和 1992 年至今的研究两个阶段，如表 2-2 所示。

表 2-2　　　　　　　　国外协同形成机制相关研究

序号	研究主题	研究者	研究领域或研究内容
1991 年及以前的研究			
1	联盟的必要性	Brooks, Liebman & Schelling, 1984; Gray, 1985	· 左侧文献被引用于以下研究领域或研究内容（以 Research Gate 平台上记录的 Brook 和 Gray 的被引用情况为例），按主题概念、研究侧重点和领域分类，词频云如下：
2	创建联盟的步骤	Gricar & Brown, 1981; McCann, 1983; Susskind & Madigan, 1984	
3	改善困境等负面后果的合作潜力	Gricar & Baratta, 1983; Hanlon & Williams, 1982; Logsdon, 1989; Taber, Walsh & Cook, 1979	
4	成功促进创新的伙伴关系相关因素	Austrom&Patterson, 1989; Dimancescu &Botkin, 1986; Hallisey, Sanabria & Salter, 1987	
5	成功解决争端的伙伴关系相关因素	Bingham, 1986; Carpenter & Kennedy, 1988; Gray & Hay, 1986	
6	总结协同研究	Gray & Wood, 1991	

续表

序号	研究主题	研究者	研究领域或研究内容
1992年至今的新研究内容			
7	揭开协同过程暗箱维度	Thomson（2001）；Thomson & Perry（2001，2006）	· 主题概念集中于collaboration；作为治理类型之一的协同治理概念和网络治理概念逐渐形成，社会网络分析学术团体形成 · 各学者致力于构建协同过程分析框架；侧重于协同过程的循环模式、协同网络解释性分析 · 主要运用于正式的政府治理领域、城市治理领域、价值链分析、战略管理、协同治理框架的运用等
8	战略网络、领导者网络	Amit & Zott（2001）；Huynh（2016）	^
9	协同治理综合分析框架	框架提出：安塞尔和加什（2008），爱默生等（2012）	^
10	社会网络分析中涉及合作机制部分	Bogartti（2003、2009、2011、2013、2018）；Brass（2010、2014、2015）；肯塔基大学的其他社会网络分析领域的学者	^

注：截至2020年12月31日，Research Gate平台，共有30（全部引用）+95（被引用808，只选取2017—2020年部分）= 125篇外文文献。其中引用Brooks, Liebman & Schelling（1984）的有30篇，引用Gray（1985）的有808篇，只选取2017—2020年部分作最新引用领域梳理。参考Brooks H., Liebman L., & Schelling. (Eds.), *Public-private partnerships*: *New opportunities for meeting social needs*. Cambridge, MA: Ballinger, 1984. Gray B., Conditions facilitating interorganizational collaboration, *Human Relations*, 1985, Vol. 38, pp. 911-936.

资料来源：作者自制。

其中，创建联盟的步骤的相关研究主要指：①从冲突团体中成立新的代表机构。针对一定时间段内的组织之间的演变和冲突，建立一个由各个冲突团体代表组成的新组织，并发展规范信息交换和处理差异的机制，从而减少冲突。从不同组织层次和平衡不平等权力关系的有利角度考察了解决冲突委员会作为一个机构的演变，将新整合与旧有的传统对抗冲突的方法联合使用（Gricar & Brown，1981）。②关注预期的公约数。社会伙伴关系的观点假定伙伴关系通过利用每个伙伴的能力、资源和专业知识，对某些社会问题的预期后果具有共同的认知（Gricar & Brown，1981）。③设计干预措施。当解决或管理共同问题时，两个或两个以上社会行动者个体、团体和组织参与社会问题的解决会带来重大的概念和控制困难，具有高度偶然性和易受挫折性。设计干预措施以促进问题解决的四个指南分别是：应当首先关注该领域活跃的主导性发展过程；干预措施必须在概念层面和任务层面发挥作用;需要根据利益相关者数量使用个体、多方、小组或子群,以及整个领域等不同的分析单元;必须建立独立于干预主义者的机制,随着时间推移将多个干预措施和干预结果联系起来(McCann,1983)。

后期研究发现,如果将网络作为解释因素,有助于形成协同。Barbara Gray、Donna J. Wood(1991)总结已有研究文献(1991年及以前),认为协作联盟的作用主要包括改善困境、促进创新、解决争端三个方面。通过建立网络,对机构本身和网络本身均是有益的。对机构来说,有以下益作:获取信息和资源;提高解决复杂问题的能力;组织学习和知识共享;创新;改进服务提供;应对紧急情况。对网络本身来说,有利于利益相关者参与;建立非正式问责制;督促实现成员组织对集体行动和共享网络目标的承诺;成员组织之间的关系建设和信任建设以及提高综合服务和优质服务(Borgatti et al.,2018)。当然,协同是一个脆弱的系统(Thomson & Perry,2006),会带来新的依赖关系,增加环境的复杂性和动荡(Wood & Gray,1991),面临利己主义、混乱倾向、部分制度化的挑战(Zucker,1988)。这是参与者通力合作后责任主体的自主性和竞争性两方面产生的变动后果(Thomson & Perry,2006)。因此,要关注网络作为协同形成的解释因素时如何解决协同脆弱性的问题,尤其关注自主性和竞争性后果。

2017年,北京大学国家治理研究院为了推进国家治理体系现代化研究,进行当代中国治理模式研究,将网络治理和协同分析框架作为"治理类型演化及扩展"的主体部分进行梳理。内容包括对涉及价值观和规范、原则及治理选择的元治理的讨论(Jan Kooiman,Svein Jentoft,2009),对涉及交易条件和社会机制等网络治理一般理论的讨论(Jones C et al.,1997),对涉及结构、管理与效率等网络治理形式的讨论(Provan K G,Kenis P,2008),针对多样性和综合性优势的网络治理的前景的分析(Lewis J M,2011),对关于治理网络和转型问题的讨论(Considine,2013),提出协同治理综合分析框架(Emerson K,2012)、对协同治理的理论与实践的讨论(Ansell C,Grash,A,2008);对利益攸关方和公民政治参与的新型治理的探讨(Bingham L B. et al.,2005)。

2017年进行的对网络治理和协同分析框架的梳理和编译,是中国学者对最新协同形成研究成果的关注,并尝试运用这些西方的理论和框架。

例如有学者借鉴安塞尔的协同治理模式，希冀以集体论坛为平台，实现"对话—建立信任—做出承诺—保证互惠—达成共识"的循环，为转型中的城市治理构建协同治理的运作机制框架，试图解释跨界集体决策和集体行动的形成（杨宏山，2017）。同时，有学者认为这种对协同形成框架的运用所提出的整合治理模式过于"乐观"，因为从治理主体之间的结构与关系上看，通过协同来实现共识"是有条件的"（刘伟，2018）。从结构上要保证各个主体之间的地位是平等而不是依附型的；从主体占有资源上看，资源具体内容虽然不同，但抽象意义上资源总量是相当的。各个主体对所需协同的事物具有相似责任。即使这些协同的条件得以具备与满足之后，当所有主体地位平等、资源相当、责任共担的时候，倘若没有核心控制权，会造成"否决者"（veto player）的出现，导致集体行动的阻滞，从而使得人人有责变为人人无责（MacIntyre，2001）。

对西方协同理论的中国情境运用的前提是对已有研究成果的熟悉和跟进。关于协同形成机制和形成过程的研究，较为经典和权威的研究是Thomson 和 Perry（2006）试图打开暗箱内部的协同过程，认为其过程具有五个变量：治理、行政管理、组织自治、相互关系、规范。治理和管理被归纳为结构维度，个体利益和集体利益整合被归结为机构维度，互动关系和规范被归结为社会资本维度。这种社会资本维度随后被作为解释范式用来解释社会网络的后果（Borgatti & Halgin，2011）。网络中各机构最终形成了协同状态并获得更好绩效，属于效果测量即形成社会资本或绩效表现，解释机制是基于关系作用的发挥，即从不同关系作用角度解释协同的形成，被命名为资本化机制（关系作为渠道）、合作机制（关系作为黏合剂）两个解释范式。最新的关于协同形成机制研究中，相关度较高的是 Berends 和 Sydow（2020）阐述了他们的组织间协同（协作）的过程观：组织间关系是动态变化的、组织内协作会向组织间协作转变、通过人群和其他异质行为者群体的分布进行协同。

2. 国内对协同形成机制的研究

聚焦于解释因素大学募捐"网络"中的机构"协同形成"，通过知网（CNKI）对关键词"主体""关系""互动""协同""协同形成"进行共线搜索，发现只有五篇文章涉及，均为硕士、博士学位论文。并顺藤摸瓜，通过知网的核心文献推荐功能，定位到与"形成机制"相关的三篇文献。提取八篇文献内容，如表 2-3 所示。

表 2-3　　　　　　　　　　国内协同形成机制相关研究

作者 (发表时间)	主题	核心观点	评述（与本研究的相通点）
潘开灵、 白列湖 (2006)	以管理 协同为例	管理协同的真正形成包括形成机制和实现机制两个部分	· 形成机制只说明机构系统存在协同的可能性：(a) 评估机制和 (b) 利益机制 · 实现机制被认为是真正的管理协同形成机制：(c) 协同机会识别机制、(d) 协同价值预先评估机制、(e) 沟通机制、(f) 要素整合机制、(g) 支配机制和 (h) 反馈机制
陶国根 (2008)	以社会管理的社会协同模型为例	社会管理的社会协同机制模型由形成机制、实现机制、监督机制三个机制组成	· 确认社会协同目标与社会管理系统目标之间的关系，运用社会协同解决或缩短差距
弋亚群、 刘益、 李垣 (2003)	基于资源和动态能力考量组织的资源协同机制	从组织流程角度划分采购协同、生产协同、营销协同、研发协同和管理协同五种主要资源协同类型	· 认为"资源选择"和"能力构建"是单位获取和保持持续竞争优势并创造经济租金的两种机制
张亚兰 (2011)	以战略联盟的形成机制为例	在战略一致性和资源互补性基础上的由外部动力和内部动力共同形成合作动机的过程	· 互动机制主要基于联盟成员交流和合作的需要，从信息共享、资源整合和学习机制等角度建立
史猛 (2017)	协同形成前提	从协同目标和协同基础两个方面分析了协同的形成机制即协同形成的前提	· 在协同机制形成阶段，首要工作是构建目标协同机制
任宗强 (2012)	企业获取外部网络资源、通过内部整合，转化为企业技术创新能力的过程和模式	按照"要素—结构—能力"思路探讨开放式创新环境下企业创新网络中要素协同与能力提升问题	· 战略途径是要素协同 · 三种提升创新能力的战略途径是：通过内部要素协同提升渐进式创新能力；通过内外跨界协同提升集成创新能力；通过战略联盟协同提升原创发明能力
胡静 (2010)	旅游协同发展	整合集群、联动共进、交通互融、营销共推等运行机制，探讨区域协调发展的实现途径	· 通过比较优势分析和区域产业联动，通过对资源进行高效和高度有序化整合，形成具有核心竞争力的先导产业和产品集群，实现地区协同共进

续表

作者 (发表时间)	主题	核心观点	评述（与本研究的相通点）
白淑英 (2009)	协同管理网络	电子政务型政府协同管理网络的形成、效用和进化	・具有集成性、动态平衡性、自适应性与进化性、主体平等性、松散性等特征 ・网络分为单网和混合网、服务网和治理网等类型 ・网络主体进化机制包括：聚集机制、结果驱动与行动选择的互动 ・网络关系进化机制包括：共生能量推动、电子政务系统升级驱动

资料来源：笔者自制。

其中，评估机制强调管理主体对系统所处环境和目前运行状况、价值等方面进行全面的评估，找出与管理协同目标的差距，主要对内部资源与能力进行评估。利益机制是指在评估有必要进行管理协同的基础上，系统各要素在管理协同目标一致的情况下，确定如何进行利益的合理分配。识别协同机会的方法是指识别制约因素或瓶颈环节。协同价值预先评估机制即协同产生的价值减去协同带来的成本之后的结果。沟通机制是指有效的沟通，包括提高信任度、建立有效沟通的方式，即提倡双向沟通的方式，双向沟通具有反馈信息传递的功能（周三多等，1999）。整合机制的实质是最大化地挖掘企业系统各子系统或要素的优势，弥补不足，使企业系统由于优势互补而产生整体功能效应。支配机制是指在机构系统处于变革阶段时，根据外部环境的变化和机构拥有的资源，部分因素通过施加影响，在涨落和非线性的相互作用形成的关联放大效应下，形成主宰机构系统有序发展的序参量，从而使整个机构系统在序参量的支配下产生整体功能效应，使整个系统自发地组织起来。反馈机制即把管理系统达到的结果与管理协同目标相比较而得出结论，走持续不断、循环发展的道路（潘开灵、白列湖，2006）。

陶国根（2008）总结社会管理的社会协同模型构建的思路是：实施社会协同的最终追求与社会管理系统要实现的目标一致，同时，社会管理系统目标的实现与社会管理系统的运行状况紧密相连，社会管理系统运行状况反映了社会管理系统的发展水平，构建社会协同模型旨在缩小系统运行顺畅与不顺畅时的发展水平差距。认为社会管理的社会协同机制模型由三个方面的机制组成：形成机制、实现机制、监督机制。社会管理的社会协同机制模型构建的具体思路：一是动因层面探索社会管理的社会协同形成，包括确认社会协同目标与社会管理系统目标之间的关系，分析社会管理系统的运行状况等。动因层面的社会协同的形成机制是一种观念形态上的协同，说明了进行社会协同的必要性与可行性。二是过程层面探索社会管理的社会协同实现过程，包括社会协同机会的识别、社会管理主体间的相互责任（信任）、社会管理主体间的信息沟通、功能的整合配置四个方面。过程层面社会协同的实现机制把一种观念形态上的协同转换为实际的协同行为，并使它发挥应有的效应。协同机会识别是突破口，相互信任是关键，有效的信息沟通是基础，功能的整合配置是根本。经过社会管理的社会协同实现机制，社会管理系统将从处于变革阶段的无序走向一种新的有序，产生新的空间、时间、功能结构，进而使社会管理系统实现整体功能效应。这种功能效应就是社会协同达到的一种结果。三是结果层面探索社会管理的社会协同效果评价。对社会协同效果评价即社会协同评价监督机制，包括社会协同的评价和社会协同的反馈监督。评价的对象是社会管理系统实现的整体功能效应，该社会协同达到的结果和社会协同目标是否一致或者在效果上非常接近。监督主要有社会协同形成过程中的监督与社会协同实现中的监督两大类型，贯穿整个协同过程，通过信息反馈发现问题，实施监督管理。针对社会协同的两个结果，即实现或没有实现社会协同效果，尤其是针对没有实现社会协同效果的情况，则需要对社会协同的形成环节和实现环节给予重新考虑。通过信息反馈发现两个环节中的问题，加强监督力度，解决问题，走可持续、循环发展的道路，最终实现社会协同效应。

弋亚群（2003）基于资源和动态能力的考量对组织资源的协同机制进行了分析，认为"资源选择"和"能力构建"是单位获取和保持持续竞争优势并创造经济租金[①]的两种机制。在经济学领域，安索夫首次提出"协同"的概念，并且解释了为什么企业整体价值可能大于各部分价值的

[①] 经济租金（economic rent）可以将租金看成是这样一种要素收入：其数量的减少不会引起要素供给量的减少。有许多要素的收入尽管从整体上看不同于租金，但其收入的一部分却可能类似于租金，亦即如果从该要素的全部收入中减去这一部分并不会影响要素的供给。我们将这一部分要素收入叫作"经济租金"。它是基于垄断等手段获取的额外利润。

总和，确定了协同的经济学含义即"1+1=3 式的企业在业务单元间共享资源的活动"，强调的是战略协同。结合组织的有形、无形资源，从组织流程的角度划分了采购协同、生产协同、营销协同、研发协同和管理协同五种主要的资源协同类型。组织协同机制则主要由战略导向、协同能力和资源配置三部分构成。首先，组织通过不断发现其战略导向和市场需求的差距，为组织协同机制的发挥提供了一个动态的指向基础。其次，通过协同能力的内容实现组织资源的协同。最后，资源整合与配置的方式将直接影响组织的协同效应和资源所创造的价值。资源整合与配置不仅实现了组织的有关价值增值活动，而且为相关的主体创造了价值。组织的采购、生产、营销、研发及管理等方面通过组织资源协同机制产生规模经济效应（平均成本，大量生产以降低单位成本）、范围经济效应（相对总成本，业务范围扩大而成本降低）和学习效应（因组织过去的经验而导致单位成本减少以及组织新的协同的产生）等协同效应。有形资源的协同效应实现了规模经济，无形资源的协同效应则更多地体现了学习效应（弋亚群、刘益、李垣，2003）。

张亚兰（2011）总结，战略联盟的形成机制是在战略一致性和资源互补性的基础上、由外部动力和内部动力形成合作动机的过程。外部动力包括政府引导（优惠政策、种子基金）和市场驱动（利益驱动、中介推动），外部动力包括知识经济效应、产业经济效应、规模经济效应、范围经济效应等。互动机制主要基于联盟成员交流和合作的需要，从信息共享、资源整合和学习机制等角度建立。战略联盟的运行机制主要指决策机制、监控机制、协同机制（协同创新）、分配机制。战略联盟的风险机制如财政返还（即租金和税收返还）机制、捆绑投资机制、诚信奖励机制等也需要关注。

史猛（2017）从协同目标和协同基础两个方面分析了协同的形成机制。他认为在系统中，共同目标是系统主体主动联结并产生协同效应的首要前提，可以把系统中各子系统、主体和要素的行为合理有效地组织起来，形成一个围绕共同目标的实现进而协作的有序系统。因此，在协同机制形成阶段，首要工作是构建目标协同机制，从共同目标的定位、目标体系的架构（短中长）、目标的考核三个方面入手。协同基础包括共同利益和客观差异。上述协同形成机制是状态层面的协同形成分析，尤其是目标协同的形成。协同运行机制包括协同内容和协同途径，属于过程层面的协同形成分析。

任宗强（2012）按照"要素—结构—能力"的思路探讨了开放式创新环境下企业创新网络中要素协同与能力提升问题。其战略途径是要素协同。研究探寻企业获取外部网络资源、通过内部整合转化为企业技术创新能力的过程和模式。创新网络反映了创新本质和协同本质的必然要求，促进不同创新个体建立紧密联系，构建创新要素汇集、共享和协同的网络体系，从而更好地整合分散的创新资源协同形成创新合力。其能力提升是基于内外互补和环境因素，利用内外各维度之间的互补性，并引入环境动态因素，考察这种环境对内外网络和创新活动（能力与绩效）间关系的强度或方向影响。其创新协同和创新能力的演化则采用系统动力学仿真（SD）进行演化。三种提升创新能力的战略途径是通过内部要素协同不断提升渐进式创新能力；通过内外跨界协同提升集成创新能力；通过战略联盟协同提升原创发明能力。内外部创新网络的协同能促进三种创新能力之间的协同发展，实现组织的两手同利（ambidexterity），内外协同降低了环境动荡性产生的负面作用，这也完善了对创新网络的协同创新机制的理解，从而拓展了企业创新要素协同与提升能力的空间范围。企业内外部通过创新网络的整合，扩展了全面创新与协同创新的本质联系。

胡静（2010）认为，通过比较优势的分析和区域产业联动，通过对资源进行高效和高度有序化的整合，形成具有核心竞争力的先导产业和产品集群，实现地区的协同共进；概括出三种可供借鉴的旅游协同发展经验，即交通优先的京津冀"叠加效应"、特色互补的沪杭"同城待遇"、市场运作的欧盟"联动模式"；着力分析了整合集群、联动共进、交通互融、营销共推等运行机制，探讨了区域协调发展的实现途径。

白淑英（2009）运用关系—网络分析方法，研究电子政务型政府协同管理网络的形成、效用和进化。电子政务型政府协同管理网络是指政府部门与社会其他管理主体相互协调和合作的关系结构。它具有集成性、动态平衡性、自适应性与进化性、主体平等性和松散性等特征。根据管理主体以及电子政务的内容不同，该网络可分为单网和混合网、服务网和治理网等类型。它的形成需要特定的物质技术基础、环境与文化以及组织结构的保证。其效用表现为：提供和接受更好的公共服务、建立多元协商的合作关系、降低交易费用等。该网络的形成，本质上是各网络主体在是否采用电子政务进行政府协同管理这个问题上的策略博弈，是政府和社会对政治生态环境发展的适应性进化。这个进化从量上表现为网络主体的增长，从质上表现为网络关系的增强，因而可以从网络主体和网络关系两个方面来确定其进化的标度。其进化机制可以分为两类：其一是网络主体进化机制，包括聚集机制、结果驱动与行动选择的互动；其二是网络关系进化机制，包括共生能量推动、电子政务系统升级的驱动。

由此可见，中国学者不仅对西方理论的运用保持着较为清醒的认知，较为谨慎地区分了协同形成的前提条件、形成的具体机制、核心控制权的微观情景，对西方协同形成机制的研究持保留态度，同时对中国本土化的多机构合作的协同形成机制研究提出了更高的要求。

3. 协同形成应用领域现状研究

协同研究最早是出于实践改进的需要。实践的改变需要有效的改变：改进实践的干预措施若需更加有效的话，则需更具协同性的方法，即有必要开展有效的组织间合作。这是因为在操作复杂的、多层面的、资源密集型领域，所需的能力和资源不太可能驻留在任何一个组织中。实践的改变需要系统和观点的改变，即将具有不同有价值观点的合作伙伴聚集在一起，通过整合和协调多个利益相关者的努力来实现更高的效率。各组织之间的合作有可能通过减少工作的冗余使干预措施更具成本效益，并通过利用伙伴的优势产生更大的价值（Olson、Balmer & Mejicano，2011）。总之，通过整合资源和共创价值，组织间协作已成为许多组织不可或缺的一部分。组织间的协作使组织能够集中资源，实现它们自己无法实现的目标（Gray，1985）。

在这种背景下，协同联盟的建立最早适用于司法系统，为了解决公共部门争端，提出了将多部门协同作为公共部门争端的替代性解决方案（Madigan，1984）。资源管理和可持续发展等问题被视为最好由组织间和部门间合作解决的领域性问题（Demirag，2018）。协同研究领域从最早的司法领域解决争端（作为替代性方案）（Madigan，1984），到应用于政府治理（如政府间的协同和城市管理）、企业战略管理、政社合作，再向联盟和网络进行转变和拓展。目前协同形成机制研究主要聚焦于研究协同型政府、企业联盟或产业集群以及政府、社会和企业的协同。本研究则是研究从微观到中观层面的大学募捐多机构协同。关于协同的研究前沿，近年来，中国学者研究协同仍然停留在概念化和模式化阶段，并且试图抽象和整合真实世界中复杂的协同系统，将诸如"协同结构""形成机制""价值共识""利益共识""新型治理：利益攸关方和公民的政治参与"等概念，与群体动力学理论中的"命运的相互依存""任务的相互依存"思想（Brown，1988；Smith，2001）、利益相关者理论等相结合，根据诱发因素区分回应性和开发性合作，分析外部环境、协同动因、协同引擎、协同评估，构建多元主体结构模式、协同治理运作机制模型（麻宝斌、李辉，2010），试图模式化。

中国当前对协同的研究方兴未艾，主要有以下三个特征：第一，注重过程分析但还不够"真实"，停留在建立模型阶段（刘伟，2018）；第二，应用领域偏向于正式治理，协同行动分析框架应用领域主要是政府间的协同（李辉，2014）、政社协同（蔡岚、寇大伟，2018）、社区建设（赵欣，2016）、区域主义（刘西忠，2014）和政策协同（彭纪生等，2008；张国兴等，2014；梅菁、何卫红，2018）等；第三，当前的协同研究还需在研究领域上扩展，应用到更多细分领域中，比如大学募捐领域；在研究内容上尚缺乏对非正式渠道协同和特殊情景的关注；在研究思路上需同时关注回应性被动协同与开发性主动协同，以及侧重于协同的整体性与动力性。

关于协同形成机制的已有研究都面临着一个核心矛盾：难以区分协同形成机制和协同运行机制，有学者将前者处理为协同目标和协同基础，将后者处理为评估、预测、沟通、整合、反馈等机制；有学者把前者处理为动因机制，把后者处理为过程机制。还有的研究者把与协同无关的因素全部装进来，包括激励机制、监督机制、风险机制等，淡化了协同形成机制的真正具体和有效的方式，实质上，这是由于对协同的定义不清造成的。一方面，没有厘清概念：collaboration 和 system（synergy），前者强调协同过程，后者强调协同结构。例如，有学者从协同学（synergetic）出发，将自然科学的协同序参量直接赋值为"公共服务质量"和"公民社会融入状况"，其可能影响协同序参量的控制参量包括协同主体及其权责关系、信息化基础、组织架构及政策体系，关注协同供给的子系统、自组织机制和运行机制（钱洁，2013）。这种关注协同主体自组织的套用的结果只能是总结出过于抽象的三种协同供给的运行机制，如政策导向机制、利益驱动机制与志愿精神驱动机制。

另一方面，协同的形成需要大的前提条件基础和小的实质性形成过程，两个方面同样重要。但无论是状态还是过程，前提条件还是运行条件，均是为了解决社会协同目标与系统自身管理目标的差距。社会管理系统在顺畅与非顺畅运行模式下达到的发展水平会出现一个差距空间，体现在以大学教育基金会为核心的自我中心网络中，协同目标和系统本身的差距表现为募捐网络在顺畅运行时的发展水平与非顺畅运行时发展水平的差距，这是我们需要解决的问题。协同的应用情景主要是在政府部门中间、企业之间，以及政府与社会、政府与企业之间。由此可见，目前学界对募捐主体协同的研究深度有待提高，需要对协同形成机制进行系统的梳理，对协同形成机制的研究亟待中国化和领域化。

第二节　主题文献：四类协同形成机制研究综述

一　信息共享机制与协同

拉斯韦尔确定了沟通的五个主要因素：来源、信息、渠道、接受者和效果。多机构要达到沟通畅通和协同状态，首先需要建立起信息共享机制。信息共享机制（information sharing mechanism）是指用户之间上传信息、共享信息并且防止信息被滥用或破坏的运行方式。在 Web of Science 上搜索关键词 Information Sharing Mechanism，统计引用率最高的 5—10 篇文献，涉及的信息共享机制主要包括：减少信息不对称、采用信息共享策略（渠道、类型、频率和内容选择）、建立信息互换模式和通过关系嵌入整合信息偏好四种。

1. 减少信息不对称

减少妨碍两个团队合作的信息不对称可以获得更高水平的绩效和问责，并且协同生产更好的政策产出和公共物品（Li，2020）。对合作生产过程中的信息沟通研究较少，一般都是假设信息对称。"现有的关于协同生产的研究很少涉及公共组织和公民间的信息沟通。关于沟通的文献主要集中于组织内部和组织间的沟通上，并且发现了无效沟通阻碍组织绩效和府际合作。但在合作生产过程中，人们对沟通的作用研究相对较少。无论公民个人还是集体作为委托、设计、交付和评估合作生产的发起人、共同设计者或共同实施者，假定双方之间的信息都是对称的，即相互了解。如果是这样的话，双方就不难在不同的层次和阶段进行合作，共同取得更好的成果。"需要在系统内部进行信息共享以减少信息不对称，反之还会降低获取信息的成本以更容易获取信息，依次循环。

2. 采用信息共享策略

不同组织的交流策略的影响因人而异，包括信息渠道、类型、频率和内容的选择（Li，2020）。信息渠道主要指利用通信技术（线上线下）、进行经验学习。因为信息的可及性和成本不同，必须选择不同渠道进行获取。信息类型主要包括任务相关信息、直接请求、财务信息、绩效信息。信息频率和内容的交互主要包括高频率的任务相关信息、高频率的请求、异质的财务信息的频率、负面的绩效信息的频率（Li，2020）。对于不同类型的信息，任务相关信息对协同生产有积极的影响，价值较高的任务相关信息频率也对协同生产产生积极影响；直接请求帮助与协同生产正相关，而更频繁的请求则不显著；不同的财务信息内容对协同生产的影响是异质的，财务信息和绩效信息的数量越多，协同生产的程度就越高；接收方对绩效差的信息有负偏差。信息共享机制要区分便宜的信息（与任务相关的信息和低频率的直接请求）和昂贵的信息（高频的财务和绩效信息）、真信息还是假信息（是否与任务直接相关的信息）。

3. 建立信息互换模式

通过建立信息互换模式可以促进协同进步。Amitabh Sinha（1994）提供了一个并行通用模式，进行相互交换信息、共享数据、识别有效信息并明确支持共享数据，提高了用户程序的清晰度、表达性、效率和可移植性。信息互换环节看似简单，但实际上信息传递和互换需要经历上传信息、共享信息、接收信息、理解消化信息、反馈完善信息等相关环节，同时在每一个环节中保持信息共享并形成通用的流程模式。同时，穆罕默德（Mohammed，2018）认为应该将自愿信息共享与非自愿信息报告区分开来。这涉及各机构自身是否愿意公开数据，并且确保不会因为公开数据而遭受损失。

4. 通过关系嵌入整合信息偏好

通过关系嵌入提高沟通效率，整合不同的信息偏好，才能形成协同。Uzzi（1996，1997）遵循格兰诺维特的提法，将社会关系对主体经济行为的影响统称为结构嵌入，认为组织网络运行的逻辑完全不同于市场运行的逻辑，这种交换逻辑叫"嵌入"。Uzzi 认为与缺乏人情味的公平市场交易关系相比，嵌入关系是一种特别亲密的关系，具有信任、优质信息共享（高密度的信息传递）和共同解决问题的三大显著功能和特征，这些特征通过互惠得到加强。这种有别于市场的交换逻辑，通过节约交易的时间、整合真实的意见、提升分配效率的帕累托改进和对复杂环境的适应性，来影响组织绩效。所有的经济活动不是存在于"真空"中，而是"嵌入"社会结构之中。最新研究表明，信息共享具有中介作用。在探索地方提供服务部门内协同的影响因素与催化因素时，最新研究结果揭示了中央行政组织和信息共享的中介作用，但不支持利益相关者援助的直接影响。这些发现对未来协同治理的研究具有重要意义（Hsieh & Liou, 2020）。

二 规范制约机制与协同

规范往往与秩序连在一起。社会规范本意是指规和尺，是指调整人与人之间社会关系的行为规范，即系统内诸成员共有的行为规则和标准。旨在维护一定的社会秩序，用来预防、干预个体或组织行为，且以一定的社会关系为内容，包括风俗习惯、宗教规范、道德规范、社团章程、法律规范等（邹瑜，1991）。这些标准包含了某种道德意味，是被一般人认为是"对的"，是"应当"遵守的标准，不论它们是否有用或有效。打破社会规范的成员往往会受到不成文的惩罚，例如被污名化（stigmatized），在群体中受到孤立。由于社会规范是社会成员的共识，可以是明文或不明文的规条。行为科学家（Gwin & Norton, 1993）认为规范可以内化成个人意识，即使没有外部的奖励也会遵从；规范是价值或理想的体现，它比后者外显、具体，因为它是针对实际行为而言的——如诚实是一种普遍的价值，而在特定情境下确定诚实行为的各项标准就是规范。这些确定普遍价值的标准和规范具有较强的制约作用，实践情境中规范制约机制是怎样的？在 Web of Science 官网上搜索"Social norm mechanism for collaboration"主题，选择引用最高的 10 篇文献。已有的协同相关研究发现，规范主要指建立社会资本规范的过程，如沟通合作意愿、维护集体利益、建立心理契约的过程等与社会资本相关的协同过程（Thomson & Perry, 2006）。

1. 沟通合作意愿

研究者认为协同是一个脆弱的系统，形成协同的成本非常高昂，需要付出大量时间和精力。因此在活动开始前，要预留足够多的沟通和协商时间（Thomson & Perry，2006），并通过沟通合作意愿达成"谁的问题得到解决"的共识。研究者认为，通过解决"关于谁的安全问题得到解决的共识、控制行为的机制之间等价的证据，以及双向易读性"缺位问题，是可以建立信任和协作的基础（Coles—Kemp et al.，2018）。

2. 维护集体利益

维护集体利益包括维护声誉、互相站台、提供证明和背书等。在约束力方面，规范制约与同侪压力（peer pressure）有关。同侪压力或称同辈压力、朋辈压力，指的是同侪施加的一种影响力。相关社会团体包括会员团体（当个人"正式"成为会员，如政党和工会）或社会派系。受朋辈压力影响的个人不一定愿意属于这些团体。朋辈压力，西方学者解释为：因害怕被同伴排挤而放弃自我，做出顺应别人的选择。但现在，这个概念似乎还要外加一层意思，也就是还要包括同辈（即与自己年龄、地位、所处环境相似的人）取得的成就所带给自己的心理压力，有好处亦有其坏处。Brown等（2014）发现社区关怀这类社会规范会降低青少年犯罪概率，具体的社会规范程度取决于预防方法的科学程度、预防活动的合作程度、预防的支持程度、社区领导人的强调程度。

3. 建立心理契约

建立心理契约需要进行信任培育。信任是规范制约的核心，且信任培育需要时间。社会资本规范建立过程（the process of building social capital norms）是基于信任和互惠的，是一个长期博弈形成的"义务"和心理契约，是一种"公平交易"和自愿行为，并且互惠互利帮助信息共享成为协同的充分条件（Thomson & Perry，2006）。Axelrod（1984，1997）和Ostrom（1990，1998）及Powell（1990）都认为互惠是成功的集体行动的关键因素。信任和互惠可以是短期的和偶然的，也可以是长期的且根植于对义务的社会学理解的（Axelrod，1984 Ostrom，1990；Powell，1990）。在协同中，只有在其他合作伙伴表现出同样的意愿时，单个的合作伙伴才会表现出愿意进行协同式交互。这种"如果你愿意我会愿意"的心态（针锋相对的互惠）是基于感知程度的义务，这样的话，合作伙伴愿意承担与最初预期不相称的成本，因为他们希望他们的伙伴会随着时间的推移，出于责任感而平衡地分配成本和效益。Van de Ven（1994）称之为"公平交易"。有学者认为，儒家社会中形成的社会网络称为关系网，影响着工作场所的经济行为和商业行为。关系网络中的感情、人情、信任、面子的建构拓展了西方文献中的社会网络语境。关系网增加了供应链资金的流动，并在参与者之间建立了信任，从而增强了实施可持续供应链管理的能力。关系网络还创造了网络治理机制，在可持续性的制度逻辑下，促进供应链管理的可持续实施。这个机制有助于解释行为承诺的增加和机构在可持续供应链管理中的投资，使实践者理解这一社会规范的逻辑，并利用关系网最大化经营产出，包括可持续的供应链管理实施（Lu & Haiyan Emma，2018）。关系网络的结构与该结构对供应链资本流动的影响，以及这种关系如何促进可持续供应链管理的实施，这些达成共识的过程就是心理契约形成的过程。

规范制约机制具有非审议性的特征，即无须深思熟虑地权衡，而是乐于遵守。Forster 等（2016）对 34 篇文献进行梳理，总结家长对儿童接种疫苗采取的两种不同的决策方法：①非审议性。对于非深思熟虑的决定，父母觉得他们别无选择，乐于遵守和依赖社会规范。②审议性。审议性决策包括权衡风险和利益，考虑他人的建议、经验和社会判断，情绪会影响深思熟虑的决策，对信息和疫苗利益相关者的信任是所有决策的组成部分。

三 成本控制机制与协同

成本控制（cost control）是指：在项目设计阶段考虑联合价值，项目设计时减少不必要环节、控制时间成本和机会成本；在作业过程阶段控制固定成本、可变成本和管理费用；控制干预成本和关系维护成本。

1. 进行前馈战略控制

考虑联合价值进行项目设计前馈控制。控制成本是重要的协同效应之一，也是重要的协同形成机制，协同效应的核心价值就在于打破了传统管理的规模不经济（曾鸣，2018）。控制成本包括反馈控制、同期控制、前馈控制。前馈控制最有效也最能体现多机构协同，在项目设计环节进行战略控制。从互动到协同的过程中要考虑联合成本，因为研究者认为由于交易成本经济学侧重于单一各方成本最小化，而忽略交换各方之间相互依赖以及由此带来的联合价值最大化的机会（Zajac & Olsen，1993），因此只看经济学意义上的交易是无法构成网络协同的，必须考虑联合价值。这种方法被归纳为目标成本法（TC）：一种试图在研发和设计阶段降低目标产品成本的方法，有利于提高成本管理水平（Liu & Liu，2020）。具体地，必须进行时间成本和机会成本控制。网络研究者对组织管理或技术工作上减少的时间成本和机会成本进行了许多思考（Mcguire & Agranoff, 2011）。网络化治理中交易成本尤其是沟通成本可能是其阻碍（Chen, 2008）。总之，节约时间也是一个很重要的竞争因素，提高有效作业的效率，同时尽量减少以至于消除无效作业。传统成本降低基本上是通过成本节省来实现的，高级形态的成本降低需要在产品的开发、设计阶段，通过重组生产流程，来避免不必要的生产环节，达到成本控制的目的，是一种高级战略上的成本控制。有学者总结这是一种价值工程（VE），它研究产品如何以最低的生命周期成本实现用户所需的功能（Wang, 2015）。Ayman Al-Momani（2020）认为在预执行阶段影响项目成本的关键因素包括适当的资源规划（即劳动力、资金、数据）。

2. 进行过程费用控制

考虑过程成本进行费用控制。一旦致力于推动合作议程，就需要考虑"过程成本"。常用测量方法是作业成本法测量，即控制具体成本，包括：固定成本、可变成本和管理费用。有学者总结作业成本法（ABC）下的成本计算程序为整合和分配各种资源库，然后将每个活动成本库的成本再分配给最终产品或服务（Liu, 2020）。在前期执行阶段影响项目成本的关键因素是适当的资源规划（即劳动力、资金、数据）。其中，从管理层面看，影响项目成本最关键的因素是项目管理者的分配和咨询顾问的诚信。技术维度要素包括技术人员、应用方法、说明和规范。从资金分配看，影响项目成本最关键因素来自财务视角。因此对项目管理人员要制定一套降低成本的规范提出了要求（Al-Momani, 2020）。

3. 进行关系维护成本控制

控制干预成本和关系维护成本，注重交易的数量和质量。Williamson（1983）暗示，交易是一个独立的事件，其本身是有价值的，因为交易反映了对最有效治理形式的选择（Amit & Zott, 2001）。对环境冲突的研究表明，利益相关者框架问题的方式以及冲突本身解释了协同的成功或失败。当利益相关者对议题框架、互动过程框架或是彼此之间的框架差异很大时，要找到一个令人满意的解决方案进行协同就变得非常困难（Gray, 2004）。因此需要进行干预和关系维护，这些都需要成本，即干预成本和对关系租金的评估等关系维护成本。[①] 已有研究侧重于提高联盟

---

① 关系租金：类似土地的租金，附属收费，不增值，但是是必须承担的成本。

质量和成功可能性的各种干预措施，将干预定义为联盟伙伴或第三方为影响联盟伙伴之间的互动的形成、设计、过程，而采取的蓄意行动。伙伴关系包括战略联盟、合资企业、政策计划论坛、社区论坛和多部门合作（Gray，2007）。由于冲突的存在，干预成为必要的。历史原因、不信任（授权协作）、身份或价值差异、风险认知差异、资源限制、权力差异，会为合作伙伴之间的联盟带来冲击和冲突（Gray & Purdy，2018）。已有研究中，制度逻辑为解释事件、创造意义以及分享事件的认同感提供了一个模板。但是，这不能解释微观和中观层面的行为。

四 能力建设机制与协同

工商管理学科中能力定义被构建为创业技术（technology）、组织（organization）生存性、人力（human）资本、创业战略（strategy）、商业资源（commercial resource）五个方面（Vohora，Wright & Lockett，2004）。一般组织理论中，将能力定义为不断提高完成目标或任务的综合素质；能力建设主要指通过各类培训和教育方式升级组织能力、人才队伍和项目发展的过程。能力建设主要包括：①组织能力建设，包括协作能力和应对能力；②人才培养建设；③可持续发展能力建设，包括项目制度化、规范化能力建设。

1. 组织能力建设

加强组织能力建设往往与行业自律、提高组织公信力联系在一起，并通过论坛进行交流，加强能力建设实质上是加强整个机构的组织能力建设（徐娜，2005；郭婉玲，2018）。组织能力建设具体表现在协作能力和应对能力建设上。比如常见的"率先垂范，以身作则；相互理解，相互包容；取长补短，团结协作；培养责任心，成习惯"都属于协作能力建设。应对能力则包括负责人的指挥、利益相关者的分类（明确职责和定位）、保持信息畅通公开、慎用强制措施、恢复秩序等（肖文涛，2007）。组织管理和网络治理都要求组织或机构具有并提高解决复杂问题的能力（Borgatti et al.，2018）。

2. 人才培养建设

人才是生产力要素中最活跃、最具创新潜力的元素。能力具有中介作用，研究者通过元老筹资团队的前后绩效的对比，认为社会网络可以直接影响筹资团队，也可以通过能力建设影响元老筹资团队（Huynh，2016）。有学者把组织自身的结构和设置当作能力。关于能力建设对筹资能力的影响，杨伟伟（2016）将400家基金会作为样本进行了实证分析，认为能力建设包括以下11个方面：全职员工数量、志愿者数量、政府官员在基金会任职的数量、理事会规模、理事平均年龄、女性理事数量、理事会议次数、监事会规模、监事会规模、女性监事数量和监事会议次数。回归分析结果显示仅有全职员工的数量、理事会规模、理事平均年龄和监事会规模4个因素对基金会的总收入有显著影响。但是调整后的R方仅为0.273。由此可见，培训、论坛、会议是基金会人才培养的主要方式。

3. 可持续发展能力建设

可持续发展能力的定义可以描述成"一个特定系统在规定目标和预设阶段内可以成功地将其发展度、协调度、持续度稳定地约束在可持续发展阈值内的概率"，即"一个特定的系统成功地延伸至可持续发展目标的能力"（李德水，2004）、"一个系统可以达到可持续状态的水平"（牛文元，2006）。"协调度"主要指在质量维度上维持不同要素间的平衡。协调度更强调内在效率和质的概念，即强调合理优化调控财富的来源、积聚、分配以及在满足全人类需求中的行为规范。识别可持续发展能力建设的三大类型：约束性能力建设（如生存安全能力建设）；带动性能力建设（如人力资源能力建设）；保证性能力建设（如政府服务能力建设）。可持续发展可能需要平衡正式互动方式和非正式的互动方式（Thomson & Perry，2006）。可持续发展观涉及理念和价值观，Amit & Zott（2001）提出战略网络理论，认为战略网络在内容（可及的资源）、结构（网络规模、密度、中心位置、关系本质即强弱程度和桥梁关系）、治理（信任、声誉）三个方面能创造独特的价值。

五　四类机制的相互关联

1. 网络互动通过信息和规范影响个体

有学者总结网络互动通过两个重要渠道或方式影响个体行为：信息和规范（Bertrand，2000），个体行为再反馈到集体行动（王德建，2006）。网络互动通过这两个重要渠道影响彼此行为（Bertrand，2000；Lee，2007；Thomson & Perry，2006），且Thomson和Perry（2006）认为Ring和Van de Ven（1994）的过程框架暗示了持续合作的关键，是在非正式承诺集成和正式契约聚合之间找到正确平衡。虽然信息共享是协同的必要条件，但并不是协同的充分条件。没有互惠互利，信息共享就不会实现协同。互惠互利帮助信息共享成为协同的充分条件（Thomson & Perry，2006）。

2. 网络结构中规范可以用来维持信任

在网络结构中，规范可以用来维持信任。为了促成更多的合作，利益相关方需要建立各种结构，促使行动者找到更好的办法来维持信任，整合维持对本组织信任的流程，并用体制机构背后的确切规范理念来滋养本组织（Benjamin et al.，2015）。机构可以被理解为信任的复杂的实用主义连接器，即维持个人承诺的集体行动社会矩阵，其中常规性和自反性驱动则基于信任的协调机制与环境的互动（Benjamin et al.，2015）。这是典型的社会资本理论的解释逻辑。社会资本是指社会组织的特征，如信任、网络和规范等，有助于协调与合作，实现互利共赢。一方面，遵循相同的规则使系统中机构按照熟悉的模式处事，才能维护秩序。使不同级别的多样化个体都能履行预期的角色，维护和谐氛围和"面子"，通过互动仪式将可能的交互多样性约束到更熟悉的交往模式（Goffman，1974）。另一方面，遵从相同的规则可以节省沟通时间、控制系统成本。

3. 网络治理成因：外因成本控制和内因能力建设

成本控制机制与能力建设机制内外相关。在网络中完成目标和任务，需要外部支持和内部支持，有学者把网络治理的外在生成原因归结为能够节约成本；将网络治理的内在生成原因归结为资源和能力足够。这个观点侧重于从微观、更基础的交易成本和机构能力互动的角度探讨网络治理的生成机理。网络治理的外在生成原因在于网络内机构间交易成本的节约；内在生成原因在于弥补单机构内部资源和能力不足，提高团队能力水平是社会网络和促进募捐绩效的关键中介因素（王德建，2006；Huynh，2016）。因此，能力建设和成本控制可以被视为网络治理的内外生成原因。根据文献梳理，机制间的关联如图2-1所示。

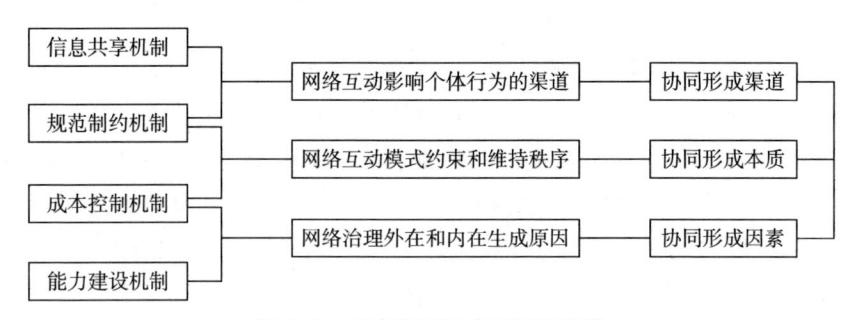

图 2-1 四类协同形成机制间关联

资料来源：笔者自制。

其他涉及的机制散布于上述机制中，如企业间关系中的协同绩效管理研究中，Henri C. Dekker 等（2016）认为绩效评估、信息共享、边界扳手交互三个因素可以被用作企业间关系管理中的补充实践。

多机构协同形成机制相关理论基础实质上也是承接研究现状文献评述部分的理论文献梳理，主要包括理论文献（集体行动的逻辑、组织间关系理论、协同治理分析框架）、对话文献（社会网络分析理论）。重难点在于所选视角的有效性和差异性说明，典型的协同形成理论的切入视角包括多元主体视角、关系管理视角和循环过程视角。本研究选取的社会网络分析理论中的网络互动视角整合了前述所有视角，构建出网络中"互动—协同"模型。

第三节　理论文献：研究协同形成的四种理论

Thomson 和 Perry、Gray 和 Wood 等学者对协同的定义意味着协同是比合作或协调更高层次的集体行动。但是关于协同形成的大量文献在术语上并没有达成一致，因为协同被从组织间关系（Alexander，1995；Ring & Ven，1994；Warren et al. 1975）、网络（Alter & Hage，1993；O'Toole，1997；O'Toole，Meier& Nicholson—Crotty，2005；Powell，1990）、集体行动的逻辑（Olso，1971；Ostrom，1990）三个视角进行描绘。在协同一词被引入现代化治理，作为治理类型的演化和拓展部分后，学者们开始致力于构建协同治理过程分析框架，旨在揭开复杂的协同治理暗箱（王浦劬、臧雷振，2017）。因此，组织间关系、网络、集体行动的逻辑、协同治理过程分析框架是学界经过讨论后用于尝试解释协同产生的四种典型理论和框架。

一　三种竞争性理论

1. 集体行动的逻辑：多元主体视角

集体行动逻辑，侧重于多元主体视角，从有组织的集体行动制度设计、收益与成本博弈的角度探讨协同形成。

集体行动的产生有两种解释。根据早期的研究发现，有两种关于集体行动产生原因的认知。一种是"理性人"思维下的重复博弈、相信对方会回报和互惠的信任程度会产生集体行动（Axelrod，1984；Ostrom，

1998）。另一种是 Olson 认为的集体行动中个体会权衡边际收益与成本，进而选择最优解的假设。这两种集体行动都是自愿的"理性人"的选择，但是认知前提不同——前者是有组织、有秩序的集体行动，后者是无组织、无秩序的集体行动。个体的无组织行动无意于促进共同利益，但是有组织、有秩序的个体行动会因为重复博弈、信任、互惠等产生集体行动（Ostrom，1998）。Olson（1971）提出了集体行动的逻辑，认为个体会在集体行动中权衡边际收益—成本，个体理性会导致集体无理性，并作出预测：只要参与集体行动是自愿的，那些边际成本超过参与的边际收益的成员会在达到群体最优之前就停止贡献。Ostrom 则在阐述 Olson《集体行动的逻辑》里"当许多人有着共同的或集体的利益时——当他们共有一个目的或目标时——个人的行动根本不能促进共同利益，或者不能充分地促进共同利益"这句话的时候，她坚决地在"个人的行动"里增加了"无组织"一词。她认为个人的无组织行动无益于促进共同利益，但是"有组织"的行动呢？（Ostrom，2000），Ostrom（1998）认为，实验室证据表明，在这些实验中认为别人会做出回报的人占比很大，这会导致集体行动。因此，协同前提仍然是理性人假设，但是否边际收益递减或者没有增长，集体行动就会停止呢？Ostrom 给出的答案是多中心治理可以建立自组织的规则，进行制度设计，进而形成内部世界和外部世界以及环境因素组成的生态系统。总之，Olson 的解释更适用于宏观层面，Ostrom 的缺点则在于假设条件太多，博弈论的预设太高，自组织的规则形成的环境因素、外部世界、内部世界过于复杂。

与集体行动逻辑伴随的是利益相关者分析理论。Ostrom 的集体行动逻辑是多中心治理逻辑，涉及多个利益相关者。利益相关者理论源自 20 世纪 60 年代的物质资本所有者在公司中地位逐渐弱化的实践，利益相关者理论据此强烈质疑"公司是由持有该公司普通股的个人和机构所有"的传统核心概念（张永强，2014），呼吁打破传统的"股东利益至上"，要求"利益相关者共同治理"，影响了美英等国公司治理模式的选择。Freeman 在《战略管理：利益相关者方法》（1984）一书中开创性地明确提出利益相关者理论，认为利益相关者视角是理解现代资本主义更有用的方式。企业的生存和发展依赖于对利益相关者利益要求的回应质量，而不仅取决于股东——这成为企业绩效评价和管理的中心。并由此给出了两个利益相关者分析框架，一是权利和行为预测矩阵；二是权利和利益矩阵，根据权利高低和利益水平高低，区分了利益相关者的角色和位置，确定战略改革的支持者和反对者，预测是否存在惰性文化，是否会采取一致的维持行动。但是 Freeman 的研究没有指出利益相关者识别和重要性排序的具体标准，很多企业利益相关者管理中应考虑的管理情境被忽视了（林曦，2010）。利益相关者理论能够解决价值创造与交易问题、资本主义伦理问题和管理思维方式问题（Freeman et al.，2013）。但利益相关者理论单独从核心机构视角或者利益相关者视角出发的研究，对双方构成的关系这一基本层面的认知都是不完全的。相对于个体视角的研究，关系视角研究显然仍处于探索阶段（Hill & Jones，1992；Rowley，1997；Miles，2002；林曦，2010）。传统的利益相关者管理理论要么将注意力集中于利益相关者的一些属性特征，要么过于强调企业与利益相关者关系中的交换关系维度，并不能充分理解和回答利益相关者的管理问题。利益相关者理论的发展显然遵从了"个体视角—关系视角—网络视角"的路径（林曦，2010）。

集体行动的逻辑及利益相关者分析的核心是博弈与谈判。Axelrod（1984）发现，伴随着重复互动时，针锋相对的互惠囚徒困境游戏会导致集体行动，理性人会做出同样的选择，考虑到对方反应来选择满意解，而非集体最优解。学者们认为，协同是一个自主的行动者通过正式和非正式的谈判进行互动的过程，共同创建规则和结构来管理他们的关系、行动和决策方式；这是一个涉及共享规范和互利的社会互动的过程（Gray & Wood，1991；Thomson & Perry，2006）。因此，一般情况下的协同必然涉及博弈与谈判、承诺、评估、执行环节（Ring & Ven，1994；Thomson & Perry，2001）。Ostrom（2012）分析了水资源治理中的多方博弈情况，以期计算预期收益和与预期成本，这是自治新规则形成的重要条件，也体现了自组织过程中互动的重要性。但遗憾的是，四种类型的博弈——与完全信息静态博弈、完全信息动态博弈、不完全信息静态博弈、不完全信息动态博弈相对应的四个均衡——纳什均衡、子博弈精炼纳什均衡、贝叶斯纳什均衡、精炼贝叶斯均衡的约束条件很难判断，这四个均衡概念的条件是逐渐强化的（Gibbons，1992），使用博弈理论时对预期收益和与预期成本的判断不准确，对博弈双方或多方理性人假设预设过高，导致预测结果与实际情况不相符，且博弈主体超过三个基本上无法进行预测。并且，在慈善募捐领域，多机构合作较少出现讨价还价的情况，现实是多机构结合机构自身的年度规划自愿与其他机构进行合作。

2. 组织间关系理论：关系管理视角

组织间关系理论，侧重于关系管理视角，致力于从资源依赖和降低交易成本两个方面讨论组织间形成联盟的必要性。

组织间关系理论也是协同研究的视角之一（Alexander，1995；Ring & Ven，1994；Warren et al.，1975）。组织间关系（Interorganizational Relationships，简称IORs）是指组织与其环境中一个或多个组织之间发生的相对持久的交易、流动和联系（Oliver，1990），通常被归纳为双边关系、组织间集合、组织间网络三种基本模式（马占杰，2010），具有战略性（姜骞，2014）和互动性（Dyer & Singh，1998）的特征。组织间关系的概念最早出现于20世纪80年代炙手可热的营销渠道理论中。营销渠道体系划分为垂直营销体系，紧密的买卖双方关系、伙伴关系等联盟形态（Contractor & Lorange，1988；Heide，1994；Webster，1992），组织间关系逐渐成为企业的一种战略选择（姜骞，2014）。组织间关系理论的提出则最早追溯到英国约克大学的Oliver教授，他将组织间关系划分为Link（联系）、Tie（联结）和Net（网络）三种基本结构。学术界对于组织间关系的认识从"封闭孤立的组织观"转变为"关注组织与环境关系的开放组织观"，再转变为"关注组织与组织间关系的开放组织观"，三个阶段的转变形成了系统的组织间关系理论。马永斌（2010）对1960年以后有关组织间关系的文献进行了全面梳理，总结出关于组织间关系的7个理论模型，分别是：交易成本经济学、资源依赖理论、战略选择理论、利益相关者理论、组织学习、制度理论以及组织生态学理论。由于组织间关系理论强调关系的作用，认为其他组织是自身的外部环境。因此对组织间关系的研究主要围绕基于环境的资源依赖理论和交易成本理论展开。

组织间关系理论的产生主要基于资源依赖理论。资源依赖理论能够解释组织间关系的形成。Andrew H. Van（1976）认为，对资源的内在需求和对外部问题或机会的承诺使组织间合作关系得以形成。根据资源依赖理论，组织间关系形成的机理在于情境因素和载体因素的契合（Van，1975）。情境因素是指组织间关系形成的前提条件；载体因素则是指用组织间资源和信息流动的密集程度来衡量组织间关系的密切程度。

关系本身是一种资源，可以用来解释价值共创。组织间关系理论将关系当作一种资源和资本，通过对关系的管理可以共同创造价值，提高竞争优势，避免机会主义破坏行为，同时在促进组织学习的基础上要注意保护自身核心知识，培育持久社会资本的平台，最终达到"1+1>2"的双赢效果，形成持久性协同。组织间关系主要是作为一种平衡和协同组织间关系网络的资源配置机制，有效调节合作组织的内外部各层面之间的资本、知识以及信息等异质性资源的共享和流动。组织间关系四个分析要素是：知识、社会、结构和信息（Lambe & Spekman，1997；王凤彬等，2008；屈维意等，2011）。资源依赖理论能够解释资源的流动，但不能直接对应关系的转变和协同的形成，并且外部环境始终处于变化的过程，关系也始终处于变化的过程，资源依赖往往具有高度不确定性。

组织间关系理论的运用伴随着交易成本理论。首先，关系有利于促进多个机构的界面融合，形成关系的界面规则是行动者主体关系治理的基础（许苏明、陈迪，2007；罗珉、徐宏玲，2007）。融合组织间的情景和载体时，个人联系和组织会议耗费了大量时间和精力，且是一个低效率的协调机制。在理性模式下，组织间的协调与合作将通过发展一系列的规则和标准化规则程序而增加其正规性；通过组委会决策约束成员行为，增加组织间集中度；组织间关系的正规化和中心性随之提高，最终促进了组织间关系形成与发展的协同结构（马占杰，2010）。Dekker（2003）认为组织间关系正式控制机制能够有效地降低机会主义行为，促进组织间合作的协调，同时提出应该纳入一定的诸如信任、承诺等非正式控制机制。此外，交流机制、沟通机制、权益安排、价值创造准则等均能在一定程度上控制成本。其次，"关系租金"带来"网络"竞争优势，可以解释协同的优势。[①] 控制交易成本的过程就是组织间关系管理的过程。Dyer 和 Singh（1998）的研究认为，组织间管理控制机制的有效实施可以影响合作绩效，并且是跨组织关系竞争优势的重要来源之一。组织间管理控制机制的研究基于古典契约机制、科层机制，以及介于两者之间的中间机制的组织属性，探索组织间关系的规范管理机制、合约管理机制、权威机制（Weitz & Jap，1995；何晴、张黎群，2009）、正式控

[①] 关系租金概念突出的是关系，而非仅仅是超额利润。这种关系是由企业与其他组织之间的一系列水平或垂直的相互关系组成的（罗珉、徐宏玲，2007）。

制机制和社会控制机制（Das & Teng，1998）以及包含"价格机制"和"命令机制"的协调机制（罗珉、何长见，2006）。通过契约规制、关系准则、专用性投资、承诺等管理机制可以对理顺组织间关系，从组织间关系形成到组织间关系管理，是维持网络竞争优势和网络协同的必经之路。

组织间关系理论认为协同形成机制主要有两种类型：通过对组织间关系的管理[①]和通过组织间的学习。Lambe 和 Spekman（1997）的研究认为，企业通过组织间关系和互动方式获取外部知识和技术，跨越知识边界实现组织间创新性合作。通过组织间关系管理创造组织学习机会获取价值性知识，继而发展复杂技术能力（Lamin & Dunlap，2011）。通过构建关系资本提高彼此间的组织学习，提高知识获取的效率和效果，继而提升联盟合作绩效（Liu & Ghauri，2010）。

组织间关系可以从联盟关系形成和维持的角度对协同进行解释，但组织间管理理论缺少统一的组织间关系管理维度结构分析框架，缺乏如何通过组织间关系管理提高合作绩效的实证研究，更加缺乏针对中国现实情境的实证研究，对关系作用的认知也存在一定的偏颇和局限，受文化差异等情境因素的影响（姜骞，2014）。例如，在大学募捐实践中发现，资源依赖是必要条件，但不是协同形成的充分条件，且一些从西方引进的概念如"关系营销"不易被实践者接受。同时，使用组织间关系理论解释协同形成本身就存在如下问题：①概念繁多不成体系，维度过杂但没有深入挖掘，仅停留在维度的划分层次，包括契约维度、结构维度、权威维度等，零星地涉及能力维度；②从资源依赖和交易成本来观察组织间关系，仍缺乏实证研究，尤其是中国情境下的实证研究，且研究对象过分集中于企业管理，如企业联盟和产业集群；③关系租金可以解释"网络"协同的优势，但是并没有解释网络协同的形成，也无法清晰解释"关系租金"如何具体运用于机构间的资源交换。

3. 协同治理分析框架：循环过程视角

新兴的协同治理分析框架，侧重于循环过程视角，西方学者基于契约精神，构建了多套协同过程分析框架。学者们期待揭开协同形成的暗

[①] Josi 和 Compell（2003）等将组织间关系管理定义为一个企业采用适当的管理机制（关系准则、联合行动等），以积极和持续的态度，管理组织间行为和活动。

箱并研究出协同形成的"永动力"模式。当前取得共识的是"协同是一个涉及共享准则和互利互动的过程"（Gray，1989；Gray & Wood，1991），并认为协同是一个多维度同时进行的系统过程（Brinkerhoff，2002；Huxham & Vangen，2005；Thomson，2001），这也导致协同秩序的复杂性，进而导致了协同系统的脆弱性，但协同过程仍有迹可循。学者总结出，协同过程的五个关键因素分别是：协同治理过程、协同行政管理过程、个体利益和集体利益协调过程、建立互助关系的过程、建立社会资本规范的过程。这五个过程可以概括为治理维度、行政管理维度、自治维度、相关维度、信任和互惠维度，并进一步被总结为三个协同过程：一是关注治理和行政管理的与结构相关的协同过程；二是关注组织自治性的与机构相关的协同过程，以考察组织个体利益与集体利益冲突的和解过程；三是关注互动性和规范的与社会资本相关的协同过程（Thomson & Perry，2006；Huxham，1996）。已有的比较成熟的协同过程分析模式有以下三种——继战略学家 Ansoff 提出战略协同理论后，Ansell 和 Gash（2008）、Emerson（2012）、Bingham 等相继提出了协同过程的分析框架。

安塞尔的 SFIC 模型。Ansell 和 Gash 关注协同治理本身的性质或特点，提出了一个较为具体的 SFIC 协同治理模式（Ansell & Gash，2008）。前者认为协同过程包括"面对面对话、建立信任、投入到过程中、共识、中间结果"五个要素的循环，协同治理 SFIC 模型具有启动条件、制度设计、领导、合作四大因素。安塞尔还具体分析了权力与资源是否失衡，激励参与的措施是否到位、对抗与合作的历史如何等关键前提。在此基础上研究协作过程，得出与时间、信任和相互依赖相关的结论。制度设计指的是合作的基本协议和基本规则，这对协同进程的程序合法性至关重要。对协同过程本身的访问可能是最基本的设计问题。当然，研究协同过程的前提是对外部环境和内在驱动力的观察。一方面，权力和资源的不平衡将影响群体参与协同进程的动机（Gunton & Day，2003；Imperial，2005）。格雷（1989）认为，博弈玩家间的权力差异会影响谈判意愿；时机的考虑很重要：那些认为自身权力正在上升的政党将不太可能希望约束自己与同他人合作。尽管公共机构可能有最终的权力，协同论坛的决策是以共识为导向的（Connick & Innes，2003；Seidenfeld，2000）。另一方面，参与动机在一定程度上取决于利益相关者对合作过程是否会产生有意义结果的期望,特别是在合作所需时间和精力不平衡情况下(Bradford, 1998; Geoghegan & Renard, 2002; Rogers et al., 1993; Schneider et al., 2003; Warner, 2006)。激励措施(利益相关者参与协同的激励因素)(Brown, 2002)、利益相关者受重视程度(如果他们认为自己的投入仅仅是咨询性的或者基本上是仪式性的,他们就会拒绝)(Futrell, 2003)、参与者自愿性将成为解释协同治理是否成功的重要因素。当利益相关者能够单方面或通过其他方式实现其目标时,其参与动机就很低。

爱默生的协同治理机制综合性分析框架。学者们将协作治理描述为"涉及联合活动、联合结构和共享资源"的正式活动(Walter & Petr, 2000)。Padilla 和 Daigle(1998)规定了"结构化安排"的发展,这种正式安排意味着组织和结构。柯克·爱默生和蒂娜·娜芭齐基于文献分析与经验研究,从治理环境和棘手问题两个方面讨论协同治理的生成机理,重新定义协同治理的内涵,整合协同治理的知识谱系,并构建了协同治理机制的综合性分析框架,明确了一套"协同动力—协同治理制度(协同常态化)—系统情景"的三层嵌套维度,构成了协同治理的诊断方法,包括系统情景、驱动因素、协同治理制度(协同动力及其产生的协同行动)、协同结果四个组成部分。柯克·爱默生提出的协同治理综合分析框架指标细化、应用性强,但由于该理论过度追求普遍性,简化了协同治理制度,协同形成的过程仍然是暗箱,该模式缺少现实验证。

安索夫的战略协同模型。在企业管理领域,关于是否需要合作、何时需要合作、如何进行合作的问题也早有论述。1956 年,安索夫(Ansoff)提出了战略协同理论,即 2+2=5 的效应。日本战略学家伊丹广之将资源分为实体资源和隐形资源,进而把协同概念分解成"互补效应"和"协同效应"(坎贝尔、卢克斯,2000)。协同概念本质上涉及两个层面:一是作为一种状态,它强调以共同目标而非一己私利为动机;部分之间步调协调、衔接顺畅、相互促进;宏观局面井然有序。二是作为一种结果,它强调部分之间相互联系所产生的整体效应或集体效应,即整体功能大于局部功能之和。判断协同的标准不在于形式,而在于是否形成了彼此啮合、相互依存的状态,是否实现了系统功能的放大,实质上是网络放大效应,战略网络层面的放大效应更明显。Amit 和 Zott(2001)、Thanh Huynh(2016)提出和检验了战略网络在内容(可及的资源)、结构（网络结构和关系本质）、治理（信任和声誉）三方面创造价值。这种模式直接将协同效应等同于协同本身，并且只分析了宏观战略上的协同。

上述过程分析框架试图全面分析内外部环境下的协同过程，同时强调了环境、驱动力、循环的特征；但强调整体结构化的同时，每一部分都不够结构化。此外，从实践来看，循环过程模型所强调的西方式的信任、承诺、评估等要素被学者批评为"不够真实"，不符合中国募捐的现实。具体有以下不足。

第一，注重过程分析但还不够"真实"，停留在建立模型阶段。吕炜、谭九生（2015）认为，协同治理过程分为监测预警、识别协同机会、联动处理和评估问责四个阶段。杨宏山（2017）借鉴了克里斯·安塞尔的协同治理模式，构建了协同治理的运作机制，致力于解决跨界形成集体决策和集体行动。有学者指出，这种建模虽然凸显了协商和共识的重要性，但没有厘清当前基层治理中各个主体之间的真实运作，忽略了真实世界中的关系嵌套、力量对比与资源占有情况，使协同治理理论脱离了当前的现实关注（刘伟，2018）。

第二，应用领域偏向于正式治理。协同行动分析框架应用领域主要是政府间的协同、政社协同、社区建设、区域主义等。李辉（2014）以协同理论为分析框架讨论了区域一体化中地方政府间合作的预期与挑战。蔡岚、寇大伟（2018）从协同行动、影响因素及拓展空间三个部分，研究了雾霾协同治理视域下的社会组织参与，认为影响并决定社会组织协同治理的主要因素包括政策环境、法律环境和行动者主体三个方面。赵欣（2016）认为，目标、权力、领导力是社区建设协同机制的三维向度。刘西忠（2014）从区域主义到新区域主义，城市群发展经历了从科层制管理到协调性治理的转变，并总结了"签订行政契约"和"合作与发展座谈会制度"的成功经验。

第三，已有研究倾向于协同机制形成角度和协同机制常态化研究。一方面，协同机制主要包括动力机制、形成机制和保障机制。吕炜、谭九生（2015）认为，协同治理是一种理性选择。协同结构是基础，基本内容有主体构成、协同关系和协同组织；协同机制是核心，主要包括动力机制、形成机制和保障机制；协同过程是关键，具有一定的生命周期。形成机制强调"达成共识"，认为合作共识的达成是基本公共服务多元主体合作供给的基本条件（苗红培，2019）。另一方面，即使协同，责任并没有转移，协同机制发挥作用和优化需要常态化。以基本公共服务供给协同为例，多元主体供给时，合作供给只是供给具体方式发生了变化，但总体的责任并没有转移，仍然主要由一个机构来承担，其他机构分担，并且有一个最终责任机构（苗红培，2019）。

综上所述，三个与协同形成相关的竞争性理论更容易倾向于从主体角度或者关系单一角度切入，进行集体行动形成过程分析，往往忽略了复杂的主体和主体间关系构成的网络结构、互动模式和互动到协同过程的分析；并且忽略了协同是一种高级阶段的集体行动；已有的理论分析过于注重宏观层面，并没有实质性地揭开过程暗箱，需要填补微观与宏观之间的空白。

如果用上述三个竞争性理论解释大学募捐领域的协同形成，则会发现无法合理解释。首先，集体行动的逻辑是通过多方理性博弈解决观念困境问题——产权清晰度不够时，多中心治理秩序需要通过内部世界多层级规则进行制度设计；而大学募捐情况更为复杂。有的大学教育基金会过分受制于大学行政领导部门，制定绩效时基本没有谈判；有的大学片面强调大学教育基金会的内在专业性，而忽视大学教育基金会与其他机构的协同；还有的大学教育基金会过分寄希望于校友总会的校友捐赠，将大学募捐等同于强调校友情感培育，将责任主体偷换为校友总会，大学教育基金会"主动"将自己边缘化，而罔顾自己在大学募捐活动中的核心节点位置。这些复杂的实践问题，用强调多方主体共治的集体行动的逻辑无法解释。其次，组织间关系涉及的资源依赖理论告诉我们很多关于协同的前提条件、随后的资源分配、利益相关者之间依赖关系的管理和维持，但资源依赖观点并未提及一旦先决条件得到满足，双方如何交互的具体过程。大学募捐实践中主体合作除了对资源的依赖之外，还有慈善募捐领域特有的公益文化的凝聚性。传统的协同形成过程研究中，微观经济学理论对合作过程没有提供任何解释，而是在微观单元集中出现了典型的经济理论的"暗箱"。新兴的协同治理分析框架又过于抽象和不够真实。一般性的"结构—行动"的系统分析框架则饱受诟病，一些"结构前提"用于预测结果，但这些前提导致结果的过程在理论中没有体现出来。因此，这三个竞争性理论对解释大学募捐情景实践中理论的贴合度不够。

综上所述，以上三种竞争性理论不足以单独用来解释现实观察，但三个竞争性理论最终或多或少都指向了网络分析，需要采用网络的视角进行整合（Rowley，1997；Robert，2007；Julia，2008；Elisabeth，2009）。网络视角强调核心机构与非核心机构之间的关系，并将此关系嵌入网络中，最终关注网络的结构对核心节点及非核心节点行为的影响，关注网络的关系层面和结构性层面如何影响对机构协同形成过程（Key，1999；Post，Preston & Sachs，2002；Rowley，1997；Svendsen & Laberge，2005）。

二 整合视角：社会网络分析理论中网络互动视角

基于已有研究的不足，本书借鉴了"众之同和"的协同状态概念和"涉及互动和共享准则的过程"的协同过程概念的界定，本书提出了源自社会网络分析理论的整合性视角：网络互动视角，即主体间相互作用导致协同。该整合性视角既包含多主体，也包含主体间关系，作为替代性解释视角具有更成体系、更具方向、更具着力点三个解释优势：一是以网络互动为视角，从网络结构下多机构相互作用这个实质性要素切入，构建出成体系的"网络互动—网络协同"的协同形成解释框架；二是将固有机构设置与向外关联结合起来，构建以大学教育基金会为核心的自我中心网络，由中心向外延伸的互动关系成为微观层面个体机构与中观层面协同网络的连接桥梁；三是从协同定义出发，确认了互动是协同的起点以及从互动到协同的先后顺序，网络互动被作为抓手可以更好地把握协同的起点和终点，用来解释大学募捐"网络"协同形成规律更为清晰。

1. 整合结构与关系：SNA 理论和范式

（1）SNA 元认知

Thomson 和 Perry（2006）认为已有学者从网络的视角对协同进行了相关探索（Alter & Hage，1993；O'Toole，1997；O'Toole，Meier & Nicholson—Crotty，2005；Powell，1990），Alterand Hage（1993）介绍了"跨组织网络"概念，将网络治理定义为受控制或不受控制的一些组织，即一些法律上独立的组织的非层级化集合；Powell（1990）介绍了"组织的网络形式"，将网络治理定义为横向或水平的交易模式、独立的资源流、相互的联络渠道等。因此，已有的网络视角对协同的解释主要基于"组织协同"和"组织的网络形式"。尚未有完整的网络解释协同的理论阐述和针对协同形成原因和机制的共识。社会网络分析应用的重要领域是对企业权力（corporate power）和连锁董事会（interlocking directorships）的研究。从社会网络分析范式出发，对 SNA 理论进行梳理如下。

社会网络分析建立在互动的单位之间存在的关系和关系模式非常重要的假设基础上，关系是网络分析理论的基础，社会网络理论的建立和完善基于关系数据的分析（Scott & Carrin，2018）。除了关系概念的利用之外，社会网络分析有以下几个元认识论观点：①行动者以及行动是相互依赖的，而不是独立的、自主性的单位［对自主性程度的区分有学者持不同意见，提出委托型和契约型网络治理（Provan & Kenis，2008），以及联系型社会资本（Szreter & Woolcock，2004），Powell（1990）认为网络组织形式是一种各机构以相互交流和交换模式为代表的可行的经济组织模式，自主性介于权威等级制和市场之间］；②行动者之间的关系是资源（物质的或者非物质的）传递或者流动的"渠道"；③个体网络模型认为，网络结构环境可以为个体的行动提供机会，也可能限制其行动；④网络模型把结构（社会结构、经济结构等）概念化为各个行动者之间关系模型。因此，社会网络视角不同于其他视角，具有独到之处（刘军，2004）。

（2）网络效应的特点：与层级秩序和市场秩序的比较

协同的目的是针对系统不稳定状态，使系统在临界状态通过涨落产生序参量，并在其支配下从宏观尺度上使系统呈现出特有的有序结构和功能模式，进而使系统保持整体稳定性，达到整体功能最大化。虽然暴动有门槛效应（Grannovetter，1978），但是创新没有门槛效应，那么必然会通过一些变化幅度较小的、不易被人觉察的机制，产生协同（collaboration）。

从宏观上讲，社会网络分析解决的是治理秩序的问题。网络秩序既不同于市场秩序，也不同于层级秩序（Powell，1990）。遵循这个思路，格兰诺维特的"镶嵌理论"提出，协同必须要存在"最小信任"即信任必不可少[1]和信任可以在一定程度替代制度（格兰诺维特，2015），信任关系对制度的替代说明了在治理机制的选择上，自组织与层级是可以相

---

[1] 一方面，信任的存在是必须的，是制度无法替代的，可称之为"最小信任"问题（Luo & Yeh，2008）。另一方面，信任关系是可以在一定程度上替代制度的。人们的机会主义倾向和有限理性会造成交易中有较高的交易成本。除了用制度约束之外，人们相互之间的信任关系也能够降低这些成本。

互替代的，在不同的关系情境下会有不同的"最合适"的治理机制，同时，没有治理结构是单纯的市场或层级结构，或多或少都有人际关系与信任在其中发挥作用。相比层级结构和市场结构，网络结构在规则、成员身份、运行逻辑、运行成本和权力来源上均有独特的表现，如表2-4所示。其中，网络结构中关系逻辑、关系成本、成员自主性身份、合作规则、结构中的权力方向给本研究提供了启示（格兰诺维特，2015）。

表2-4　　　　　　　　网络结构中的关系和权力逻辑

	层级	网络	市场
规则	科层服从、命令系统	合作	竞争
成员身份	集体化身份	成员自主性身份	自由选择
运行逻辑	权力逻辑	关系逻辑	交易逻辑
运行成本	管理成本	关系成本	交易成本
权力来源	自上而下的权力	自下而上的权力	分散的权力

资料来源：[美] 马克·格兰诺维特：《镶嵌：社会网与经济行动》（增订版），罗家德等译，社会科学文献出版社2015年版。

(3) SNA的整合性：范式和视角

社会网络分析具有强大的整合性，所以它能够作为一个特殊视角存在，并解释协同的产生。

理论和方法的整合。斯科特等学者将社会网络分析视为一种"范式"或"视角"，而非一种"正式"的、具有统一性的理论或方法，它是一种结构主义范式，即它根据行动者之间的关系结构（而不是行动者类别）对社会生活进行概念化（斯科特、卡林顿，2018），拥有自己独特的本体论、认识论以及方法论观念（Tindall & Wellman, 2001；Wellman, 1988；Scott, 2000；Emirbayer & Goodwin, 1994）。首先，社会网络分析坚持一种实在论的本体论，认为社会结构是真实的存在。社会网络分析者不希冀建立宏大理论，因此，社会网络分析不是一个"演绎系统"，不存在"公理体系"，也不会从中得出"逻辑结论""次级命题"或者"推论"等。网络分析者认为，尽管可以从行动者之间的关系的角度解释社会结构，但是不能把社会结构归结为社会建构的产物；社会网络分析也具有反思性，认为知识具有暂时性，把测量看成可错的。其次，社会网络分析坚持如下认识论原则：①世界是由网络而不是由群体组成的，应该根据行动者之间的关系模式来理解观察到的社会行动者属性特征；②社会结构决定二人关系（dyadic relationship）的运作；③行动者所遵循的规范产生于社会关系结构中的各个位置。最后，方法论上，从社会关系视角进行的社会学解释要优于个体属性视角的解释；网络结构方法将补充甚至取代个体主义方法；网络分析方法直接针对社会结构的模式化的关系本质，从而可以补充甚至超越主流的统计方法（Wellman，1988；Wasserman & Faust，1994）。

前述多元视角的整合。社会网络分析能整合前述多元主体视角、关系管理视角和循环过程视角，并针对现实观察，采用社会网络分析视角进行解读，尤其是对协同的解读即参与网络研究的物理学家眼中的"趋同性"（homophily）。Ann Marie Thomson 和 James L. Perry（2006）认为，协同本身就是一个元素整合的过程，Ring 和 Van de Ven（1994）的过程框架暗示了持续合作的关键，是在非正式承诺集成和正式契约聚合之间找到正确平衡，而不是仅依赖正式的制度结构，即为了协同发展，个人关系、心理契约、非正式理解、承诺中体现的集成要素有必要取代正式组织中的组织角色、法律契约中体现的聚合要素——这是一个循环的过程而非线性过程（Thomson & Perry，2006）。社会网络分析做到了网络结构和网络关系的整合，在承认结构客观存在的前提下，将网络关系和节点间的联系作为研究对象。相应地，社会网络分析有位置、凝聚群体（共同体）两大关注主题（Scott & Carrin，2018），在实践的分析当中，网络结构用于揭示位置或距离的重要性（中心度）；网络关系用于揭示联系或关联性的作用即群体如何凝聚（密度）（刘军，2004）。

关于网络结构，在社会网络分析中，个体行动者在网络中所占的位置主要有四类：①核心与边缘；②社会角色；③层级结构；④结构中心度。因此网络结构中的行动者可以被分为核心成员、主要成员、次要成员。

关于网络关系，一个共同体内的社会关系往往是密集的，共同体中的大多数个体都与其他成员有联系。共同体内的社会关系往往表现出聚类。"群体是依据互动来定义的"——在根据社会网络观念探讨共同体时，早期的社会网络分析学者 George Homans（1950）阐明了其中的直觉基础。因此，针对互动关系，社会网络分析只给出了直觉基础，互动关系应该与实际结合深入挖掘，这是本研究的理论贡献。

2. SNA 理论发展脉络及其核心观点

发展脉络：群体动力学、社群图论两个研究进路。早期的社会网络分析的四个特征是：①产生了结构性思想；②收集了系统性的——谁与谁联系——资料；③绘制了结构形式的图形；④发展了数学和计算模型（弗里曼，2008）。

社会网络分析的思想起源于齐美尔对社会的定义——采用了"网"的隐喻，认为人与人的关系实际上是群体与群体的关系，且人需要在群体身份里获得独特的自我身份。随后布朗等学者使用"社会网"等术语。Scott 从模块发展及矩阵分析的角度将社会网络分析划分为三个阶段。但将社会网络分析单纯看作计量学方法和图论，显然窄化了社会网络分析范式的价值，该范式正在努力重回齐美尔路线，加强理论堡垒，Borgatti 和 Brass 等并未放弃将社会网络分析理论化的雄心。

本研究从社会网络分析理论进展的角度进行划分。①为了对抗流行的"经济人"假设，20 世纪 30 年代梅奥实验里蕴含的网络因素被挖掘，人群关系学说或称行为科学学派兴起。20 世纪 30 年代莫雷诺从学校里学生逃课路线图中得到启发，将社会网络分析引向计量学。20 世纪 40 年代，勒温在社会心理学领域研究群体动力学，对群体结构、凝聚力、领导力、成员间相互影响力、共同目标进行了关注，并做了简单的计量模型，后来被重新发现为社会网络理论；②20 世纪 50 年代，巴恩斯、博特、纳德尔针对关系数据的矩阵分析、代数模型分析、统计概率分析、QAP 回归分析对网络统计模型的发展影响不可忽视；③20 世纪 70 年代，哈佛大学怀特及其学生、格兰诺维特研究结构洞，即一个人离开后空下来的职位，怀特主要研究社会网络里的流动链，包括向上的升迁链和向下的机会链；格兰诺维特研究网络结构与找工作之间的关系时发现，美国是个弱关系国家，弱连带的优势在找工作中凸显。关于强关系和弱关系的分析，林南和边燕杰等后续进行了情景应用和发展。之后"块模型"技术不断发展，随机指数图模型（ERGM）逐渐精细化。21 世纪开始，美国学者 Borgatti 和 Brass 开始整理关于网络的理论和网络理论本身，进行理论解释类型学划分并开发 UCINET 软件，推动社会网络分析前进。

总之，社会网络分析总体上沿着群体动力学和社群图论两个研究路径往前推进。群体动力学当前的研究重点为群体心理治疗、政府与社会组织的合作、生物学科中的群体动力等。自物理学家们加入了社会学的研究，社群图论将社会网络生成模型数学概念化，如 ER 随机生成模型[①]、WS 小世界模型[②]、BA 无标度随机模型[③]、同心圆模型[④]等，取得丰硕成果。社会科学方面的进展主要在于社区的合作、政策网络、企业联盟、合作伙伴、冲突解决等研究。

社会网络分析的研究者主要有：Mark Granovetter、Ronald S. Burt、Coleman James S.、Richard Swedberg、Harrison C. White、Nan Lin、Paul M. Hirsch、David Krackhardt、Yanjie Bian、Linton C. Freeman、Henk Flap、Bonnie Erickson、Joseph Galaskiewicz、Mark Lazerson、Patrick Mcguire、Marshall W. Meyer、Charles Perrow、Frank Romo、Michael Schwartz、Michael Useem、Michael Walton Macy、Peter V. Marsden、Wayne E. Baker、熊瑞梅、蔡瑞明、陈介玄、陈介英、苏国贤、蔡敦浩、李仁芳、吴思华、张维安、潘美玲、陈志柔、谭康荣、吕大乐、张文宏、锁利铭、郑路、胡倩等。

现实中观察到的四种协同形成机制体现在相关文献中的公约数是关系、集体行动和网络。研究网络治理就是研究秩序、规范、控制、结构（Amit & Zott，2001）。网络治理中有信任机制、互动机制、适应机制、整合机制（何植民、齐明山，2009）。通过网络治理的这些机制均可以部分形成协同，但由协同的定义可知，互动是协同的原点，互动机制是协同形成的必经之路和最核心的形成机制。已有对协同的形成机制的研究中，协同形成机制分别涉及了信息共享机制、规范制约机制、成本控制机制、能力建设机制。其中，信息共享机制和规范制约机制被认为是网络互动所采用的结构影响个体行为的两个渠道；成本控制机制和能力建设机制

---

① ER 随机模型假定连接图是完全随机符合正态分布的。参考 P. Erdos & A. Rbnyi, "On the Evolution of Random Graphs", Publications of the Mathematical Institute of the Hungarian Academy of Sciences, Vol. 5, 1960, pp. 17-61。

② 相对于规则网络和随机网络而言，WS 小世界模型认为真实世界中的网络既不是完全结构等价的，也不是完全随机的，而是呈现高度聚集和路径较短的特征。随着捷径的比例增加，使用广义的"以牙还牙"策略的玩家群体中出现合作的可能性更小。网络成员必须进行真诚地合作。参考 Duncan J. Watts & Steven H. Strogatz, "Collective Dynamics of 'Small-world' Networks", Nature, Vol., 393, No. 6, 1998, pp. 440-442。

③ BA 无标度随机模型认为现实中的连接以随机为主，方向是不固定的，不以周围邻居为限。网络通过添加新顶点而不断扩展，且新顶点优先连接到已经连接良好的节点，因此成员积聚程度呈现幂律分布。参考 Albert-La′szlo′ Baraba′si, Re′ka Albert, "Emergence of Scaling in Random Networks", SCIENCE, Vol. 286, No. 15, 1999, pp. 286 (15): 509-512。

④ 同心圆模型认为以活动半径为限，应该是先连接周围邻居，周围邻居再扫射周围邻居，分圈层连接。

被认为是网络治理生成的外因和内因。

三 理论借鉴：SNA 理论何以能解释协同形成机制

1. SNA 三条基本思路的整合

在社会网络理论框架中，现有的问题是：什么因素（机制）使得一定的结构会导致一定的行为？社会学一个最基本的思路是人在结构中的地位影响人的行为。但为什么在同样结构上的社会人一定会有同样的行为呢（周雪光，2003）？例如在大学募捐"网络"结构中，募捐行动主体间互动一定会产生协同吗？在社会网络分析中，继齐美尔之后，博特与格兰诺维特分别给出了自己的社会网络分析思路，比较内容如表 2-5 所示。

表 2-5　　　　　　　　SNA 三条基本思路

提出者	提出时间	观点	解释思路
齐美尔	1955 年	个人与群体的双重性：个人在现有群体中的网络关系与个人带入的其他群体之间的关系；网络成员失去了部分自由，但取得一定身份和个性	客观性：网络结构塑造社会群体特征 应用：大学募捐"网络"自主性探讨
格兰诺维特	1985 年	关系作用：关系的强弱决定了能够获得信息的性质以及个人达到其行动目的的可能性	能动性：功利性解释思路 应用：募捐机构间强关系作用
博特	1992 年	位置作用：结构洞里不重复的信息源更有效率、位置的重要性可以定义权力	能动性：效率至上、功利性和工具性思路 应用：募捐网络中心性

资料来源：笔者自制。

格兰诺维特（1985）提出了"内嵌性"概念，强调社会网络结构对人们行为的制约作用（人的一切经济行为嵌入社会网），并提出了一个好问题：如果人们如此自私投机，为什么在日常生活中我们并没有观察到那么多的不信任现象和投机行为呢？他还给出了信任必不可少即"最小信任"和信任能够替代制度的答案。但格兰诺维特还没有在社会网络理论的框架里给出令人满意的答案，或者说他给出的答案与其他人给出的答案比如交易成本学派的理论逻辑十分相近（周雪光，2003）。

因此，博特提出"结构洞理论"，即从理性人出发，强调关系网络的功利性和工具性，认为如果一个人能够成功地运用网络的话，他的生活机遇就会大大改善。因此，博特认为在一个网络中，一个人的位置越自主就越独立，效率越高，得到的信息越多，也最能调动资源。因此，与格兰诺维特强调的网络结构对人的自主性的限制和对人们行为的塑造相比,他更多地强调从网络地位到个人行为这一因果关系。博特以个人为出发点,将网络作为一种工具性机制来研究,更多地强调从个人行为到网络关系再到回报这一因果关系。二者均为功利性思路。

博特还发扬了齐美尔的思想,把网络和个人的双重性问题模式化。齐美尔认为人们之间的具体社会关系塑造了社会群体,因此需要解释人与人之间的关系即"网络"的结构,但这种论断不能解释其中的个人,并且把结构当作一个客观存在,对网络的功利性、人的能动性没有表现出太大的兴趣。博特的结构洞理论填补了这些空白。

这三条思路为大学募捐"网络"协同形成研究提供了理论支持:大学募捐"网络"自主性探讨、募捐机构间强关系作用、募捐网络中心性判断均基于此。

2. 网络中的互动关系的界定

社会网络分析在物理学家的参与下在社群图论的道路上越走越远,越来越倾向于仿真模拟、数学分析以及对网络的密度和中心度的测量。量化部分取得长足进展的同时,社会网络分析的质性理论总结稍显落后。美国肯塔基大学社会网络分析中心的 Stephen P. Borgatti 和 Dan Brass 对社会网络分析进行了理论梳理,认为互动是一种网络关系、协同是一种网络后果。

(1) 互动是一种网络关系

互动是指网络结构当中以活动为途径所形成的关系(见表2-6),如和某人讨论,获得过某人的帮助(Borgatti et al., 2009)。其他网络关系如强调机构相似性、会员关系、共参关系的共生关系与强调情感和社会角色的社会关系可以通过流动转化为互动关系。Borgatti 认为要研究这几种成对关系类型之间如何相互影响。此外,伯特将关系类型分为机会(opportunity)、约束(constraint)和潜在关系(sleeper)(伯特,2017)。

表2-6　　　　　　　　网络关系类型与互动关系范畴

共生关系	社会关系	互动	流动
机构相似性	亲属	以活动为途径所形成的关系	信息、知识、人力资源等
会员关系	感知关系		
共参关系			

资料来源:Stephen P. Borgatti et al., "Network Analysis in the Social Sciences", *Science*. pp. 892—895, 2009.

(2) 协同是一种网络后果

Mark Granovetter (1985) 和 Borgatti (2009) 认为，网络的后果表现为促进社会资本类绩效和提高同质性两个方面。Amit 和 Zott (2001)、Thanh Huynh (2016) 提出和检验了社会网络尤其战略网络在内容（可及的资源）、结构（网络结构和关系本质）、治理（信任和声誉）三方面创造价值。协同作为一种网络后果主要源于以下几个方面：①能有效发挥网络规模放大效应——从网络结构角度看，加入用户越多，用户黏性越强，类似微信网络；②能控制网络形成后的自行秩序——从网络治理角度看，网络化治理秩序不同于自上而下的管理秩序和自由竞争秩序，网络治理被定义为控制行为者之间的关系、行为者的规则形式以及参与者动机的机制。这些基于权力、影响力、声誉、关系互惠性和信任的机制比法律实施更能支持网络的可持续性（Amit & Zott, 2001）；③资源共享——从网络内容角度看，关系、信息、技术、服务、平台等资源更好共享。还有很多其他的机构间联盟网络作用和优点的描述，如改善困境、促进创新、解决争端（Gray & Wood, 1991），对机构本身和网络本身益处的总结（Borgatti et al., 2018）。因此，网络的结构、秩序和内容发展最终都指向用户黏性、可持续秩序、共享、减少冲突等协同元素。协同可作为一种网络后果存在，带来更多整体绩效。以大学募捐为例，大学募捐实践说明多机构互助才能完成募捐，各机构作为利益相关者参与募捐各环节。因此，协同最终能够促进利益相关者参与，提供综合服务和优质服务。长期保持募捐者与潜在捐赠者之间的情感联结，是影响大学募捐成败的重要因素。所以，要研究网络视角中的协同。

但是，并非所有的互动关系和互动行为都可以形成协同，需要根据 SNA 范式和视角来判断网络中哪些网络互动直接、有效地指向协同这一网络后果，协同形成机制是什么，最终建立"互动—协同"的规范模式以指导实践。

3. 关系作用对绩效的解释机制

如表 2-7 所示，Borgatti 和 Foster (2003) 对组织网络的解释机制和解释目标进行类型学区分，认为研究网络的维度主要包括因果关系方向、分析水平、解释机制和解释目标，后两个维度更具实质性——"解释机制"指如何看待网络关系的功能，而"解释目标"指的是被解释的内容。

表 2-7　　　　　　　　　　SNA 研究范式类型

		解释目标	
		社会资本（绩效）	扩散（社会同质性）
解释机制	结构主义的（图论）	结构性资本	环境塑造
	连接主义的（流动）	资源访问	传染

注：结构性资本（structural capital）。这些构成了社会资本研究的拓扑或结构主义变体。在参与者一级，这些研究着重于在网络中占据中心位置的参与者（Brass & Burkhardt, 1993; Powell et al., 1996）或具有某种结构的自我网络（Burt, 1992, 1997; Burt, Hogarth & Michaud, 2000; 科尔曼，1990）。行动者通常被视为理性的、积极的代理人，他利用自己在网络中的位置来最大化收益。角色在网络中的位置是根据理想的联系抽象模式来描述的，例如具有稀疏的自我网络或沿着其他联系者之间的最短路径放置。对参与者的好处主要是本地网络拓扑的功能，并且联系被隐式地认为形成了可利用的结构（马尔可夫斯基、斯科夫雷茨、Willer, Lovaglia & Erger, 1993）。在网络层面的分析中，结构性资本研究试图将群体的网络结构与其绩效联系起来（Athanassiou & Nigh, 1999）。这种研究是社交网络研究中最古老的研究之一，从数十个（甚至不是数百个）示例中开始，巴韦拉斯（1950）在麻省理工学院（MIT），他研究了集中化与团队绩效之间的关系（Xiao, 1971）。

环境塑造（environmental shaping）。这类研究试图根据相似的网络环境来解释常见的态度和做法，通常将其概念化为中心性或结构等效性（Galaskiewicz & Burt, 1991）。参与者在结构上等同于它们连接到同一第三方的程度，无论它们是否相互绑定（Lorrain & White, 1971）。在这方面的经典论文是埃里克森（1988）。参考［美］H. 埃里克森：《同一性：青少年与危机》，孙名之译，浙江教育出版社 1998 年版。用结构等价来解释共同的态度形成。同样，Powell（1983）和 DiMaggio（1986）使用结构对等的度量进行建模组织同构的概念。在两个组织之间产生相似性的机制与共享相同的环境，与彼此的角色识别有关。总的来说，制度理论传统的研究就适合于此。

资源访问（social access to resources）。这些研究包括社会资本研究的联系主义风格。在这些研究中，行动者的成功与否取决于演员的变更所控制的资源的质量和数量（Anand & Khanna, 2000; Koka & Prescott, 2000; 奥利弗，2001; 斯图尔特，2000）。自我与变更的联系是自我可以访问这些资源的渠道。不同类型的关系具有不同的资源提取能力（Borgatti & Cross, 2003 年）。与结构性资本研究一样，参与者通常被隐式地视为理性，积极的主体，他们通过工具来形成并利用联系来实现目标。大多数这类研究都是针对个人的，并且通常仅基于自我网络数据。有关利益相关者和资源依赖传统的研究可能适用于此，尤其是当工作将行动者描述为积极尝试与具有依赖关系的人共同选择时。

传染（contagion）。这类研究力求通过互动来解释共同的态度、文化和实践（Davis, 1991; Geletkanycz & Hambrick, 1997; Harrison & Carroll, 2002; Haunschild, 1993; Krackhardt & Kilduff, 2002; Molina, 1995; Sanders & Hoekstra, 1998）。思想、实践或物质对象的传播被模拟为通过友谊或其他持久渠道进行人际传播的函数。连带被设想为信息或影响流动的管道或道路。从整个群体的角度看，行动者在一个过程中相互影响和互相通报，这一过程在结构亚群中产生了越来越大的同质性。观念的最终分配是一个基于友谊网络的结构函数。从一个参与者的角度来看，其采用的实践行为是由其所采用的围绕其节点的比例决定的，而采用的时机是连接其与其他被采用者的路径长度的函数。实践社区的工作（Wenger, 1998）属于这一范畴，尽管该领域的研究人员反对"化约"网络术语，并使用相互参与和互动等术语，而不是网络联系来形容它。

资料来源：Borgatti, S. P. & Foster, P. C., "The Network Paradigm in Orgamizational Resecnch: A Reriew and Typology", *Journal of Management*, 2003.

结构主义的解释机制是静态的,其划分标准是关系模式,关注中心位置。可以通过结构性资本机制,如创造机会和条件,运用位置、代理人、领导来进行社会资本的获得或交换;还可以通过环境塑造机制,如提供约束力,运用某些东西的必然汇聚来研究扩散或同质化。结构主义强调同样的结构和位置会做出同样的选择。成对关系等关系渠道更重要,信息渠道比信息本身更能说明问题。

连接主义的解释机制是动态的,其划分标准是关系内容,关注流动。可以通过资源访问机制,如根据提供可及性和守门员的角色,研究自我行为的主动性,以及与资源依赖、利益相关者、专业性有关的因素,来解释绩效;还可以通过传染机制,关注与路径长度有关,区分渠道、纽带、利他志愿精神、友谊等哪些是可变的与不可变的,来解释观点等非社会资本的传播扩散与同化。这里的流动与交易和联系相关,一般指以关系为载体,进行资金、信息等有形和无形资源的传递。连接主义认为,关系内容比关系形式更重要,因为通过互动,关系内容和关系类型是可以改变的。如何从社会资本维度解释募捐网络协同的形成？一是网络结构即围绕大学募捐形成的自我中心网络作为结构性资本；二是网络结构当中的互动如何连接更多资源,进行资源访问（Access to resource）。

2011年,Borgatti和Halgin分析了关系作为渠道（tie as pipe）和关系作为黏合剂（tie as bonds）的作用情况,构建了网络流动模型（network flow model）和网络协调模型（network coordination model）。

在许多社会科学中,网络研究试图解释两种一般类型的结果：第一个结果是同质化（social homogeneity）,是关于选择,包括最终的行为、态度、信念和在集体行为体如组织的情况下内部结构特征的选择,认为相似的结构会带来相似的选择,正如Borgatti和Foster（2003）所指出的,这一领域的工作通常被称为社会同质性文献；第二个通用结果是关于成功（状态）,包括绩效和荣誉奖励状态,例如把协同定义为一种好的合作状态。这方面的工作被称为社会资本（social capital）文献。结合这两个通用的结果和基于关系作用的两个解释模型,得到网络理论类型（Borgatti & Halgin, 2011）。这两种结果在网络中往往同时存在,并且需要分析关系的不同作用和网络关系到网络结果机制,从可验证性角度出发,本研究主要侧重社会资本和绩效维度的解释（见表2-8）。

表 2-8　　　　　　　　　　SNA 解释机制和研究传统

解释模型	研究传统	
	社会资本（解释目标1）	社会同质性（解释目标2）
网络流动模型（关系作为渠道）	资本化机制	传染机制
网络协调模型（关系作为黏合剂）	合作机制	收敛机制

资料来源：Stephen P. Borgatti, Daniel S. Halgin, "On Network Theory", *Organization Science*, 2011.

传染（contagion）机制。用流动性来解释"物以类聚"，这是文献中研究较多的部分。这类工作的主要例子是创新研究的传播或采用，其中节点被概念化为相互影响使他人接受他们的属性。例如，组织理论文献工作假设组织具有相似结构的一个原因是扩散（Davis, 1991; DiMaggio & Powell, 1983）。拓展 Dimaggio 和 Powell（1983）的观点，可以使用代理轨迹（自我或环境，积极或被动来进行改变或采用）来区分学徒、模拟、强制、渗透四种不同类型扩散。

收敛（convergence，类似化学化合价）机制。这方面工作包括对结构等效性的研究（Lorrain & White, 1971; Burt, 1976），该研究假设节点适应其环境，因此具有相似结构环境的节点将表现出相似性（Erickson, 1988）。例如中心性水平的相同导致了相似态度。这类似于"社区"的概念（Tönnies, 1912），包括波多尔尼（2001）的"网络作为棱镜"概念——表明网络联系提供了行动者素质和身份信息线索，起到"背书"作用，进而吸引相似行动者汇聚（Kilduff & Krackhardt, 1994; Podolny & Baron, 1997; Halgin, 2009）。

资本化（capitalization）机制。包含了基于流程的成就解释，即网络中的社会地位提供了获取资源的途径。这方面的工作以弱关联的力量理论（Granovetter, 1973）、社会资源理论（Lin, 1988）和结构洞的信息收益理论（Burt, 1992）为代表。

合作（cooperation）机制。由基于契约的成就解释组成。节点的组合作为一个单元，排除其他节点开发或转化它们之间的分歧。实验性交换网络的研究流（Bonacich, 1987; Cook & Emerson, 1978; Markovsky et al., 1988）以及结构洞的控制效益理论（Burt, 1992）就是例证。

几个机制之间的关系。收敛机制可以被看作合作机制的一个特例，合作机制强调节点的行为相似，而非简单的一致。同时，资本化机制和合作机制也是不可分割的，均可以用结构洞效益理论解释。同 2003 年 Borgatti 和 Foster 的理论梳理相比，2011 年的理论机制（Borgatti & Halgin）主要从关系的作用出发，结合了结构主义和连接主义，对两种网络后果进行了四象限划分，同 2003 年相比，更加强调了网络结构的客观存在，使其作为关系发挥作用的前提。另一个变化是，这个分类凸显了网络合作机制的重要性，其他机制均可以被看作合作机制的特例。

本研究采用资本化机制和合作机制这两个解释机制来回答大学募捐绩效获得和协同的形成，认为是互动关系发挥了重要作用，从结构主义和连接主义两个维度进行"网络互动—网络协同"形成解释框架的构建。

第四节 小结

协同形成的影响机制包括：①信息共享机制；②规范制约机制；③成本控制机制；④能力建设机制。四个协同形成机制分别利用了网络互动的提供机会、提供约束两个方面的作用：一方面，信息共享机制和能力建设机制实质是利用互动给募捐网络提供更多募捐机会；另一方面，规范制约机制带来的信任和互惠必不可少且降低沟通成本，可以取代正式制度，是协同秩序形成的内核，加上成本控制机制中将关系维护成本等前馈性地考虑在项目设计中，规范制约机制和成本控制机制实质是利用互动为募捐网络协同的形成提供约束。对网络中这些自有的成对关系的利用可以在很大程度上解释协同的形成。

第三章 多机构协同形成机制解释框架构建

第一节 框架基础：网络结构中的互动关系

本书所构建的多机构协同形成机制解释框架的理论基础主要是社会网络分析中的网络构成的网络结构和互动关系两个部分，借鉴社会网络分析的网络可持续性、权力中心性（自主性）、桥接（联系性）以及互惠性四个概念。同时，细化 Borgatti 和 Foster（2003）、Borgatti 和 Halgin（2011）提出的关系作用对绩效的解释机制，构建本研究的协同形成分析框架。

一 网络结构：网络属性

可持续性分析。并非所有的协会网络都产生了成员之间的信任和信任准则，可以说，这些准则有利于为更广泛的社会的最佳利益，而不是为了网络内一些人的最佳利益服务（Portes，1998）。因此，社会资本是不断扩散的，不断逼近信任形成和协同状态，为整体利益的实现和网络的可持续发展带来可能。作为公益活动的慈善募捐，大学募捐"网络"具有可持续发展的需求和可能条件。

权力中心性（自主性）分析。大学募捐多机构及其行为是一个网络结构，符合网络结构的主要特征。同时，网络结构主体的平等性和自主性问题值得探析。首先，网络主体间是相对独立的，彼此间有联系，机构间合署、合并是常见形式。但这种网络当中的合署并不取消机构的独立身份和个性①，表现为"两块牌子一套人马"，是面向不同任务来实现不同职能。一般而言，市场交换主体具有社会性，更依赖于关系，不太受正式的权威结构的指导（Powell，1990）。但大学募捐"网络"的特征是：行政约束外的募捐活动构成网络。网络中位置作用主要体现在"结构洞"作为不重复的信息源更有效率、以资源位置重要性来定义权力（Burt，1992）。网络当中必然有关键节点，包括关键组织和个人处于网络权力的高端，其他节点处于网络的中低端。总体来说，大学募捐"网络"由于活动的公益性，整体网络相对平等，但运用募捐网络募捐的模式因校而异。

从网络结构上来说，网络可以是平等的，也可以是存在类似上下级的关系的。网络的构成可以是基于自愿原则来的，也可以是被动或者说被要求的，即委托代理（mandate）或者契约（Provan & Kenis，2008）。所以并不能说网络主体都被要求是绝对自主的，而应该区分自主程度。比如政府购买社会服务合作网络，必然是不平等的、有等级的，但并非完全没有自主性。此前流行的"公共—私营—合作机制"（Public—Private—Partnership）的政府购买服务，以特许协议权为基础的伙伴关系就是一种网络。这些不平等的关系通过经纪人（broker）来进行沟通。经纪（brokering）是一个行动者联系另一个行动者的程度（Bodin et al.，2006；Pietri et al.，2015）。典型的经纪人是一个联系不同组织、不同等级、司法管辖区域的"边界扳手"（boundary spanner）（Resh et al.，2014）。社会网络分析也被认为是"中介中心性"（betweenness centrality）或"经纪得分"（brokerage score）分析（Riche & Aubin，2020）。很显然，大学教育基金会是作为中介和经纪人存在的。

桥接（联系性）分析。作为针对绩效解释因素的网络结构层面的社

---

① Powell（1990）认为战略联盟和合作关系在合作中不取消合作伙伴的独立身份，在技术密集型产业中特别普遍（Mariti & Smiley，1983；Zagnoli，1987；Contractor & Lorange，1988）。协同（collaboration）的动机和由此产生的组织形式都是多种多样的。公司追求合作协议，以获得快速访问新技术或新市场，造福弗伦联盟联合研究和（或）生产的规模效益，利用来源或技术位于边界以外的公司，和分享活动的风险超出了范围或一个组织的能力。随后的组织安排包括合资企业、战略联盟、股权伙伴关系、大型研究联盟的合作研究契约、互惠交易和卫星组织。合作关系的法律形式与其要达到的目的之间没有明确的关系。单独协议的形式似乎是根据各自的需要，税收和监管考虑基本的推力，但是，很明显，通过合作来追求创新的新战略，而不废除合作伙伴的独立身份和个性。

会资本维度分析,需要注意区分同质型(bonding)社会资本、桥接型(bridge)社会资本、联系型(linking)社会资本。其中,同质型社会资本强调联合相似的成员资本,桥接型社会资本强调向外获取资源进行资本化,联系型社会资本强调跨级别与权威人物联系或者跨机构联系进而资本化,后两者均强调中介和经纪人(或称作边界扳手的)角色作用。

值得一提的是,最初Putnam提出"社会资本"概念时认为平等的网络才能够产生真正形式上的社会资本,但是后来的学者在丰富社会资本理论的时候加了一个非平等的"联系型社会资本"(Szreter & Woolcock,2004)。Aldrich(2011)总结已有研究将社会资本分为三种:同质型社会资本、桥接型社会资本、联系型社会资本,其中第三种社会资本就是等级层面的社会资本。同质型社会资本被视为同质个体之间的"巩固和动员"(Putnam,2000);桥接型社会资本涉及"与外部资产的联系",并通过跨越缺口将个人连接起来,产生"更广泛的身份认同"(Putnam,2000)。Szreter和Woolcock(2004)讨论了联系型社会资本,它由"尊重的规范和信任关系的网络构成,这些关系是人们之间的互动,跨越了社会中明确的、正式的或制度化的权力或权威的层级"。桥接型社会资本将社会地位或多或少相等的个体联系起来,联系型社会资本将那些地位不平等的人联系起来,为他们提供了获得权力的途径。联系型社会资本将公民与拥有权威地位、能够分配稀缺资源的决策者和领导人联系在一起(Aldrich,2011)。① 当然,国家宏观层面的"社会资本"概念运用于中观多机构构成的网络层面时,仅作一般性概念类型借鉴,社会资本的外延是扩大的。②

由于大学教育基金会、校友总会、大学行政职能部门(对外联络与

---

① 例如,大多数居住在印度东南部小村庄的村民从不与政府官员或非政府组织代表直接互动(访谈,2008年2月)。然而,在海啸之后,一些种姓委员会发展了与外部组织的直接联系,这些联系触点包括独立援助机构、国际非政府组织和印度政府内部的公务员。无论是在印度还是国外,能够接触到非本地权威人物(non-local authority figures)的灾难幸存者的恢复情况明显好于那些没有这种扩展网络的人(Beggs, Haines & Hurlbert, 1996; Wetterberg, 2004)。

② 同质型社会资本是指网络成员之间的信任和合作关系,他们认为自己在共同的社会身份方面是相似的。相比之下,桥接型社会资本则包括那些知道自己在某些社会人口(社会身份)意义上不同(因年龄、族裔群体、阶级等不同)的人之间的尊重和相互关系。很明显,普特南特别关注的是美国桥接型社会资本的衰落。事实上,也有理由怀疑,在任何一个发达的自由社会中,同质型社会资本的绝对赤字是不太可能发生的(如果真的发生了,那将是灾难性的)(Szreter & Woolcock, 2004)。

发展部门）具有不同的机构性质和机构使命，不具备同质性，本书主要采用桥接型社会资本和联系型社会资本的相关分析。施瓦兹等进一步发展了网络中节点的位置（中心度），称为"峰点分析"。峰点分析是对美国的公司网络在 20 世纪发展进行解释的基础。一般认为，如果一个点比任何与之相连的点更处于中心地位，则称该点为"峰点"（peak）。把两个或者多个峰点连在一起的点叫作"桥接点"（bridge）。"聚类"（cluster）是由所有与峰点直接关联的点构成的，但是要去掉那些与另外一个峰点距离为 1 的点。这样，峰点就处于这些聚类的核心。桥结构的本质有三点：一是从功能上区分了核心位置和非核心位置，即"核心—外围"结构（Friedmann，1966）。二是从对偶性关系出发看待互惠性资源，从关系对的互动分析对称性合作和对称性资源依赖和交换（Thomson & Perry，2006）。对偶关系是组织间关系结构形式的基础（罗珉，2008）。三是规定了网络边界，即围绕某一项活动形成的小世界——这是自组织集体行动的外在条件。

二 互动关系：内容分类

网络当中的互动关系和互动内容对应的是社会网络分析理论中的互惠性。

1. 一个有解释力的整合性视角：互动视角

研究大学募捐协同形成为什么以互动为切入点？一是社会网络分析中将节点间关系分为四类，围绕募捐活动形成的互动关系是最为核心的关系（Borgatti，2009）；二是从社会学来看，互动是与建构并列的两大支柱，互动本身的重要性不言而喻，多机构互动会产生相互作用和群体成员间的相互影响力（Cartwright & Zender，1971）；三是从实践来看，各大学均设置了多个募捐相关机构，且大学募捐活动中各环节都存在多机构互动，互动的重要性是自行涌现和凸显的。

互动指的是基于行为的关系，经常发生在社会关系的情境下，并且基于互动的测量和基于情感的测量经常交替使用。[①] 互动的特征：一是互为主体，一方的行为会影响另一方的决策；二是多主体相互作用，产生相互影响力，进而产生群体力量。三是互动作用的方向是双向的，不同

---

① 例如，研究者可能用测量的讨论网来替代核心支持网（Marsden，1987；McPherson et al.，2006）。

于自上而下和自下而上的单一方向。

网络互动视角是前述三种研究协同视角的整合。第一，互动和协同均在网络结构形式下产生，具有多元主体视角。第二，互动是网络关系的一种，是"以活动为途径所形成的关系"，互动产生影响力，结合学者对网络中"关系作为渠道"和"关系作为黏合剂"的功能性研究，关注关系作用发挥和关系维持，具有关系管理视角。第三，利益相关者的议题框架、互动过程框架，以及对彼此认知的框架差异很大时，要找到一个令人满意的解决方案进行协作就变得非常困难——这种对环境冲突的研究表明利益相关者互动或（和）解决冲突的过程本身就解释了协作的成功或失败（Gray，2004）。

2. 互动内容：基于关联频率和渠道划分

根据格兰诺维特和乌齐（Granovetter，1973，1983，1985；Uzzi，1997）的关系强弱和关系渠道的经典研究，本书区分以下四种互动关系内容，以便更好地解释多机构协同形成过程。

表3-1　　　　　　　　　　网络互动内容分类

		关联频率	
		较高	较低
关联渠道	正式渠道	报告式互动，如工作流程汇报	咨询互惠式互动，如资源交换、人员调动
	非正式渠道	友谊式互动，如与项目关联强的建议	私人联系式互动，如与项目关联弱私人交往

资料来源：笔者自制。

（1）非正式渠道的互动。互动内容主要包括友谊和私人联系。首先，非正式互动关系包括那些不同单位的成员向对方寻求个人建议或交朋友的关系（Kilduff & Tsai，2003）。非正式互动关系产生的连接具有双向性特征，并且是多个参与者聚在一起解决问题或交换信息时自然会出现的，比如友谊渠道往往出现在朋友之间，是指"基于欣赏和理解的情感支持网络，即基于情感的信任，与朋友之间相互利他主义的信念而相互联系，为分享想法创造了一个安全的环境，使一个人容易受到他人行为的影响"（Gibbons，2004）。一般私人联系越多，意味着采用非正式渠道的可能性越大（参考私人关系问卷量表，庄贵军，2004）。

非正式作用途径倾向于进行友谊和私人联系，进而对他人的观念和行为产生影响。从整个群体的角度来看，行动者在一个过程中相互影响和互相通报，这一过程在结构亚群中产生了越来越大的观念同化。观念的最终分配是一个基于友谊渠道的结构的函数（Galaskiewicz & Burt, 1991）。观念分配=f（友谊渠道）；实践行为=f（采用的周围的节点的比例×时机）=f（采用的周围的节点的比例×被采用者路径长度）；从一个参与者的角度来看，采用的实践行为是由所采用的围绕参与者节点的比例决定的，而采用的时机是连接他与其他被采用者的路径长度的函数。总之，非正式渠道或友谊网络往往意味着去中心化，遵循小世界模式（不区分节点权重），根据关系的强弱采用"差序格局"这种外推的联系方式，其后果则是网络节点之间产生的更多的是影响（influence）而非简单聚类。

（2）正式渠道的互动。正式渠道的互动主要包括报告关系、咨询关系与互惠关系（刘戎，2010）。报告指标包括：①强制程度；②受报告人的否决权限；③报告频率；④报告内容。咨询和互惠关系与报告关系相比属于弱关系，且不具备强制性，描述其强弱的因素指标：①双务性——是否需要行动者付出成本，主要是咨询时长和咨询频率；②必要性——行动者得到的信息、建议、资源交换对于自身利益增加的不可替代性；③受益程度——行动者从这种关系中所能够增加的自身利益。正式关系包括以工作流程、资源交换和人员调动为中介的关系（Ghoshal & Bartlett, 1990; Nohria & Ghoshal, 1997）。正式渠道的互动，具体多采用交叉任职、共同出席捐赠仪式和答谢会、担任募捐大使、提供专业的咨询建议等表现形式；其特色是遵从无标度网络模式（倾向连接已连接），采用"凝聚式"这种内敛的组织方式，网络自身产生无标度拓展，即连接不具有双向性特征。

正式渠道互动后果则是网络节点之间产生的更多的是聚类（selection）而非影响，最终指向的是大额捐赠和专业化分级与联系。正式途径形成的网络是指由协议和合同等正式文件创建的明确定义的网络安排，也称为"设计"网络。具体地，咨询渠道往往出现在同事之间，"一个组织内部的专业咨询关系网络随着时间的推移而发展，人们在同事之间寻求信息、咨询和解决问题的机会"（Gibbons, 2004）。正式渠道的互动越多，意味着专业化越强。

（3）强关系和弱关系。关系强度与亲密程度相关。同事是属于有

"社会参与"(social involved)的人,属于强关系。[①]

以大学大学募捐"网络"的互动内容为例,两组成对关系:大学教育基金会—校友总会,大学教育基金会—大学领导部门的互动程度和互动方式如表3-2所示。通过对大学募捐"网络"互动内容的梳理,可以

表3-2 募捐网络互动内容分类

		互动频率	
		较高	较低
互动方式	正式渠道 (Gibbons, 2004; 刘戎, 2010; Ghoshal & Bartlett, 1990; Nohria & Ghoshal, 1997)	报告(工作流程): —平均每年募捐动员会议和讨论会议的次数,重大与募捐相关会议有哪些,讨论什么内容 —向上汇报关系是否明确,是否知道在募捐时有谁会向自己汇报 —制定计划时是否留出与各机构协商的时间预算 —对项目产出是否有共同的期望,对募捐的共同认知的公开表达是什么;是否有合作的期刊;有哪些公开发表意见渠道;常用的媒体是什么;学校有哪些宣传口	咨询和互惠(资源交换、人员调动): ·向其他组织正式寻求建议或帮助的情形,遇到募捐相关专业问题会找谁咨询 ·共同参与技能培训情形,如是否一起参与对友校的考察,或者举办正式的知识讲座或论坛进行能力提升和学习;进行科研性探讨 ·志愿者共用或者临时人员调借情况 ·校友数据库的共用情况
	非正式渠道 (Gibbons, 2004; Galaskiewicz & Burt, 1991; Kilduff & Tsai, 2003)	友谊(与项目关联强): —是否有非正式的创新学习小组或者交流会,是否感觉有心得需要与其他组织分享等 —是否有非正式的协议和不成文的行动模式规定,比如备忘录或组织活动备案 —各机构一起拜访退休老干部或老校友 —是否发募捐内容相关朋友圈,频率如何;互相点赞或评论的频率(每条相关信息都点赞或偶尔点赞或基本不点赞) —节假日机构间互相发祝福吗;会主动发吗;在什么情形下会发	私人联系(与项目关联弱): ·是否对其他组织的成员的工作抱持高度评价 ·是否与募捐网络成员经常一起吃饭、体育活动、看电影 ·因为募捐项目私下沟通的频率多高;要不是为了项目,是否多不愿意与其他募捐组织接触(反向) ·是否非常信任其他募捐组织;是否能够无条件支持其他募捐组织 ·认为募捐不只是一份工作,更是公益和文化

资料来源:笔者自制。

[①] 实践中更详细的关系强度光谱无法划分。有学者将朋友关系分为6个层次;有学者直接给出答案:亲人、朋友、同事、熟人等属于强关系,陌生人属于弱关系。

①判断哪些互动影响了大学募捐协同行动？为大学募捐协同行动的形成带来好的影响；②围绕大学募捐活动，募捐的规划机构、执行机构、支持机构产生全方位的互动，在多机构互动关系为同事关系的强关系下，主要考虑互动程度（互动频率）和互动方式所构成的互动内容，如何形成网络协同。

3. 网络互动关系的解释度：理论机制和 SNA 实用性

关于网络解释，即网络分析学者利用哪些机制来论证某些特定类型的网络或网络位置能够引起特定的结果，本书遵循 Borgatti 等（2009）的分类，将网络分为传递（transmission）、适应（adaptation）、绑定（binding）和排除（exclusion）四类（Scott、Carrin, 2018），如表 3-3 所示。考察这些机制是否与我们现实观察到的信息共享机制、规范制约机制、成本控制机制、能力建设机制一一对应，本书主要使用网络的传递性解释。

表 3-3　　　　　Borgatti 对网络理论机制梳理和贡献

解释机制	定义	应用领域	研究内容和对象
传递（本书所采用的解释）	将网络连接视为许多事物流通的管道	求职信息（Granovetter, 1973、1974）、物质援助（Stack, 1974）、文化知识（Erickson, 1996）等	网络位置以及不同的网络结构通过哪些方式在不同的环境下创造出不同的流动模式：（1）对于既相互无关联，又与相同的他人无关联的人来说，网络最可能提供新的、无冗余的信息和观点（Burt, 1992, 2004, 2005; Hargadon & Sutton, 1997; Granovetter, 1973）；（2）网络还令直接相连之人传递一致的期待和明确的规范（Coser, 1975; Coleman, 1988; Podolny & Baron, 1997）；（3）网络结构对资源在网络中流动的方式所起的效应可能不总是一致的（Bian, 1997; Gibson, 2005a）
适应	结构等价。因占据相似网络位置，面对相似约束和机会而作出同样的选择	行为选择	品牌维持和遵从规范（Podolny, 2005）
绑定	网络被约束起来作为一个单元而行动	反对社区改革集体行动（Granovetter, 1973）	网络内部圈子越少、联络越充分、越直接，集体行动效率越高，越容易协调（coordinate），不易溃败

续表

解释机制	定义	应用领域	研究内容和对象
排除	一种关系的出现阻碍另一种关系的存在，进而影响被排除的点同其他点之间的关系	市场或交换网络中一个拥有备选伙伴的节点拥有更多讨价还价能力	供货竞争

资料来源：改编自［美］约翰·斯科特·彼得·J. 卡林顿主编：《社会网络分析手册（上）》，刘军、刘辉等译，重庆大学出版社 2018 年版。

SNA 的适用性。结合现实观察，社会网络中互动可以产生协同的原因主要有以下几个方面。

信息共享机制——异质信息交换。①优质信息共享会增强嵌入关系（Uzzi, 1996）；②强关系有利于共同解决问题，减少关系租金和沟通成本；③高密度的信息传递会增加网络传播效应，促进关系属性的转化，转化成情感关系，提高信任度；④异质信息会增加网络的多样性，提供主体间合作的机会；⑤信息共享机制是否需要区分昂贵的信息和便宜的信息、真信息和假信息（是否与任务直接相关的信息）（Li, 2020）。

规范——自有关系信任。包括声誉和信任体系。社会规范对人们的社会行为起着调节、选择、系统、评价、稳定与过滤作用，并限定人与人之间的关系；社会规范程度取决于预防方法的科学程度、预防活动的合作程度、预防的支持程度、社区领导人的强调程度；干预措施需要考虑互动双方的地方文化规范和信仰（Kadiyala & Suneetha, 2016）。①集体目标。机构自身目标之外有一个系统目标，两个目标有可能是分离的，需要一个规范制约机制来整合两个可能有差异的目标；②声誉体系。在中国人的日常生活中，面子是声誉体系的一个很好的指标，这种声誉体系把中国人关系中的短期行为转换成长期互动，理性的短期算计性动机显得无用武之地；③信任体系。格兰诺维特对信任等规范的分析使得人们将关注点从制度、规章、成本算计等一般性信任转移到了人际关系信任。信任一方面必不可少，另一方面又能够替代制度而影响治理机制的选择。社会网络分析的传统是结构主义的，更多地强调理性部分，但却是长期发展的理性，而非算计性的互利，需要在硬性制度和软性信任中间做好平衡（格兰诺维特，2015）；④信任的来源主要是"自有关系"。

格兰诺维特在讨论哈丁的信任的"互相为利理论"（Hardin，2001）中强调，如果关系延续仅是因为可以从中得到利益，那么真正的信任几乎不可能建立。真正的"互相为利"应该源于自有动机，例如，关系延续是为了表达情感，如爱情、友谊、身份认同和志业共享等。因此，对关系的关注不是工具性而是自有关系的，互相为利才是真正的——任何对他人利益的损害，不管是否被发觉，也将损害到你自己（格兰诺维特，2015）。

成本控制——避免资源浪费。遵循规则和信任减少不必要的会议等资源浪费，节约沟通成本。①信任必不可少。格兰诺维特（1985，2002）指出，任何经济行动都是镶嵌在社会网络中的。一方面，对于任何一项交易而言，基本的信任是必需的，如果没有起码的信任，任何经济行为都不可能发生；另一方面，信任是决定交易成本的重要因素，会改变治理结构的选择；②寻找熟悉的秩序。遵循相同的规则，按照熟悉的模式处事，才能维护秩序；同时，节省协商时间（Maucaley，1963）；③需要尽量克服联合行动网络带来的小组会议、信息沟通、公开化讨论带来的成本，减少不协同伴随的冲突和问题；通过成本控制产生更大的协同力度和更为明显的中间结果，加快资源重组和创新性利用；成本控制和复盘可以对未来多机构合作进行反馈指导和调适，有利于协同状态的维持和发展；④网络可以通过增强流程设计和流程管理的持续交互来减少规模不经济，做好项目设计和战略管理。比如缩小工作范围，在领导者网络中产生高度制约（Mcguire & Agranoff，2011）；有冲突的或可能有冲突的利益相关方的网络往往在涉及问题议程时更为敏感，更注重规避风险，常常会导致最低标准的决策类型和最低标准的合作。通过制定切合实际的议程，尊重机构的预期或专注于广泛参与的结果加以克服。并用变化的眼光审视过程，视网络化治理过程为"流程设计和流程管理之间的持续相互作用"（Edelenbos & Klijin，2006）；⑤沟通机制对整合企业管理目标和各要素在共同利益一致性方面具有重要作用，并且还有助于在管理协同过程中产生相互信任，便于降低协同成本，为更好地进行管理协同创造条件。

能力建设机制——增强内在治理。内在能力建设和培养。社会网络分析认为内在能力建设是网络治理能够成立的内在因素，机构能力被弥补，能够节约机构间交易成本，是网络治理生成的驱动因素（王德建，

2006)。对募捐机构间关系来说,资源依赖体现在大学行政职能部门是大学教育基金会和校友总会的服务对象和支持者;围绕募捐活动,大学教育基金会和校友总会服务大学的能力,以及大学行政职能部门的支持能力都需要提高;能力建设主要是利用社会网络的传递作用来完成,如论坛、友谊、知识的流动。

四个理论机制的关系。提高信任度意味着成本控制机制和规范机制同时发挥作用。提高信任度的渐进过程就是大学募捐"网络"协同形成的过程。

第二节 框架构建：网络互动视角下大学募捐协同形成解释框架

一 协同形成解释框架："网络互动—网络协同"

学者总结协同是一个涉及共享准则和互利互动的过程（Ring & Ven, 1994; Thomson, 2001; Gray, 1989; Gray & Wood, 1991),并且认为协同是一个多维度同时进行的系统过程（Brinkerhoff, 2002; Huxham & Vangen 2005; Thomson 2001),这也导致协同秩序的脆弱性和复杂性,但我们仍然需要在特定应用场景中总结出协同秩序的规律。

借鉴 Gray 和 Wood（1991）的"前因—过程—结果"模型和讨论框架,协同过程被总结为三个层面：一是关注治理和行政管理与结构相关的协同过程;二是关注互动性和规范的与社会资本相关的协同过程;三是关注组织自治性的与机构相关的协同过程（Thomson & Perry, 2006; Huxham, 1996)。

社会资本更能够解释社会组织的力量（帕特南,2001）,大学募捐领域体现的是社会组织与事业单位的互动,SNA 这个新的范式和视角能够从结构主义和连接主义两个角度综合看待大学募捐的协同的形成,从结构维度、机构自治维度、社会资本维度揭开协同过程的暗箱。本书作如下理论结合实际的处理。

首先,将前两个维度视为先决条件。结构相关和机构自治性是指已有的客观存在的治理和管理结构、自治程度,可以视为先决条件和环境。本书从整体环境出发,以机构自治性和关系对的关系密度为划分标准,将大学募捐"网络"划分为三类：行政管理型网络、执行者型网络、松散型网络。每一类网络对应着自身的多机构互动模式，即行政管理"网络"互动模式、执行者"网络"互动模式、松散网络互动模式，各有特征。

其次，本书重点研究在这些先决条件下，社会资本维度的互动和规范如何形成协同。社会资本层面主要指相互关系和规范：①相互关系主要指互为主体的组织间互动关系；②社会资本的规范主要指信任、互惠、声誉的规范，及正式制度和非正式承诺的平衡，可以视为过程分析内容。

参考纵向时间变量，学者认为现实中的协同本质上是脆弱的系统，合作不能仓促。协同行动成本高昂，最昂贵的合作资源不是金钱，而是时间和精力，两者都不可被诱导（Thomson & Perry，2006；Huxham，1996）。因此，本书的协同形成过程分析框架如图3-1所示。

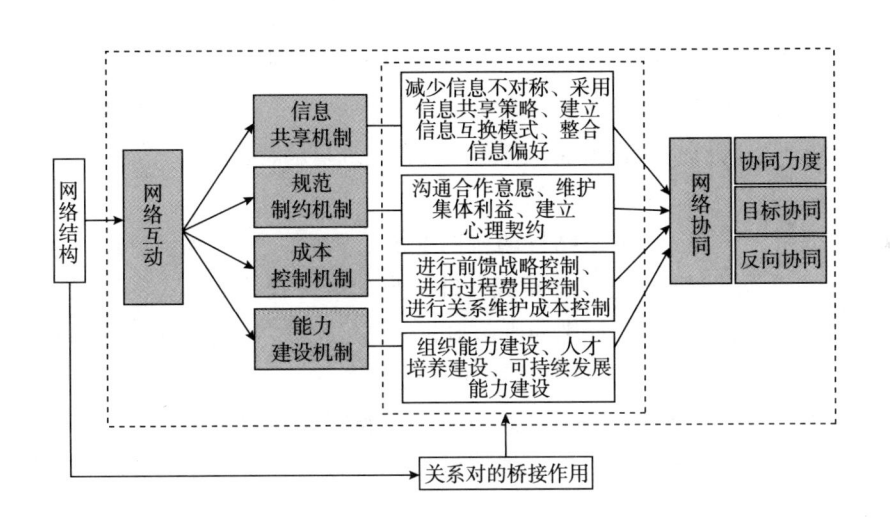

图3-1 "网络互动—网络协同"协同形成解释框架

资料来源：笔者自制。

由于社会网络分析是一个独特的视角，有学者坚持将网络作为一种结构客观存在的实在论观点（刘军，2004）。关系对的桥接作用会贯穿协同形成过程始终，关系对的桥接作用是指成对关系间互动促进了网络协同状态的形成，这种网络互动效应的先决条件是网络结构的存在。

二 具体案例分析框架：基于成对关系的协同形成机制

根据张静（2018）的总结，案例分析的目的在于提炼信息，将其转化为知识，主要包括三类知识：解释性知识（原因）、理解性知识（特征）和规范性知识（原则）。因此，本书的案例分析主要从以下四个方面着手。

1. 互动特征和协同状态

在已经理解协同的先决条件——多机构背景、网络结构特征、互动模式的情况下，首先要对所选择的典型案例进行互动形式、内容、周期等特征和协同状态的理解。

2. 归纳"互动—协同"形成机制

通过单案例中的典型事例，归纳协同形成机制，即判断单案例中存在哪几种协同形成机制，建构该网络结构中的协同形成模式。

3. 分析协同形成的原因和条件

建构完该网络结构中的协同形成模式后，通过 SNA 理论对照现实，提炼协同形成机制的原因和条件，对其中的单个形成机制中为什么有的文献梳理中的机制内容出现，有的没有出现进行解释。

4. 再次归纳普遍性原则

分析完三个不同网络结构的协同形成机制后，可以初步覆盖中国大学募捐"网络"的所有互动模式，进一步总结所有互动模式中形成协同的公约数即协同形成的原则和所揭示的深层次逻辑，便于未来指导实践。

前三个方面包括协同形成特征、协同状态、形成机制、机制逻辑，体现为第五章的针对网络互动到协同的真实模型的内容；第四个方面包括共同机制和普遍约束条件，体现为第六章的关于大学募捐协同形成机制整合模型的内容。

根据前述文献和理论梳理，初步判断大学募捐"网络"形成存在四个机制，分别对应着不同的理论逻辑。表 3-4 和表 3-5 是根据已有研究文献和理论梳理出的机制所对应的基本逻辑和元逻辑，作为案例分析和整合模型总结的一个参考性概念框架。

实际情况中，每个类型的网络结构是否全部包含四个前期观察到的协同形成机制，是否出现新的机制，SNA 的解释范围和解释力度是否有所不足，解释程度如何等均需要从实际访谈和典型案例分析中揭晓，已有研究文献和理论知识积累仅作为参考。

表 3-4　　　　"网络互动—网络协同"协同形成解释框架

案例	信息共享机制	规范制约机制	成本控制机制	能力建设机制
	减少信息不对称 采用信息共享策略 建立信息互换模式 整合信息偏好	沟通合作意愿 维护集体利益 建立心理契约	前馈战略控制 过程费用控制 关系维护成本控制	组织能力建设 人才培养建设 可持续发展能力建设
1. 行政管理"网络"互动内容	—	—	—	—
2. 执行者"网络"互动内容	—	—	—	—

表 3-5　　　　大学募捐协同形成机制整合模型概念框架

案例	信息共享机制	规范制约机制	成本控制机制	能力建设机制
	减少信息不对称 采用信息共享策略 建立信息互换模式 整合信息偏好	沟通合作意愿 维护集体利益 建立心理契约	前馈战略控制 过程费用控制 关系维护成本控制	组织能力建设 人才培养建设 可持续发展能力建设
1. 行政管理"网络"互动模式 2. 执行者"网络"互动模式	互动关系作用的发挥 ⇧ 协同形成逻辑 ⇧ 网络普遍性约束条件			

资料来源：笔者自制。

第三节　小结

一　三个竞争性理论为何不能解释大学募捐协同

基于大学募捐的特殊性。大学募捐中，大学教育基金会和校友总会虽然与大学行政职能部门是合作关系，但是一旦设立了与大学募捐相关的行政职能部门，便基本不涉及谈判和承诺的现象，而是要完成基本的绩效，结合机构自身的年度规划与其他机构合作。在慈善募捐领域，多机构合作较少出现讨价还价的情况；资源依赖也不是充分条件，一些从西方引进的概念如"关系营销"不易被实践者接受；循环过程模型所强调的西方式的信任、承诺、评估等要素被学者批评为"不够真实",不符合中国募捐的现实。大学募捐协同形成过程更为复杂和困难,自组织集体行动形成的逻辑、中观的组织间关系、微观的循环过程都不足以说明大学募捐多机构协同如何形成。

二 SNA 为何能解释大学募捐协同

基于 SNA 的视角整合性。关于协同形成机制研究,有三个竞争性理论和视角——一是集体行动逻辑,侧重于多元主体视角,从有组织的集体行动制度设计、收益与成本博弈的角度探讨协同形成;二是组织间关系理论,侧重于关系管理视角,致力于从资源依赖和降低交易成本两个方面讨论组织间形成联盟的必要性;三是新兴的协同治理分析框架,侧重循环过程视角,西方学者基于契约精神,构建了多套协同过程分析框架——社会资本更能够解释社会组织的力量(帕特南,2001)。SNA 这个新的视角能够从结构主义和连接主义两个角度综合看待大学募捐的协同的形成,从结构维度、机构自治维度、社会资本维度揭开协同过程的暗箱。特别是从互动视角出发,找到大学募捐过程中从核心机构到外围机构的桥梁。协同形成机制研究本身沟通了协同类研究的微观与宏观主题,是 SNA 理论在特殊情境下的运用,也验证了 SNA 的理论解释价值。

第四章 类型学划分：网络结构与互动模式

第一节 实务界对大学募捐机构间关系描述

一 大学教育基金会—大学校友总会的强互动关系

中国大学募捐方兴未艾，正在完善过程之中。实务界对大学募捐多机构协同开始进行初步思考。以《中国高校基金会年度发展报告（2020）》为例，两篇报告《论构建校内协同筹资机制》《中国大学校友总会与基金会的关系探赜》均涉及中国大学募捐多主体运行情况，主要有如下三个方面。

第一，机构设置重叠情况分析。校方针对募捐机构设置的方案遵循两种逻辑。逻辑步骤一：①由大学主导发起、正式注册成立具有社会组织身份的校友总会和大学教育基金会；②两个机构在实际运行中分别与校内某行政部门合署办公，使其具有双重组织身份，机构的负责人和工作团队由学校任命、调配。逻辑步骤二：①校友总会和基金会两个机构合署办公，工作人员完全重叠或大部分重叠，实现"两块牌子一套班子"；②两个机构的主要事务交叠——向校友群体和社会募集捐赠资金、争取多重资源，补充办学经费。

第二，内部资源动员链。大学募捐需要动员资源，实践工作人员总结"学校体制—社会资源或校友资源"和"资源—学校体制"两条动员逻辑链条：①"学校体制—发展委员会或校友办（行政部门）—社会环境或校友群体"；②"校友及社会—基金会或校友总会（社会组织）—学校体制"两个方向的资源募集。这两条逻辑链条的不同之处在于发起者不同，动力来源不同。当前中国大学募捐的资源动员是大学校友总会、大学教育基金会"背靠体制—面向社会"的资源动员双向模式。

第三，实践界的关系类型划分。从中观层面的关系结构来看，已有研究对两者关系处置具有阶段性设计，分别是初创期（外部挂靠型）、成长期（合署交叠型）、成熟期（分置独立型）。初创期的挂靠意味着大学教育基金会、大学校友总会这两个机构没有实质性功能，主要由"挂靠"部门负责人兼任，两个机构都挂靠在一个更有实力、更被校内认可的行政部门，如校办、财务处、统战部等，职能高度融合甚至完全重叠。[1] 成长期的合署交叠型：①两个机构合署办公，共处于一个行政部门，如发展委或发展联络处等，但已独立于其他行政部门；②两个机构完全重叠或部分交叠运行。由一人身兼两个机构负责人或由两人分别负责，但有行政级别差异（如正副职）。侧重一个机构的职能（一般为基金会捐赠事务），主要面向校友群体和社会募集捐赠，围绕捐赠开展服务工作及相关活动。成熟期的分置独立型：两个机构完全分置、独立办公，通过制度化方式促进常态合作。由两名正职互兼对方机构的副职（如理事会的副秘书长）是常态。两个机构充分独立履行各自职能（大幅拓展的工作内容）；面对部分交叠职能、学校重大活动或相关事务时，共同决策、协同配合。校友总会与校友办对接，大学教育基金会与发展委对接，校友总会与基金会在校友捐赠事务方面有明确的工作流程和具体事项上的分工。

二 大学教育基金会—行政职能部门的错配关系

现实中大学教育基金会与大学所设的统筹机构即大学相关行政职能部门具有关系对独立性与大学教育基金会自主程度错配关系。一方面，设立了与筹款相关的大学行政职能部门，则大学教育基金会—大学行政职能部门关系对的独立性当然会较弱，大学教育基金会相对不独立；另一方面，设立了统筹大学教育基金会和校友总会的行政职能部门并不意味着大学教育基金会的自主性会变弱，存在六种大学行政职能部门对大学教育基金会象征性指导情况，以下是直观表现：①在大学机构设置官网上，点开统筹机构的链接直接跳转到基金会页面；②大学行政职能页面上仅挂有大学教育基金会、校友总会两个链接，仍然是二次跳转；③行政职能部门网页上无部门动态；④无行政职能部门业务职责范畴介绍；⑤大学直接将基金会和校友总会列为行政职能部门的做法；⑥其他

---

[1] 根据现实观察，当前大学教育基金会和校友总会均挂靠的情况较少，实际情况更多是大学行政职能部门依托大学教育基金会或校友总会成立。本书主要分析成长期和成熟期的"大学教育基金会—校友总会"关系。

大学机构设置中有统筹募捐的行政职能部门，但没有链接点不开网址的情况（其他机构点击正常）。

由此可见，独立性可以用大学行政职能部门是否设立（有统筹机构名称）、是否体现在大学机构设置官网中（有组织机构栏目名称，体现行政机构属性）为判断标准；同时大学教育基金会的自主程度是以大学教育基金会—大学行政职能部门的实质性互动关系为判断标准，即大学行政职能部门对大学教育基金会是实质性指导还是象征性指导，体现在行政职能部门筹款业务范畴是否明确（有独立官网上的筹款相关业务职责介绍），网页是否活跃（有活动动态，而非仅从链接跳转到大学教育基金会）。大学教育基金会—大学行政职能部门的关系对独立性和大学教育基金会的自主程度并非匹配关系，而是往往存在错配关系的现象，需要进一步甄别。

三 实践总结中大学募捐机构间关系描述盲区

由于缺乏理论性认知工具，实务界的机构间关系分类并不恰当。第一，主要侧重于大学教育基金会和校友总会的关系，对整体性的多机构关系的研究仍然比较少。第二，已有研究的"大学教育基金会—校友总会"的初创期（外部挂靠型）、成长期（合署交叠型）、成熟期（分置独立型）这三种关系模式并不普适，甚至不符合当前的大学募捐多机构运行情况。第三，已有募捐多机构间关系缺乏大学行政职能部门角色考量。本书认为，在中国大学单位背景中，相对于大学教育基金会与校友总会的关系，大学教育基金会与行政职能部门的关系发挥着同等重要，甚至更为重要的统筹作用。

本书正是看到了大学行政职能部门的统筹性，在已有的"大学教育基金会—校友总会"关系的基础上，加上大学行政职能部门来研究三方关系，并提出新的更符合实际、更容易理解的类型划分。从组织层面来看，大学领导者一般作为基金会理事会成员或者校友总会法人。但从机构层面和募捐实际执行功能的角度来看，大学领导和行政职能部门一起被划为大学方，代表的是大学的整体形象，以示与社会组织性质的大学教育基金会、校友总会的区别。

因此，本书的机构间关系类型划分是对已有募捐机构类型划分，包括实务界对大学募捐机构间关系描述的超越，认为"大学教育基金会—校友总会"不是独立的关系，不需要从自主性角度细分；反而应该增加

"大学教育基金会—行政职能部门"的实质性指导和象征性指导的细分类型。本研究从社会网络分析理论的角度，运用网络互动视角重新审视三个机构间关系，尤其是"大学教育基金会—行政职能部门"的复杂关系，理论结合实际，拟合出最接近事实的分类方法。

第二节　基于机构自治的募捐网络结构类型

一　大学教育基金会自我中心"网络"结构

协同形成需要关注起始条件（Ansell & Gash，2008）。本研究以Thomson和Perry总结的结构维度（治理和管理）、机构自治维度为先决条件，均与网络结构相关。如前所述，大学募捐"网络"的结构主要包括：①大学募捐"网络"是一个自我中心网络结构，简称自我网络，是针对整体网络而言的。②大学募捐"网络"由三个机构、两对关系构成，以及两对关系的自主程度或独立性可测量。③大学募捐"网络"中最重要的关系：桥接。本书的"桥接"关系采用广义的使用方法，包括桥接和联系，前者强调平等主体间向外资源的获取，后者强调非平等主体间的连接（Aldrich，2011）。在全部的桥接和联系关系中，最主要的是"大学教育基金会—校友总会""大学教育基金会—行政职能部门"两个关系对。

1. 大学募捐自我中心"网络"

大学募捐"网络"是指中国大学募捐自我中心"网络"（ego network），具有以大学教育基金会为核心机构、以大学募捐活动为界限的自我中心网络结构，即焦点机构与伙伴机构之间的互动与联结构成的形式，大学募捐自我中心"网络"（以下简称自我网络）的简化结构可以表述如图4-1所示。自我网络设计的优点是允许研究中的保密性，只研究核心机构的相关信息，可以轻松设置边界；缺点是需要包括焦点行动者和改变者以及行动者和改变者之间的关系，并且仍然需要知道自我网络的详细信息，如人们之间是否存在联系及联系的强度与持久性的记录，很多个人中心网络含有权重信息（Borgatti et al.，2018）。焦点机构的权重较高，伙伴机构作为外围机构，在活动中的权重较小。

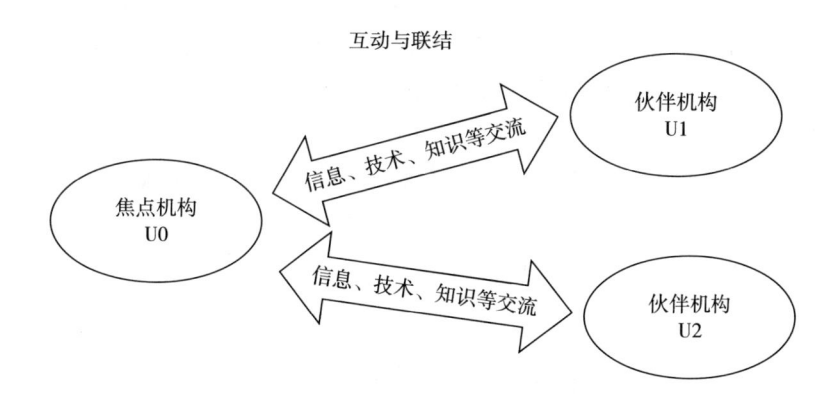

图 4-1 "自我网络的构成"概念

资料来源：笔者自制。

2. 自我网络的成对关系

作为大学募捐的主要执行机构，大学教育基金会需要处理两重关系：①大学教育基金会与学校行政部门如发展规划部门（主要是发展委员会、对外联络委员会等）的关系：非独立（合署或合并）或相对独立；②大学教育基金会与校友总会的关系：非独立（合署、大学教育基金会合并校友总会、校友总会合并大学教育基金会）或相对独立。具体如图 4-2 所示，粗线条表示主要关系。具体的三个主要募捐机构的功能、两对关系的内容见第一章"概念界定"部分，在此不予赘述。本书讨论主要机构间的局域网络，抓大放小，聚焦于以大学教育基金会募捐功能为中心和募捐活动为边界的大学募捐"网络"。

从学校级别来看，大学教育基金会是募捐的核心机构，校级行政职能部门提供支持，校友总会提供辅助，这三类是同一维度、相互沟通的机构，是构成大学募捐自我网络的节点。图 4-2 中大学行政职能部门主要包括两大类：一类是校院领导，包括书记、校长、副校长（大学校长、院长作为单位负责人参与募捐活动，是一个行政职能岗位设置）；另一类是为统筹而设置的行政职能部门，包括对外联络与发展部门、大学发展规划处、对外合作部门、校友工作办公室、统战部、发展委员会等。其中，对外联络与发展部门是针对更好地整合社会资源，统筹董事会、校友总会、基金会而开设的；大学发展规划处往往是大学五年规划的制定者，内容会涉及资金的筹集和使用原则，包括大学建设、校园建设等；

对外合作部门则主要强调产学研合作，以及大学与社会单位的合作协议签订等；校友工作办公室是为了更好地联络校友，增进校友情感设置，往往负责校庆事宜和期刊印发；有的校友总会会被统筹进学校统战部。因此，从相关度来看，对外联络与发展部门是大学行政职能部门中与募捐活动直接相关的部门。故而，下文的大学募捐"网络"中的大学行政职能部门多指对外联络与发展部门。

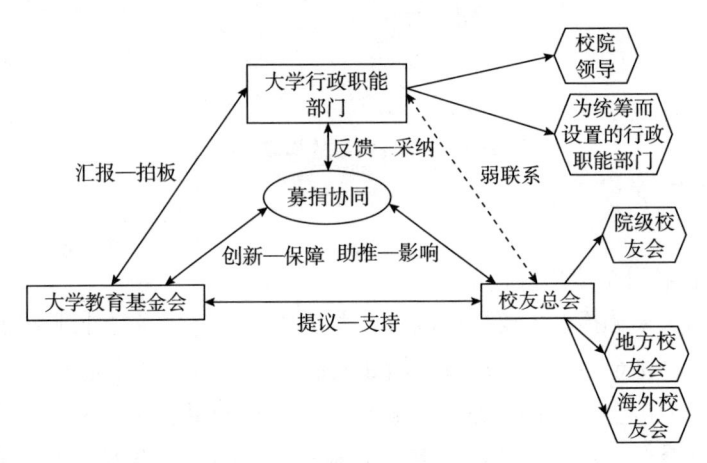

图 4-2　募捐网络中的大学教育基金会自我中心网络结构

资料来源：笔者自制。

3. 最重要的成对关系：桥接

图 4-3 中加粗的两条线是以大学教育基金会为核心的自我网络中最重要的两条边。以大学多机构募捐为例，大学行政职能部门和校友总会就是两个峰点，大学教育基金会就是"桥接点"。现实中大学行政职能部门的表现形式呈现多样化趋势，还在完善之中。

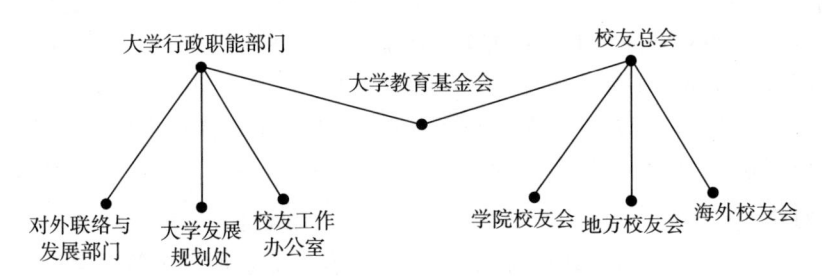

图 4-3　募捐网络中的大学教育基金会的桥接结构

资料来源：笔者自制。

二 基于机构自治程度的结构分类：实质性和象征性行政指导

基于机构自治程度的网络结构分类是网络互动关系的先决条件，体现为行政职能部门对大学教育基金会的实质性和象征性指导作用。大学募捐协同形成机制需要解释的是募捐多机构间好的合作状态和网络化程度以及集体行动程度。网络协同形成的先决条件是网络结构、机构自治两个维度，前者需要厘清募捐网络的主体节点和主体间关系，后者需要对大学募捐的主要机构的自治程度进行理解。同时，自治程度是主体间关系的分类基础。对中国大学募捐"网络"中三个募捐主体及其关系构成的网络结构进行类型学分析，就能够一窥中国大学募捐机构设置全貌。大学募捐"网络"结构分类的准则主要是覆盖全部大学的募捐网络关系类型。

（一）自主程度标准来源一：文献梳理

王诗宗、宋程成（2013）研究政府和社会组织间关系时认为，众多研究者已经形成了"独立性即自主性""依附即非自主"的思维定式，然而这种思维定式实质上混淆了不同的概念，得出国家与社会之间"对抗"或"协作"的矛盾结论，无法对愿景与现实进行严格区分。通过观察和分析实践，王诗宗、宋程成发现了中国社会组织独立性与自主性复杂且多样的组合，并在总体上呈现"依附式自主"特征。本研究的发现与该思路不谋而合，认为大学募捐"网络"中大学统筹行政职能部门发挥重要作用，但同时，大学教育基金会与大学行政职能部门的关系在很大程度上也呈现"依附式自主"特征。

中国大学募捐机构间协同和协同影响因素研究主要涉及募捐机构设置和机构间关系研究、影响大学募捐绩效和协同的因素研究两方面的内容。

1. 募捐机构设置和机构间关系研究

已有文献与大学募捐协同相关的研究主要有两类：①大学教育基金会内部动机协同，如研究内外部资源交换动机链、研究外在荣誉和物质刺激如等额配比、筹资目标、制度安排、税收优惠（钱晓田，2019；刘洁等，2018）。②进行大学教育基金会与其他相关机构协同，研究内容主要涉及募捐机构设置、机构群关系。对多机构协同和机构间关系有所涉猎，但不够深入，现有研究成果如下。

关于机构设置的研究主要有孟东军、郭秀晶、刘志坚、曹夕多、李门楼、蒋庆荣等学者的调研。孟东军（2006）将中国高校基金会的组织结构分为三种模式：①单一直线式的行政管理型。学校领导下的发展委员会、基金会理事会、校友总会并行的行政管理模式，大学教育基金会理事会通过秘书处及下设办公室进行募捐；②项目组型。基金会理事会和学校其他项目组通过项目连接起来，由秘书处负责连接的项目组型组织结构模式；③事业部型。基金会理事会通过秘书处与学校的其他部门连接起来，实现多部门的分工协作。第三种模式提供了很好的协同分析案例。郭秀晶（2009）通过对15所大学的调研发现：中国高校基金会与校友总会的设置主要包括三种类型：一是包含校友总会，即校友总会与基金会合署办公；二是不含校友总会，即校友总会与基金会完全分开，人员及职责分工明确；三是与校友总会并行运作但又密切配合，通过负责人兼职整合资源（一般是由基金会秘书长兼任校友总会负责人）。15所高校中属第一类型的居多，约占47%。刘志坚（2012）采用了郭秀晶的分类方法。曹夕多（2009）认为高校基金会的外部治理结构可以分为两种类型：协同合作型与独立运作型。前者包括两套人马合署办公和学校行政部门统筹；后者主要指基金会处于相对独立的地位，拥有较大的自主权。①李门楼（2018）采用了周红玲（2010）和杨维东（2015）等的划分标准，认为中国高校基金会的管理模式按独立性可划分为独立型、合署型和隶属型三种。这是单从大学教育基金会出发的分类模式，但提供了"独立性"这个核心分类标准。蒋庆荣（2020）调研了25所高校，认为中国高校校友总会与基金会运作模式有以下三种形态：一是分别设置校友工作机构和基金会机构，两者完全独立运作，称为独立型模式；二是将高校校友工作与教育基金会合并在一个机构运作，称为联合型模式；三是联合独立型模式，从机构设置上看是合并在一个机构——对外联络与发展办公室，但实际执行中，校友工作与基金会工作独立运作。②这种分类方法对"联合""合并"的定义比较模糊，不如此前的研究中

---

① 曹夕多（2009）认为，学校理事会也是大学募捐的重要主体，但是，"大学董事很大程度上是作为捐赠者的奖励，甚至是在捐赠贡献太大后'奖无可奖'情况下的安排，大学理事会实际上有明确的责任和负担，不能作为既定的筹资部门，而只能是部分成员来自捐赠者而已"（前期调研访谈），因此，不将"校董会"考虑作为核心的募捐组织群体。这种分类强调了外部结构，但过于简单化，协同合作型和独立运作型中间还有诸多混合类型。

② 蒋庆荣所调研的25所大学中并没有第三种模式存在。

"合署"的概念清晰。同时，认为同济大学从机构设置上看是合并在一个机构——对外联络与发展办公室。但校友工作与基金会工作独立运作，由两位校领导分别主管，办公室领导各自负责校友工作和基金会工作。因此仅从机构设置来看不能判断募捐网络结构，还需要结合主管领导的身份和办公室执行领导的分工情况。

以上研究结果具有一定的参考借鉴意义，但不足之处在于以上研究均是从"大学教育基金会—校友总会"一对关系出发，而没有纳入学校的行政职能部门，将大学行政职能部门与校友总会、基金会等组织形式一并纳入考察，"大学行政职能部门—大学教育基金会—校友总会"的整体性分析略有不足，缺乏"大学教育基金会—大学行政职能部门""大学教育基金会—校友总会"两对关系的综合考察，更别说从网络整体角度重新审视大学募捐结构，进行协同优化。

综上所述，大学募捐机构群主要涉及行政职能部门（发展委员会和对外联络与发展办公室）、大学教育基金会、校友总会三个机构，从功能上看，分别起到统筹、执行和辅助的作用。三类机构之间的关系大体可以分为：大学教育基金会和校友总会被统筹在行政职能部门下（需要区分指导性还是依托性）、大学教育基金会与校友总会合署或者合并、大学教育基金会与校友总会完全独立这三类。并且，对高校基金会管理模式中"大学教育基金会—校友总会"的关系类型应以独立性（自主性）为分类标准取得了共识。但由于"大学教育基金会—大学行政职能部门"关系对的独立性与大学教育基金会自主程度出现了错配现象，本书认为三者关系最终应以机构自治程度且主要是大学教育基金会的自主程度为分类标准。

2. 影响大学募捐绩效和协同的因素研究

根据已有文献研究，影响中国大学募捐绩效的显著性因素较多且统计口径不一致。佟婧、申晨（2018）基于80所大学教育基金会的调查，发现组织的募捐项目、组织内募捐人员的认同感、组织综合实力以及组织募捐历史、组织的领导者、组织的内部资源均与大学基金会的募捐业绩（捐赠平均额）显著相关。其中，组织内募捐人员的认同感、领导和内部资源正是本书要研究的因素，需要探索其中的差异，因此需要控制其他可能的影响因素。领导风格方面，中国大学募捐采取双重领导的传统管理模式。依据《基金会管理条例》，中国高校教育基金会建立了以理事会负责决策，监事（会）负责监督、秘书处负责执行的内部治理体系。基金会一般接受业务主管部门和登记部门的双重管理，是在双重管理体制下发展起来的。虽然基金会的决策由理事会制定，但由于中国高校教育基金会大多属于二级职能部门，很大程度上成为大学行政体系和行政逻辑在基金会的延伸，同时大学行政职能部门也给大学募捐机构提供了一定的资源和支持，具体如何协同有待探讨（刘洁，2018）。佟婧、申晨（2018）还强调了（内部）资源整合能力的作用，认为整合社会关系资源是提升大学捐赠业绩的重要手段。

张辉、万慧颖、洪成文（2016）通过251所大学数据分析，认为中国大学捐赠基金发展（净资产、生均净资产）的显著影响因素主要包括知名度、所在区域经济水平、基金会透明度、基金会历史、学校历史、研究生比例、生源质量，拟合优度为58.1%。总结起来，大学捐赠基金的发展与培养学生的质量、大学的研究能力、大学的知名度、大学所在区域的经济水平、大学的历史和基金会的历史、基金会的透明度息息相关。

张小萍、周志凯（2012）注意到中国高校的社会捐赠收入（包括校友捐赠收入，在高等教育经费总额中占比不足1%）的地区差异明显。东部地区院校得到的捐赠较多。在增长速度上，地方普通高校社会捐赠呈现东部地区凹陷（12%）、中部地区凸起（70%）的形态；央属普通高校（中央高校）社会捐赠呈现中部地区凹陷（-29%）、西部地区凸起（10%）。张曾莲（2015）注意到，浙江、福建、江苏、广东、北京和上海的985院校和综合类高校的捐赠水平都高于一般大学的平均水平。

除了对现实情况进行调研和梳理以外，还要关注理论上的"协同行动综合分析框架"中提到的间接影响因素。根据柯克·爱默生（2010）的协同行动分析框架，"系统情景"是刺激群体动力的外部因素，因此需要加以控制。结合上述"组织的募捐项目"是募捐绩效的显著影响因素（佟婧、申晨，2018）、校友捐赠的重要性和可行性（姜明君，2017）和大学募捐分为"年度募捐、巨额募捐、专项募捐"三种主要类型（刘丽娜，2009）[①]，我们可以限定面向校友的大学募捐的重要系统情景为大学校庆暨校友返校日募捐活动，即三种募捐均有可能在校友返校日募捐中实现。

---

① 美国学者把高校募捐活动大致分为年度募捐、巨额募捐和专项募捐（刘丽娜，2009）。

因此，要研究大学募捐主体间的协同动力导致协同行动，进而影响募捐绩效，我们需要控制其他显著的非协同动力相关的因素。根据上述文献梳理，影响募捐绩效主要包括以下七个因素：①大学综合实力。大学各类排名、知名度（985院校、综合类高校）、生源质量、研究生比例均可以体现。张辉（2016）的数据分析发现，大学知名度、生源质量、研究生比例是大学募捐的显著影响因素，这些因素都被大学校友网纳入大学综合排名的构成要素，并且大学综合排名与大学募捐绩效排名是正相关的。佟婧、申晨（2018）对不同大学综合实力的排名分布与募捐业绩的方差进行分析，发现综合实力排名前50的大学与排名第51—150的大学有显著的差异，尤其是排名前20的学校。① 因此需要进行控制综合排名，选取排名较为接近的大学。②核心募捐组织历史。开展募捐工作在4年以上的大学，募捐业绩要明显好于募捐事业刚刚起步的大学（佟婧、申晨，2018）。相对而言，中国大学教育基金会发展历史不长，成立较早的大学教育基金会如清华大学、北京大学和ZJ大学等教育基金会均建立于1994—1995年（张辉、洪成文，2016）。③学校历史。如基金规模名列前茅的清华、北大等都是知名的百年高校。④地域及其背后的经济水平。采用虚拟值：经济发展水平处于前50%的地区取值为1，后50%的取值为0（张辉、洪成文，2016）。⑤系统情景，以募捐项目体现。⑥基金会透明度，即透明指数FTI。透明度平均值是59.3829（张辉、洪成文，2016）。⑦杰出校友数量。"艾瑞深中国校友总会网"针对校友捐赠也设计了系列指标，这些指标主要包含两大类：第一类是非校友因素，如影响力、校友捐赠等各种排名、办学层次、所在地区、办学类型；第二类是校友因素，如校友数量（杰出校友总量、公益慈善人物、两院院士、社会科学家数量），这些直接与校友捐赠总额相关。因此，除了上述6个与大学特征和基金会特征相关的显著影响因素，杰出校友数量这个因素是面向校友募捐的重要因素。2018年校友捐赠总额前100名的大学，平均拥有的杰出校友数量为49人。这七个因素中，大学综合实力、基金会历史、大学历史和杰出校友数量均是大学本身的社会资本，主要是声誉资本；基金会透明度和系统情景是环境因素；地域及其背后的经济水

---

① 方差分析结果显示，排名第1—20的大学与排名第51—150的大学在募捐业绩上有显著差异（P=0.001<0.01），排名第21—50的大学与排名第51—150的大学在募捐业绩上也有显著差异（P=0.34<0.01）。而其他排名分布则无显著差异。

平因素往往是假相关，地域因素背后体现的是当地经济水平即潜在的募捐对象的经济水平，具有内生性，不同地理位置与捐赠基金规模的方差检验并不显著（张辉、洪成文，2016）。因此，在研究这些影响因素之外的协同形成，进而影响大学募捐绩效的因素时，需要控制大学社会资本、基金会透明度情况、募捐情景、募捐对象所在地的经济水平四个因素。

基于上述协同的大学募捐的研究现状文献梳理，孟东军、郭秀晶、刘志坚、曹夕多、李门楼、蒋庆荣等学者对大学教育基金会的调研尽管从大学教育基金会出发提出了各类优缺各异的分类模式，但共同点是提供了"独立性或自主程度"这个核心分类标准。

（二）自主程度标准来源二：现实中实质性指导和象征性指导

大学教育基金会面向校友募捐模式大多是以"大学行政领导部门—大学教育基金会—校友总会""三位一体"形式体现出来的。在中国特色背景下，学校行政部门的领导作用是一定存在的，只是程度的差别，表现在形式上，为非独立类型（合署或合并）和相对独立类型的差别。但是实际执行中，校友总会事务和基金会事务必须遵循行政逻辑之外的社会组织逻辑，具备一定的独立性。并且在募捐网络中，围绕募捐活动获得专业性带来的自主性。同时，在大学募捐"网络"中，广泛存在基金会负责人、发展规划处负责人和校友总会负责人交叉任职和兼职的情况。齐美尔提出"个人—群体关系的两重性"观点，认为一个人参加多个群体会带来多个网络间关系。所以，大学募捐机构的核心执行者的交叉任职情况可以考察验证两个子网络间的合作情况。

蒋庆荣（2020）提出的"联合型模式—独立型模式—联合独立型模式"中对校友工作机构和教育基金会机构设置和实际执行进行了区分，认为"联合独立型模式"中从机构设置上看是联合型模式，但从实际工作模式上看是独立型模式。这种划分给人的启示是：机构设置规定的功能和实际工作模式可能存在不一致的现象。

大学教育基金会与其他机构之间的实际网络结构是怎样的？尤其需要辨别行政指导关系和行政依托关系，后者指行政职能部门的设立并没有起到统筹和指导作用，而是仅仅依托教育基金会或校友工作机构成立。在现实观察和访谈中可知，大学募捐活动中，为解决专职人员编制和就业问题，机构挂靠现象比较普遍，这时大学行政职能部门仅发挥"象征性"作用。

因此，遵循一贯的"独立性和自主程度"分类方法，以大学行政职能部门嵌入"大学教育基金会—校友总会"关系的实质指导作用为判断标准，将"大学行政职能部门—大学教育基金会—校友总会"的网络结构分为：行政管理"网络"结构和执行者"网络"结构两大类。该分类是在中国大学募捐额的80%—90%均来自校友，大学教育基金会和校友总会两个机构间存在天然互补性和伙伴关系的前提下（刘志坚，2012）的实践性分类。从网络互动视角看，该分类将中国大学募捐"网络"分为以"大学教育基金会—校友总会"成对关系为主要筹款力量来源的执行者"网络"和以"大学教育基金会—行政职能部门"成对关系为主要筹款力量来源的行政管理"网络"，具有一定创新意义且与现实高度吻合。如表4-1所示。

表4-1　　　　　　中国大学募捐"网络"结构分类概念框架

募捐网络结构	大学行政职能部门嵌入"大学教育基金会—校友总会"关系	
	行政指导作用	非行政指导作用
	行政管理"网络"结构	执行者"网络"结构

资料来源：笔者自制。

"大学教育基金会—校友总会"的伙伴关系体现为四种类型：大学教育基金会包含校友总会、大学教育基金会被校友总会合并、大学教育基金会与校友总会合署、大学教育基金会与校友总会独立。但是围绕大学募捐活动，"大学教育基金会—校友总会"的互动关系已然存在。在"大学行政职能部门—大学教育基金会—校友总会"构成的自我网络中，需要着重讨论的是"大学行政职能部门—大学教育基金会"的实质性互动和实质性网络结构。

"实质性"体现为在实际执行中大学行政职能部门是否起到实际指导作用。"实质性行政指导关系"的判断标准：①是否具备统筹募捐的功能，即静态上是否有明确的与募捐有关的业务规划和与大学教育基金会或校友总会有关的简介说明。②大学行政职能部门自身的自主程度。判断大学行政职能部门多大程度实质性参与募捐的一个表征是在官网设计上是否具备动态活跃的链接，而非仅仅是依托大学教育基金会或校友总会成立的挂牌，即在该页面有统筹募捐活动的信息，而不是点击官网就跳转至大学教育基金会或者校友总会的单一页面。"象征性"行政指导表现反之。在此标准网络机构下分类如图4-4所示。

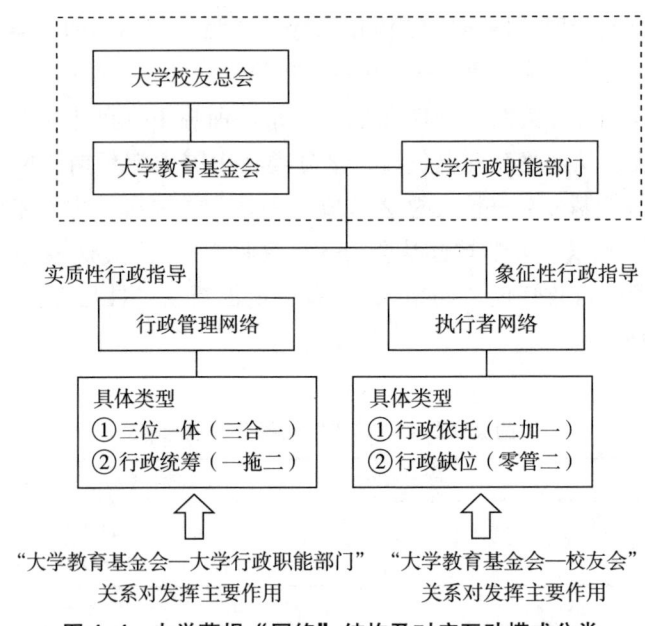

图4-4 大学募捐"网络"结构及对应互动模式分类

资料来源：笔者自制。

图4-4是从网络结构特征和大学教育基金会筹款职能出发的自主程度分类，该分类从200所大学（大学教育基金会专职人员数量≥1）机构设置官网中筹款类行政职能部门的机构设置中获得支持。其中，行政管理"网络"中，"三合一"是指：大学教育基金会、对外联络与发展部门、校友总会三个部门合署办公。一般三个机构的负责人"一肩挑"，是非常典型的行政管理"网络"，治理层面属于领导组织治理的网络治理模式。"一拖二"是指：大学设立与筹款相关的行政职能部门（一般是对外联络与发展部门），统筹大学教育基金会和校友总会，但前者是大学直属机构，后两者的人事管理方式为经费自筹人才派遣，与筹款相关的行政职能部门可对大学教育基金会和校友总会进行实质性指导，或者行政职能部门仅对大学教育基金会进行实质性指导，同时大学教育基金会秘书长兼任校友总会副秘书长。执行者"网络"中，"二加一"是指行政职能部门依托大学教育基金会成立，两块牌子一套人马。大学行政职能部门

给予大学教育基金会以支持，但并没有独立的行政职能部门人员和明确的业务范围规定；"加一"是指加上辅助募捐的机构——校友总会。"零管二"是指大学没有设置专门的筹款相关的行政职能部门，只设有大学教育基金会和校友总会。

1. 行政管理"网络"结构

行政管理"网络"结构是指：采取设置大学行政职能部门的方式来统筹大学教育基金会的募捐工作，或者同时统筹大学教育基金会的募捐和校友总会的服务工作的大学募捐多机构关系类型，具有明确的与募捐相关的业务范畴。①采用合署的方式，即大学教育基金会和对外发展与联络部门在同一处所办公或者多个机构实际执行者为同一个人：一般基金会秘书长和发展委员会主任"一肩挑"，如WH大学的校友事务与发展联络处处长、校友总会秘书长、教育发展基金会秘书长均由同一人担任，并且职务中以校友事务与发展联络处为首。②采用合并的方式，尤其在基金会和校友总会成立早期比较困难时，机构被合并设置在学校行政部门里。完全合并的方式现已不多见。

值得注意的是，中国大学教育基金会和校友总会作为社会组织，在注册法人栏一般填写大学党委书记或者校长，并且大学募捐活动需要大学法人出席活动和担任募捐机构荣誉职位（法人、理事长）。因此，用是否有校领导参与来判断机构的独立性也是不合理的（蒋庆荣，2020），仍然需要回归到机构职能（官网职能介绍）和实际执行者（实际募捐执行者）的判断上。当前对募捐活动的核心机构大学教育基金会的自主性判断和对行政职能部门的统筹功能的判断较为明确。

2. 执行者"网络"结构

执行者"网络"结构是指"大学行政职能部门—大学教育基金会"关系中具有行政依托或者行政缺位的特征，大学教育基金会是主要依靠自身力量和校友总会力量实现募捐的大学募捐多机构关系类型。

行政依托是这样一种情况，大学教育基金会和校友总会是社会组织，但是大学给大学教育基金会，或者校友总会或者同时给二者设立了对应的行政职能部门，大学教育基金会与校友总会作为募捐活动的执行者。大学教育基金会与校友总会关系密切，但是与大学行政职能部门没有实质性被指导关系，后者依托实质性的教育基金会或校友总会的活动成立。行政缺位是指没有大学行政职能部门的情况下，大学教育基金会与校友总会围绕募捐活动形成成对关系网络。在大学募捐尚不发达的中国，大学教育基金会注册较晚，校友总会注册困难。在大学行政化管理大环境下，不少大学缺少执行者"网络"类型。中国大学募捐处于初级阶段，为了整合资源，大学教育基金会和校友总会两个机构一起办公；或者两个机构被整合，将其中一个机构设为另一个机构的下属办公室。比如，南京大学教育发展基金会2005年成立时包含校友总会；北京大学1999年之前大学教育基金会包含校友总会；上海交通大学到2008年还是合署办公——教育发展基金会秘书长需要同时汇报大学教育基金会、校友总会两个机构的概况。

执行者"网络"结构中，大学教育基金会处于相对独立的地位，拥有较大的自主权，主要依靠执行者自身的力量进行捐赠的募集、管理、运作等。同时可以自由地与大学行政职能部门和校友管理部门展开协同和互动，持续保持较为平等的接触和联系。不排除为了加强互动，存在机构间的一把手和二把手交叉任职的情况，但与行政管理"网络"结构类型不同，执行者"网络"类型不存在多个机构一把手兼任的情况。

从动态上看，中国大学募捐"网络"类型有从执行者"网络"向行政管理"网络"转变的趋势：北京大学、上海交通大学等多所高校的募捐网络从原来的行政缺位类型转化为现在的行政依托类型；南京大学从原来的执行者"网络"类型转化为现在的行政管理"网络"类型。

归纳已有大学募捐研究文献中涉及的大学募捐机构间关系，验证中国大学募捐"网络"结构判别标准的概念框架（见表4-2），该分类具有互斥性，适用度较高。

表4-2　　　　中国大学募捐"网络"结构分类文献验证

募捐网络结构类型	大学	研究来源
行政管理"网络"	ZJ大学	孟东军（2006） 郭秀晶（2009） 曹夕多（2009） 刘志坚（2012） 李门楼（2018） 蒋庆荣（2020）
	复旦大学	
	厦门大学	
	北京航空航天大学	
	北京师范大学	
	南京大学	
	WH大学	

续表

募捐网络结构类型	大学	研究来源
行政管理"网络"	暨南大学	孟东军（2006） 郭秀晶（2009） 曹夕多（2009） 刘志坚（2012） 李门楼（2018） 蒋庆荣（2020）
	哈尔滨工业大学	
	同济大学	
	北京大学	
执行者"网络"	清华大学	
	西安交通大学	
	上海交通大学	
	ZR 大学	
	2008 年的上海交通大学	
	中山大学	
	北京交通大学	
	北京科技大学	
	2005—2009 年的南京大学	
	HN 大学	

资料来源：笔者自制。

第三节 基于募捐网络结构的互动模式类型

一 互动模式分类：200所大学募捐"网络"数据

不同的网络结构必然有着相对应的机构间互动模式。网络模型把结构概念化为各个行动者之间的关系模型。静态的网络结构数据可以直接转换为动态的工作关系数据，判断标准是实践中的机构职能和工作互动情况。例如，参加共同项目意味着存在互动关系的概率较大。募捐机构互动模式的分类标准与募捐网络结构分类标准有着内在的一致性，统一于网络结构与机构功能的对应关系中。在大学这个社区环境中，研究大学募捐"网络"中的机构互动关系，需要从全景扫描开始。

已有研究的样本数量为综合排名前 150 的大学（佟婧、申晨，2018），本书拓展到前 200 所大学，并且注意到排名 200 之后大学的大学教育基金会专职人员为 0 的概率非常大。由于中国大学筹款尚在初级起步阶段，且综合各指标数据来源，因此选取发展较为成熟的大学教育基金会进行研究。全国排名前 200 的大学（2020 年数据）中，184 所大学设有大学教育基金会（占 92.0%）、176 所大学合法注册有校友总会（占 88.0%），94 所大学设有与募捐相关的行政职能部门（设有对外联络发展部门的有 67 所，设有发展规划处的有 162 所，设有校友工作办公室的有 92 所），占 47.0%。其中，大学发展规划部门仅在规划方案里对大学募捐进行相关规定，校友工作办公室只负责服务校友、面向校友的期刊发行、筹办校庆等事宜，因此，与大学募捐相关的行政职能部门主要是对外联络和发展统筹部门。

本研究所需搜集的数据类型。采用社会网络分析的范式研究大学募捐"网络"，需要搜集属性数据、关系数据和观念数据三类数据。属性数据是关于行动者的自然状况、态度、观点以及行为等方面的数据，一般为个人或者群体所具有的财产、性质、特点等属性。关系数据是关于联系、接触、聚会等方面的数据，任何人、对象以及事件等都处于关系之中。观念数据描述意义、动机、定义等（刘军，2004）。

结合基于机构自治的募捐网络结构类型划分，对大学教育基金会、学校发展规划部门和校友总会的关系模式进行相应划分，具体采用"机构简介中大学行政职能部门是否具备统筹募捐的功能""官网设置中大学行政职能部门是否具备动态活跃的官网，最终体现为大学教育基金会的自主程度"这两个实际指标来判断大学行政职能部门是否起到实际指导作用，针对"大学行政职能部门—大学教育基金会—校友总会"的关系是否嵌入了"实质性行政指导关系"。

细化分类过程和分类指标如下：

（1）存在行政职能部门，通过大学官网的机构设置和机构简介说明判断。

（2）行政职能部门有自身业务，并不依附于大学教育基金会和校友总会，通过行政职能部门的官网判断，其有单独的官网，而不是直接跳转到大学教育基金会或校友总会。

（3）行政职能部门与大学教育基金会可能存在兼任关系，例如对外联络发展处主任兼任大学教育基金会秘书长，辅助性判断，不兼任不能说明其自主性。

（4）大学教育基金会与校友总会执行者，主要是秘书长和副秘书长可能存在正副职交叉任职的关系，但不交叉不能说明其自主性。

（5）三个机构的办公地点一致或相近，但有的机构地址没有具体到办公室。

最终统计，采用行政管理"网络"互动模式的大学有90个（45.0%），采用执行者"网络"互动模式的大学有94个（47.0%），还有8%的大学没有设立大学教育基金会，没有形成大学募捐"网络"。其中，如表4-3所示，执行者"网络"互动模式比较复杂，与第四章的现实观察——对应。现实中发现："大学教育基金会—大学行政职能部门"关系对中，大学行政职能部门的独立性与大学教育基金会的自主性并非完全趋同，而是呈现较为复杂的组合形式，主要有七种组合，详见表4-3。

排名前200的大学募捐"网络"的分类结果如表4-4所示，具体网络结构分类见附录一。

在数据收集的时候发现，从行政职能部门里找到简介、所含部门、栏目、任务、所依托平台，可以更加快捷地定位到三个机构间的关系。由此可见，大学募捐"网络"结构和互动模式无法脱离中国大学治理的结构。后期可以根据实际情况，对指标进行精确化分类，并将184所大学教育基金会的数据扩展到655所设立有大学教育基金会的大学［《中国高校基金会年度发展报告（2020）》认为是632所，且每年均有增长］，对中国大学募捐机构群关系的整体情况进行全面描述。

根据机构职能、机构自主程度，并辅以人员配置判断，与募捐网络结构对应的中国大学募捐"网络"互动模式主要有行政管理"网络"互动模式和执行者"网络"互动模式两种。仍然主要遵循以大学教育基金会为活动核心的大学募捐自我中心"网络"，主要通过"大学教育基金会—大学行政职能部门"的关系来判断募捐网络类型。大学教育基金会和校友总会有独立、合并、合署三种关系。此外，还需要厘清与校友总会相关的大学行政职能部门，部分承担大学募捐任务的行政职能部门才能被认为是大学方机构，否则仍然算作执行者"网络"互动模式。选取WH大学募捐"网络"作为行政管理"网络"代表，HN大学募捐"网络"作为执行者"网络"代表，其典型描述和对应的互动模式类型如表4-5所示：

表4-3 中国大学募捐行政职能部门在大学机构设置官网中的体现

大学教育基金会名称	大学统筹部门名称	行政职能部门性质	行政职能部门网址（设有设置=1，没有设置=0）	行政职能部门业务范畴是否明确（没有官网说明=0，象征性指导=1，实质性指导=2）	总结1（职能部门相对独立=0，不独立=1）	总结2（大学教育基金会自主性强，相对平等=1；自主性弱，相对不平等=2）	互动模式（执行者"网络"互动模式=1，行政管理"网络"互动模式=2）
复旦大学教育发展基金会	对外联络与发展处	党群部门、行政部门	1	2	1	2	2
ZJ大学教育基金会	发展联络办公室（含发展委员会办公室、校友总会秘书处、教育基金会秘书处）	直属单位	1	2	1	2	2
北京大学教育基金会	0	无	0	0	0	1	1
西北工业大学教育基金会	0	职能部门	0	0（职能部门直接挂校友总会办公室、教育基金会办公室链接）	0	1	1
南京大学教育发展基金会	发展与校友工作委员会、统筹发展基金会（教育发展基金会）、校友工作办公室（校友总会）	行政部门	1	1（发展委员会跳转南京大学教育发展基金会）	1	1	1

第四章 类型学划分：网络结构与互动模式 / 131

续表

大学教育基金会名称	大学统筹部门名称	行政职能部门性质	行政职能部门网址（设置=1，没有设置=0）	行政职能部门筹款业务范畴是否明确（没有官网说明=0，象征性指导=1，实质性指导=2）	总结1（职能部门相对独立=0，不独立=1）	总结2（大学教育基金会，相对平等=1；自主性强，相对平等=2）	互动模式（执行者"网络"互动模式=1，行政管理"网络"互动模式=2）
天津大学北洋教育发展基金会	校友与基金事务处	机关部处室	1	1（虽没有跳转，但是简介里没有业务范畴，机构工作动态，负责人员，直接放了校友总会和发展基金会的网址，没有介绍事务处）	1	1	1
吉林大学教育基金会	校友和基金工作办公室	直属管理机构	1	1（官网界面无链接，打不开，无业务介绍）	1	1	1

资料来源：笔者自制。

表 4-4　中国排名前 200 所大学募捐"网络"结构分类数据验证

	行政管理"网络"	执行者"网络"	无大学募捐"网络"
大学名称（部分）	复旦大学、ZJ 大学、华中科技大学、中国科学技术大学、天津大学、WH 大学、南开大学、哈尔滨工业大学、东南大学、四川大学、吉林大学、同济大学、北京航空航天大学、华南理工大学、兰州大学	北京大学、清华大学、南京大学、上海交通大学、ZR 大学、山东大学、中山大学、西安交通大学、北京师范大学、厦门大学、西北工业大学、中南大学、HN 大学、大连理工大学、北京理工大学	东北大学、西北大学、云南大学、北京工业大学、河南科技大学、西南财经大学、河北农业大学、云南民族大学、石家庄铁道大学、大连大学、沈阳工业大学、安徽农业大学、河南工业大学、大连工业大学
总计（所）	90	94	16
占比（%）	45	47	8

注：统计截至 2020 年 4 月 25 日。
资料来源：笔者自制。

表 4-5　中国大学募捐"网络"互动模式分类示例

大学募捐"网络"结构类型		行政职能部门	基金会	校友总会	互动模式类型
WH 大学	职能部门↔基金会↔校友会	校友事务与发展联络处	WH 大学教育发展基金会	WH 大学校友总会	行政管理"网络"互动模式
HN 大学	职能部门⇠基金会↔校友会	发展联络处（教育基金会），围绕基金会募捐成立的行政职能部门	HN 大学教育基金会	HN 大学校友总会	执行者"网络"互动模式

注：图中"校友会"均指校友总会。
资料来源：笔者自制。

二　行政管理"网络"互动模式代表："三位一体"

将高校教育基金会与校友工作合并在一个行政机构运作，称为行政网络管理互动模式。例如 ZJ 大学、复旦大学、WH 大学等学校的募捐"网络"均采取这种网络互动模式。北京航空航天大学教育基金会章程明确表明需资助北航校友、校友总会活动，两个机构统一于校友联络发展处。当教育基金会被大学行政职能部门合并或者被大学行政职能部门统筹时，不管基金会与校友总会的关系如何，面向校友募捐和面向社会募捐会变成学校层面的统一指挥，学校直接统合发展规划委员会、对外联络发展处室、校友工作办公室、大学教育基金会、校友总会，是一种直线—职能制组织结构模式。由于大学募捐服务于大学治理和大学建设，围绕大学募捐的活动任务出发的行政统筹部门职级较高。

行政管理"网络"互动模式特征是：大学行政职能部门发挥了重大作用，大学募捐主要依靠"大学教育基金会—行政职能部门"这个关系对驱动，但大学教育基金会仍然是"桥接点"。三类机构合而为一或者大学行政职能部门统筹其他两个机构，即"三位一体"联合运作。大学教育基金会和校友总会被完全统筹在行政职能部门下，大学行政职能部门指导大学教育基金会进行募捐，表现为大学行政职能部门单独设立，大学行政职能部门有自己的官网和明确业务范围。WH 大学是行政管理"网络"互动模式的代表性。

第一类的代表性募捐网络是 WH 大学的"三合一模式"。校友事务与发展联络处主任、WH 大学教育发展基金会秘书长和 WH 大学校友总会秘书长"一肩挑"。教育基金会和校友总会均整合在校友事务与发展联络处。

第二类的代表性募捐网络是 ZJ 大学的发展联络办公室统筹 ZJ 大学教育基金会和 ZJ 大学校友总会的"一拖二"模式。发展规划处处长同时是基金会秘书长和校友总会副秘书长。相比之下，WH 大学的"三合一"互动模式更加典型，体现了"三位一体"互动模式的共性。

WH 大学的"三合一"大学募捐"网络"互动模式如图 4-5 所示。

WH 大学的校友事务与发展联络处成立于 2016 年 8 月，内设 5 个机构：综合管理办公室、校友服务办公室、资源拓展办公室、基金管理办公室、媒体和信息服务办公室（自设机构）。WH 大学校友总会秘书处、WH 大学教育发展基金会秘书处与 WH 大学董事聘用委员会办公室合署办公。校友事务与发展联络处职能包括：①联络和服务广大校友，以构建校友服务体系、完善校友组织、开展校友品牌活动、支持校友发展为抓手，增强校友凝聚力和贡献力。②服务学校发展和人才培养工作，凝聚校友力量，开发社会资源，为学校"双一流"建设提供财力和智力支持。

③助力国家和地方经济社会发展，推动校友、学校、社会融合发展共同体建设。关于人员任命，WH大学校友事务与发展联络处关于以竞争上岗方式选拔内设机构副主任的公告规定，正副处级中层干部需要竞聘，但"基本上也是学校最终认定"。

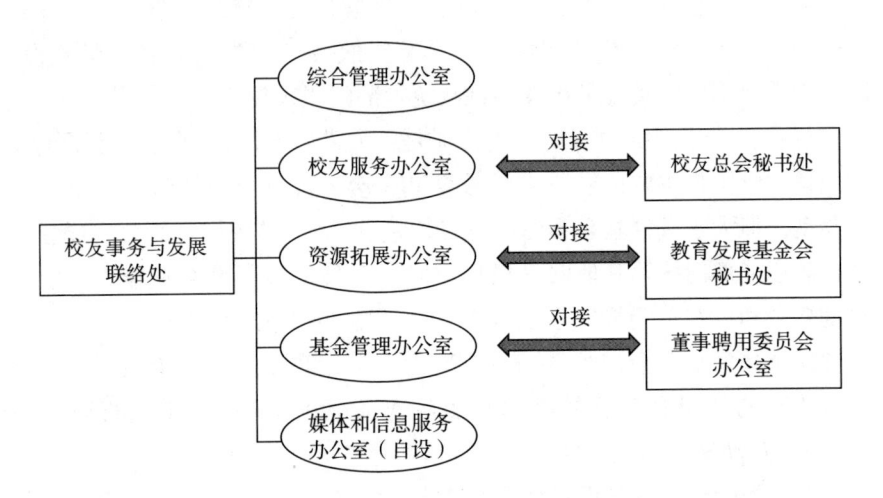

图4-5 WH大学的"三合一"大学募捐"网络"互动模式

资料来源：笔者改编自官网组织架构并同工作人员确认。

武汉大学校友总会的职责中没有明文规定对大学教育基金会募捐的支持，但有"凝聚校友力量，助力母校建设成为中国特色世界一流的高水平大学"的相关描述，且校友总会经费主要来源于母校资助、校友和社会捐赠。WH大学校长办公室为了加强校友工作，要求建立和完善校友信息数据库；拓展校友参与学校建设与发展的渠道。一方面，校友总会联合校友工作办公室、各院系校友总会、各地校友总会建立校友信息档案，拓宽捐赠形式，充分利用网上捐赠方式提高校友年度捐赠率；另一方面，校友总会要鼓励校友与母校建立连接，使校友们能够通过捐款、捐物、捐建项目等多种方式参与学校建设，做好校友年度捐赠工作，积极培育合作项目。①

---

① 资料来源：《WH大学关于进一步加强和改进校友工作的若干意见》（WH大学校办字[2012]18号）。

三 执行者"网络"互动模式代表：双轮驱动

高校教育基金会与校友工作作为执行者受到大学行政管理部门辖制较少，相对独立地运作，称为执行者"网络"互动模式，大学募捐主要依靠大学教育基金会和校友总会"双轮"驱动，或者主要依靠"大学教育基金会—校友总会"这个关系对驱动，例如清华大学、北京大学、ZR大学、北京师范大学等高校。

HN大学是执行者"网络"互动模式的代表性。

执行者"网络"互动模式主要有行政依托和行政缺位两种类型，前者表现为机构间关系"二带一""二加二"的特征模式。"二加二"是指"大学教育基金会或发展联络部门+校友总会或校友工作办公室"，由于校友工作办公室只负责校友服务和发展工作，不涉及直接的募捐活动，因此未纳入大学募捐"网络"。行政依托将"二带一""二加二"的情况均视为"大学教育基金会或发展联络部门类行政职能部门+校友总会"的"二带一"情况；后者表现为"大学教育基金会—校友总会"关系独立运作的"零管二"特征模式。

第一类以HN大学为代表的行政依托类型（见图4-6），是指大学行政职能部门依托大学教育基金会或校友总会成立，成立后并不进行专门的人员配置，与原有机构合署办公。当教育基金会与大学行政职能部门合署时，比如上海交通大学的机构设置里的"职能部门"一栏设有发展联络处和校友总会办公室，但发展联络处官网设置是基金会的页面，校友总会办公室官网设置是校友网首页。因此，二者都是学校开设的行政职能部门，便于挂靠牌子。上海交通大学募捐"网络"中的机构互动模式实质上是教育基金会—发展联络处和校友总会—校友总会办公室"二加二"的特征模式，体现了基金会和校友总会的独立运作性质（蒋庆荣，2020）。类似的学校如南京大学（发展委员会依托于教育发展基金会，校友工作办公室依托于校友总会）、HN大学（发展联络处依托于教育基金会，校友工作办公室依托校友总会）、中山大学（教育发展与校友事务办公室依托校友总会或教育发展基金会）等。大学行政职能部门（发展联络办公室、发展委员会、校友工作办公室）依托于大学教育基金会或校友总会挂牌成立，会出现成对机构执行"一把手"兼任、"一把手"交叉任职、两个机构共用官网或者办公室地址完全一致的情况。

机构名称	挂靠单位	机构名称	挂靠单位
校办公室（党委办公室、校长办公室）	督查督办办公室 法律事务办公室 档案与校史馆	计划财务处	国有资产管理办公室
发展规划办公室（重点建设办公室）		基本建设处	
科学技术研究院	深圳研究院 科技成果转化中心（知识产权中心） 定点帮扶办公室 岳麓山国家大学科技城HN大学工作办公室	房产管理处	
人力资源处（党委教师工作部）	人才工程办公室	校园信息化建设与管理办公室	
国际合作与交流处（港澳台事务办公室、孔子学院工作办公室）	留学中心	校友工作办公室	
审计处		发展联络处（教育基金会）	

图 4-6　HN 大学管理机构——机关部处（部分）示意图

资料来源：HN 大学官网。

第二类行政缺位类型，则是指"零管二"的特征模式，即大学教育基金会与校友总会完全独立，没有设置相关的大学行政职能部门对大学募捐没有实质性的影响，因此缺乏"大学教育基金会—大学行政职能部门"的关系对；大学教育基金会和校友总会并行，同时围绕募捐活动密切配合。当基金会与校友总会合署，"两块牌子一套人马"，在执行层面合署办公时，一般是以基金会为中心的项目制结构模式。当基金会包含校友总会，把校友总会变成基金会的直属机构或者下属校友联络部门时（基金会和校友联络部通过秘书处进行沟通），属于功能替代，在校友总会无法合法注册时或者早期没有基金会的大学比较常见。基金会不包含校友总会、也不与校友总会合署的合作属于平等的互动结构模式，如北京邮电大学（基金会和校友总会秘书长兼任）、北京师范大学、西安交通大学（郭秀晶，2009），以及 2019 年成立发展联络处之前的 HN 大学。[①]

大学行政职能部门依托大学教育基金会或者校友总会成立，或者在

---

① 2019 年 9 月，教育基金会秘书长兼任发展联络处处长（试用期一年），2020 年 10 月考核合格，正式任职，任职时间从试用之日起计算。

没有成立大学行政职能部门的情况下,"大学教育基金会—校友总会"是大学募捐"网络"形成的基础,形成双轮驱动局面。"行政缺位"类型正在不断减少,"行政依托"类型的互动模式正在逐年增加。因此,选取近期经历从"行政缺位"到"行政依托"两个阶段的 HN 大学作为执行者"网络"互动模式的代表来进行典型案例分析。

第四节　小结

大学募捐"网络"中的多机构互动模式与网络结构密不可分,是形成大学募捐协同的先决条件,如图 4-7 所示。

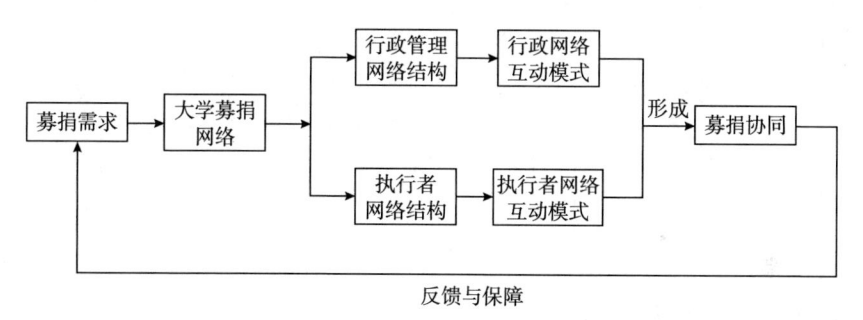

图 4-7　募捐网络中"网络互动—网络协同"关联

资料来源:笔者自制。

中国大学募捐"网络"结构基于机构独立性主要分为行政管理"网络"结构和执行者"网络"结构两大类。以大学行政职能部门是否对"大学教育基金会—校友总会"关系发挥实质性的指导作用来考察现实中的大学募捐"网络"互动模式,将其分为行政管理"网络"互动模式和执行者"网络"互动模式两大类,前者具有"三合一""一拖二"的"三位一体"模式特征,后者具有"二带一""二对二"的行政依托特征和"零管二"的行政缺位的双轮驱动模式特征。归根结底,是通过机构职能、机构独立性,辅以人员配置来判断大学行政职能部门如何嵌入"大学教育基金会—校友总会"关系的互动过程。募捐网络结构及对应网络互动模式在整体募捐协同形成过程中的位置如表 4-6 所示。

表 4-6　中国大学募捐"网络"结构的空间分布

大学募捐分布	网络结构类型（静态）	互动情况（动态）	2017 年募捐收入（平均）	2018 年募捐收入（平均）
全国（TOP200）184 所（92.0%）大学设有大学教育基金会；176 所（88.0%）大学设有校友总会，94 所（47.0%）大学设有与募捐相关的行政职能部门	以大学教育基金会为募捐职能核心的自我网络可以分为行政管理"网络"（45%），执行者"网络"（47.0%），8%的大学没有设立大学教育基金会	根据自主性原则，两对互动关系：大学教育基金会—大学行政职能部门互动；大学教育基金会—校友总会互动	168599460.3 元（89 所大学教育基金会年度工作报告平均数据）	292271404.4 元（83 所大学教育基金会年度工作报告平均数据）
北京 23 所设有大学教育基金会的大学 代表性网络：ZR 大学募捐"网络"	执行者"网络"	实质性互动较多，象征性互动较少，相对自主	203539923.9 元（高）	84673602.43 元（高）
非北京地区 161 所设有大学教育基金会的大学 代表性网络：HN 大学募捐"网络"	执行者"网络"	实质性互动较少	46960065.56 元（低）	38433636.95 元（低）
代表性网络：WH 大学募捐"网络"（三合一）	行政管理"网络"（三合一）	实质性互动多 校友总会为基金会"做嫁衣裳"，大学校领导部门较少干预	126856447.7 元	114450747.8 元
代表性网络：ZJ 大学募捐"网络"（两层）	行政管理"网络"（两层）	校长拍板，校长助理任规划处处长，大学教育基金会和校友总会秘书长 信息共享机制 相机节点助推机制	1013445954 元（高）	454853096.2 元（高）

注："大学募捐分布"指在指定空间里的大学开设的大学教育基金会、校友总会、规划发展部门等大学募捐主体机构的总体情况，大学教育基金会以是否注册为准。

资料来源：基金会中心网 CFC，http://www.Foundation center.org.cn/，各校官网年度工作报告，各机构官网网址，社会组织信息等级平台。

其中，各类多机构互动模式会有阶段性的变化。比如北京大学1999年百年校庆之后，校友总会成立了常设的秘书机构，在北京大学教育基金会下设校友工作部。2010年10月，在第七届理事会的大力推动下，学校审时度势，组建了独立的校友工作办公室，与北京大学校友总会秘书处合署办公，既是北京大学正处级职能部门，又是独立社团法人的秘书机构。校友总会官网和校友工作办公室为同一个网站，大学教育基金会副秘书长和校友总会副秘书长有交叉任职。属于执行者"网络"结构中的行政依托互动模式类型，大学教育基金会和校友总会保持较高水平的独立运作性，同已有的实践观察一致（蒋庆荣，2020）。

如表4-6所示，中国大学募捐"网络"结构的空间分布的部分数据表明：第一，募捐总额的平均值和绝对值意义不大，大学募捐绩效每年变化非常大，这是由于巨额捐赠或大额捐赠的存在。第二，应当关注大学募捐"网络"类型，以及募捐收入的比较值。比如在非北京地区的大学募捐绩效中，ZJ大学的绩效最高，WH大学居中，HN大学两年的募捐绩效均最低，且这种比较性的总体排名比较稳定。因此，能够从比较值中判断大致的募捐绩效和在所有大学募捐中的定位。第三，更应该看募捐过程和协同情况。

第五章　案例分析：大学募捐"网络"互动—协同过程

第一节　典型案例研究说明

一　基于互动模式的典型案例分析

选择典型案例可以提高个案的外推性，因为典型性能够集中体现某一类共性特征（王宁，2002）。典型性不强调独特性之于普遍总体的意义，而是强调共性。共性寓于个案之中即个案是否体现了某一类别的现象（个人、群体、事件、过程、社区等）共性的性质，这有助于我们深刻理解现象及背后的规律，并获得集中性、极端性和启示性的三种典型性——共性类型一般有三类表现形式，即普遍现象的共性类型、反常或离轨现象的共性类型、未知现象的共性类型（鲜为人知的类别）（Yin，1994）。

因此判断案例是否具有典型性，首先要弄清楚某一类共性的全部内容，列举出具有此类共性的不同个体，保留那些具备所有共性特征的个体，并选取最能集中体现所有共性特征的个体作为研究个案。根据罗伯特数量划分观点，个案研究包括单一个案和多重个案两种（Yin，1994）。

关于大学募捐的研究认为，高校基金会的协同合作型的外部治理结构，即大学教育基金会与校友总会合署办公以及学校行政部门统筹会影响中国大学筹款绩效（曹夕多，2009）。影响因素主要有客观因素，即大学所拥有的社会资本以及主观因素，即大学教育基金会的努力和战略设计。客观因素包括大学自身品牌声誉吸引力、办学类型层次等，短时间不容易改变，可以改变的主要是专业化筹款机构的努力、大学教育基金会和校友总会一起培养校友的母校情结、一起设计更好地到达校友和社会大众的筹款信息传递机制等主观因素（邹晓东、吕旭峰，2010；Mael & Ashforth，1992；周红玲、刘琪瑾，2011；张辉、洪成文，2016；佟婧、申晨，2018）。这些都需要多个机构合作，包括大学行政职能部门的支持。因此研究如何形成这种多机构协同结构，从筹款主体和可持续发展入手进行大学募捐综合治理首当其冲。要研究大学募捐"网络"协同，需从已有的两大类互动模式中各选取一个最合适的案例作为典型案例，分析"互动—协同"形成机制的共性。

二　因素选取：被解释对象、控制因素与核心解释因素

被解释变量：协同状态

现实观察发现，形成了大学募捐"网络"的高校大概率呈现出了较高程度的协同状态即呈现"同"与"和"的状态，多个募捐相关机构间已经形成了良好的合作状态和稳定的合作机制；已有相关研究表明，大学教育基金会和校友总会、大学教育基金会和大学的伙伴关系影响大学募捐绩效的结果，以及大学和校友关系会影响校友捐赠表现（罗志敏、苏兰，2017）。大学募捐"网络"的协同状态同网络本身的放大效应和整合效应有关，但是具体的协同形成机制仍然是暗箱，需要进一步研究。依据前述协同定义的梳理，结合募捐实际，对募捐网络协同的判定主要从直接给出的协同力度信息或从访谈归纳出的目标协同、反向协同的信息两个方面进行。笔者对多所高校的相关负责人进行了访谈，具体见下文案例。[①]

1. 文件中的协同力度信息

中国大学募捐综合治理过程中，募捐主体已经开始认识到多机构互动的作用和协同的必要性，从制度、机构关系机制、基金会的协调作用出发，运用好校内各种资源，促进大学募捐凝聚力。调动全校参与筹款工作的积极性，通过建设专业化队伍，提升学校资金募集、管理、投资运作的能力。形成目标任务和资源支配相统一的资源配置和使用体系。发掘筹资资源，建立并拓展多元化的社会筹资渠道，继续扩大社会募集资金的规模。

[①] 案例 5-3 到案例 5-26 的内容均为访谈记录的转化，由第一人称转化为第三人称，以示客观陈述，具体案例内容省略。年份和受访人见编号说明和表 5-2 内容。

案例 5-1　会议号召

ZR 大学教育基金会理事长在第三届理事会第十四次会议上提出促进大学教育基金会面向校友募捐群体动力的朴素看法、要求和希望：第一，在学校制度化建设过程中，大学教育基金会、校友总会工作必须和学校自身的工作匹配起来，希望基金会在整个学校的治理体系中、在办学治校过程中发挥作用；第二，大学教育基金会要有新的机制，要把机制用好、政策用好，调动各方面的积极性，大学教育基金会和校友总会工作要密切联系，在人员机制调整方面，大学教育基金会和校友总会的领导进行交叉任职是一种机制，希望这两者发挥更好的作用；第三，希望基金会起到很好的组织作用、协调作用、调动作用，协调校领导到各地看望校友，促进当地校友总会的影响力和凝聚力，是办学治校向外延伸的重要的方面，运用好校内各种资源，打造有凝聚力和战斗力的队伍；第四，2019 年基金会要将各方面工作做得更加专业、职业化，每一笔捐赠都是校友和社会爱心人士对学校的心意，大学教育基金会要将这份心意用好、管好，并且要发挥最大的效益，为学校的建设发展贡献力量，在平时也要做好暖人心的工作；第五，继续加强与国内外优秀同行的交流，加强国际交流学习；第六，主动接受政府部门的监督和指导，做好制度化建设工作。（ZR20190114[①]）

案例 5-2　规划方案

《华中科技大学"十三五"发展规划（2016—2020 年）》中资源拓展与管理工程部分提出要大力提升筹资能力，进一步增强吸纳社会资源的能力。借鉴一流大学的工作经验，充分发挥学校各级组织和广大教职工的作用，实现办学经费来源多元化。通过建立激励机制，调动全校参与筹款工作的积极性；通过建设专业化队伍，提升学校资金募集、管理、投资运作的能力。《天津大学事业发展"十三五"规划（2016—2020

[①] 该编号代表对 ZR 大学第三届理事会第十四次会议上理事长发言的整理，时间为 2019 年 1 月 14 日。

年)》在"十三五"期间支撑保障体系建设中提出,学校治理体系、环境保障体系和资源配置体系是建设现代化大学的三大支撑体系,认为要推进资源配置机制的改革,提高资源使用效率和效益。一方面要扩大院级单位自主权,形成目标任务和资源支配相统一的资源配置和使用体系,强化评估工作在院级单位发展中的重要作用;另一方面要努力筹集各类办学资源,围绕学校发展目标和重点任务,积极调动各方面的力量,争取发展资源。最终建设校、院两级筹资体系,发掘筹资资源,建立并拓展多元化的社会筹资渠道,继续扩大社会募集资金的规模,形成对学校建设和发展的重要支撑。ZR大学"十三五"发展规划(2016—2020年)在支持保障的资源保障部分提出:要拓宽筹资渠道,积极吸引更多捐赠,形成金字塔结构的捐赠人数据库,挖掘和联系潜在捐赠人及校友,探索多种筹款类别;成立投资管理委员会,建立高效透明的投资模式;培育一批具有吸引力和创新性的项目,形成品牌项目库,加强宣传、推广力度;形成专业化捐赠项目管理和捐赠关系管理系统。

2. 访谈中的目标协同、反向协同信息

目标协同是指各个机构为了共同的使命,趋势上能够做到同心同德,步调节奏上协调一致,保持利益共同体的认知。这样才能在大学募捐的各个环节合作无间,使整个募捐过程更加畅通。

案例 5-3　大协同下的小协同(WH20190528[1],内容略)

案例 5-4　多机构相机助推(ZJ20190618[2],内容略)

由此可见,大学募捐协同是在整体性的现代化大学治理和学科建设背景的大协同下的小协同,校友事务与发展联络处、大学教育基金会、校友总会在某种程度上取得了目标共识:大学募捐重点在募集资金,而非具体建设。一方面强调了募捐机构急需资源来完成筹资任务,另一方面也说明了大学募捐"网络"的重要性,需要成立一个合作网络才能完

---

[1] 该编号代表对WH大学三个机构相关负责人进行的深度访谈,时间为2019年5月28日,下同。

[2] 该编号代表对ZJ大学三个机构相关负责人进行的深度访谈,时间为2019年6月18日,下同。

成筹资任务，单打独斗是不可持续的。此外，还有一个需要注意的信息点，即多个机构合作时必须就在"哪个机构是网络核心节点"上取得共识，这样才能知道在募捐环节进行怎样的助推。

反向协同是指解决不协同的情况，即一方有难、八方支援，解决困难、矛盾和冲突，达到和谐的合作状态的过程。

案例 5-5　理念冲突的解决（WH20190528，内容略）

案例 5-6　责任冲突的解决（WH20190528，内容略）

案例 5-7　成本冲突的解决（WH20190528，内容略）

案例 5-8　发展冲突的解决（WH20190528，内容略）

从上述案例可知，行政管理"网络"和执行者"网络"均会遇到各种冲突、问题和矛盾。如何解决矛盾，消除协同和取得共识的阻碍，本身也是一种反向协同。

3. 控制因素：机构特征和内部治理

案例选择要控制所有与协同形成无关的募捐网络协同影响因素。

首先，要研究大学教育基金会的外部合作情况和募捐网络中协同的形成，需要尽可能控制关于大学教育基金会客观存在的组织特征和内部治理的因素。根据已有研究被纳入考虑的是规章制度完善情况、总资产、专职员工数量、组织年龄、类型（公募或非公募）和当地经济（颜克高、罗欧琳，2015；桑壮，2019），以及与大学募捐绩效相关的显著因素，可以考虑将大学综合排名、基金会历史、大学历史、基金会透明度、杰出校友数量等作为控制因素。这些数据均可以从各大学教育基金会官网的年度工作报告、中国社会组织公共服务平台登记检查信息、地方性社会组织网站、基金会中心网、艾瑞深校友网、天眼查等进行统计。

其次，根据已有研究，在 TOP200 大学募捐"网络"均已取得一定程度协同的状态下，大学募捐绩效一般会取得较好成绩，而影响大学募捐绩效的显著因素主要包括：①大学的综合实力排名；②基金会的成立时间；③大学的历史；④基金会透明度；⑤杰出校友的数量；⑥募捐情景是否多样化。①

本书最终选取的案例满足以下几个特征：基金会成立时间大于4年且小于20年，参考已有文献统计"有91.47%的大学教育基金会建立于大学成立2年以后"（张辉、洪成文，2016）或者全部20年以上，以保证大学募捐具有一定沉淀时间；同时排除募捐事业刚刚起步的大学（4年以内）（佟婧、申晨，2018）；大学历史全部小于100年可以保证剔除百年老校的独特性和号召力，或者全部是百年名校，具有一定范围的美誉度；基金会透明度大于平均值，取前50%组；地域相关的经济发展水平大于平均值，取前50%组。大学综合实力排名、杰出校友、募捐情景这些细节条件适度放宽；具有多样化募捐情景（如校庆募捐，周年返校，班级团聚捐赠）等。前期调研中符合以上条件的大学有WH大学、ZR大学、HN大学、ZJ大学。

4. 核心解释因素：网络互动关系

形成协同的因素众多，但互动是协同的起点和核心解释因素。同时，互动是网络关系的一种，在围绕募捐活动形成募捐网络边界的大学募捐"网络"中，是由大学教育基金会为核心节点延伸出去的两对关系"大学教育基金会—大学行政职能部门""大学教育基金会—校友总会"。

已有研究探讨了校友总会与大学教育基金会的关系（刘志坚，2012），并且认为二者具有强互补性和强联系。因此，本研究着重探讨"大学教育基金会—大学行政职能部门"这一对关系。研究目的还在于通过对互动关系运作的探讨，分析协同形成机制。

网络互动模式来源于网络互动结构，对结构和机构自主程度的分析是研究"互动—协同"的先决条件。在两类不同的网络互动模式下，具体的互动内容包括正式报告式互动、互惠咨询式互动、友谊式互动和私人联系式互动（Lincoln & Miller, 1979；Krackhardt & Kilduff, 1990；Kilduff, 1992；Gibbons & Olk, 2003；Gibbons, 2004）。

三 案例选择：两类互动模式的典型案例

根据前述网络结构和互动模式的分类及其互动模式特征的分析，结合控制因素的考量，最终确定WH大学和HN大学为典型案例，并以大学

---

① 校友捐赠的重要性和可行性（姜明君，2017）和大学募捐分为"年度募捐、巨额募捐、专项募捐"主要类型（刘丽娜，2009）。

教育基金会为网络核心节点，两所大学募捐"网络"基本信息如表 5-1 所示。

表 5-1　　两个典型案例基本信息

先决条件			WH 大学	HN 大学
先决条件	网络结构	网络结构类型	行政管理"网络"	执行者"网络"
	互动模式	互动模式类型	行政管理"网络"互动模式	执行者"网络"互动模式
		具体互动模式	三位一体	双轮驱动
控制因素一	机构特征和内部治理	规章制度完善情况	"十三五"规划	"十三五"发展规划纲要
		总资产（2018 年募捐收入）	114450747.80 元	38433636.95 元
		基金会专职员工数量	6 人	8 人
		组织年龄（基金会成立时间）	1995 年建校	2009 年建校
		类型（公募或非公募）	非公募	非公募
		当地经济	湖北省	湖南省
控制因素二	影响协同或绩效因素	大学综合实力排名（2020 年校友网）	10	27
		大学历史（百年名校）	1893 年建校	1903 年建校
		基金会透明度（2020 年平均值 48 分）	71.2 分	100 分
		杰出校友数量（2018 年平均值 49 人）	282 人	77 人
		募捐情景多样化	多样	多样

注：2018 年中国大学募捐收入平均值为 54153653.20 元，样本为 2020 年艾瑞深校友网综合排名前 200 的学校，其中开设大学教育基金会的有 184 所，公布捐赠收入的有 166 所。在一般募捐网络协同较好的情况下，会顺利完成募捐任务。但是并没有证据表明，协同程度与募捐绝对数额有直接关系。

资料来源：笔者自制。

因此，除了总资产（2018 年募捐收入）外，WH 大学和 HN 大学在规章制度完善情况（完善）、基金会专职员工数量（5—10 人）、组织年龄（基金会成立时间四年以上）、类型（非公募）、当地经济（比邻）、大学综合实力排名（2020 年校友网前 50 位）、大学历史（百年名校）、基金会透明度（超过 2020 年平均值 48 分）、杰出校友数量（超过 2018 年平均值为 49 人）、募捐情景多样化（多样）这些方面，均在同一水平线上。募捐收入绝对值不稳定，不能作为判断 WH 大学和 HN 大学募捐效果的唯一标准，当然，从比较值来看，WH 大学的募捐绩效比 HN 大学好，这正是我们需要解释的。

四 资料获取：调研方法及资料获取途径

本研究采用焦点小组访谈的调查研究方法。由于要探索"大学募捐机构群协同如何形成"，需要对大学教育发展基金会、校友总会、行政职能部门负责人进行焦点小组访谈（半结构式）。因此针对所选取的两个典型案例 WH 大学和 HN 大学进行深度访谈。调研内容主要包括：大学募捐多机构如何互动，并在互动中形成协同状态，访谈提纲和调研内容见附录二。资料获取途径主要有一手数据和二手数据两种。一手数据主要为通过实地访谈和半结构式访谈，对三所大学募捐的协同过程进行深入了解。二手数据主要为通过文献梳理和网络信息收集，获得关于中国大学募捐的大学教育基金会和校友总会的登记注册信息、年度工作报告，基金会中心网（CFC）的基金会信息，三个机构的官网信息和文件记录、链接、公告，媒体对两所大学募捐活动的报道，中国校友总会网校友捐赠排名信息。

考虑到数据可及性，研究者是 ZR 大学博士生，且全程参与 ZR 大学教育发展基金会的调研项目，对大学募捐领域有一定的观察和知识积累。经过前期近 3 年的观察和调研积累，研究者对国内外共计 18 所大学进行了观察和访谈，其中，对 HN 大学、WH 大学、ZJ 大学、ZR 大学进行了全程实地调研和深度访谈，对大学募捐的具体过程、机构类型、机构参与程度进行了解，并与部分大学教育基金会和校友总会负责人保持联系，后期针对所选择的典型案例（WH 大学和 HN 大学）进行深度访谈和跟踪。研究者可以熟练使用 NVIVO、SPSS、STATA 等分析软件，对访谈材料进行合理编码和充分分析（见表 5-2）。

表 5-2　　　　　　　　资料获取和访谈对象（部分）

大学	访谈对象	工作量
WH 大学	A（WH 大学校友事务与发展联络处处长、校友总会秘书长、教育发展基金会秘书长）、B（WH 大学教育发展基金会常务副秘书长）、C（WH 大学校友工作办公室主任）、D（WH 大学教育发展基金会专职员）	前期调研和焦点小组访谈、后期跟踪调研
HN 大学	E（HN 大学教育基金会秘书长）、F（HN 大学校友总会秘书长、校友工作办公室主任）、G（HN 大学教育基金会项目主管）、H（HN 大学教育基金会人员）	前期调研和焦点小组访谈、后期跟踪调研
ZR 大学	I（ZR 大学教育发展基金会秘书长、ZR 大学校友总会副秘书长、ZR 大学前校友工作办公室主任）	前期调研和焦点小组访谈、全程参与大学教育基金会项目和扎根观察
ZJ 大学	J（ZJ 大学发展联络办公室主任、ZJ 大学发展委员会办公室主任）、K（ZJ 大学教育基金会分管综合信息与校友副秘书长）、L（ZJ 大学校友事务部部长）、M（ZJ 大学校友事务部副部长）	前期调研和焦点小组访谈

资料来源：笔者自制。

第二节　WH 大学募捐案例：行政管理"网络"互动模式协同形成机制

一　互动内容和特征

1. 募捐网络基本信息

截至 2016 年，WH 大学累计获校友捐赠 12.31 亿元，跻身中国校友捐赠"十亿元俱乐部"《WH 大学教育事业发展"十三五"规划（2016—2020）》。

（1）WH 大学教育发展基金会运行情况

WH 大学教育发展基金会成立于 1995 年，截至 2016 年共接受来自校友、海内外公益机构、社会爱心企业和个人的各类捐赠资金 13.15 亿元。2018 年的《WH 大学教育发展基金会 2018 年度工作报告》显示，该年度捐赠收入合计 1.14 亿元。WH 大学教育发展基金会属于非公募基金会，业务主管部门是湖北省教育厅。所募集的基金主要用于支持WH大学教育事业，改善教学设施，奖励优秀学生和优秀教师，资助基础研究、教学研究和著作出版，资助教师出国深造及参加国际学术合作和国际学术会议。对特定项目捐赠，可以按捐赠者的愿望和意见定向使用。基金会有两个常设机构。其一为理事会，是基金会的决策机构，理事长为基金会的法定代表人，并设监事1名。每届理事的任期为5年，监事任期与理事任期相同，均可连选连任。当前一届（2017—2022年）理事会由20名理事组成。其二为秘书处，在理事会的领导下，负责基金会的日常管理工作及各种具体事务。WH大学教育发展基金会的前身为WH大学校友基金会，原始基金数额为人民币1万元。1995—2004年，十年的捐赠收入总额为970余万元。2005年4月15日，为了拓宽筹资渠道，由学校申请、经湖北省民政厅批准同意，WH大学校友基金会名称变更为WH大学教育发展基金会。更名之后至2016年，该基金会捐赠收入总额达到了11.3亿元人民币，是前一个十年的100多倍。在更名之后的第二年（2006年），大学教育基金会的年度捐赠资金就首次实现了从百万元到千万元的跨越，2011年的年度捐赠收入更是突破亿元大关。同时，随着基金会规模的迅速扩大，设立的资助项目也不断增加，大学教育基金会在支持学校人才培养、教学科研、基础设施建设等方面的作用越来越明显。2005年至2016年，大学教育基金会资助学校奖学金、助学金、奖教金及学校发展支出共计超过3亿元人民币[1]。因此，成立大学教育发展基金会对大学募捐而言意义重大、效益突出。

（2）WH大学校友总会运行情况

1895年，中国现代高校北洋大学建立后不久就产生了校友总会组织。最早在20世纪二三十年代，北京大学、清华大学、南开大学等名校就先后成立了校友总会。但是校友总会在新中国真正发挥作用、全面展开工作，是从改革开放后才开始的（王玉斌，2009）。作为中国知名的重点大学之一，WH大学的校友总会发展也遵循了同样的历程。WH大学最早的校友总会组织出现在1916年，当时作为WH大学前身的武昌高等师范学校就成立了校友总会机构，组织在校师生和毕业校友开展丰富多彩的活

---

[1] 数据来源：《WH大学教育发展基金会年度工作报告（2017年）》，https：//edf.whu.edu.cn/info/1040/2260.htm。

动。在20世纪40年代，上海、南京、武汉、成都等一些大城市也先后成立了WH大学校友组织。党的十一届三中全会之后，WH大学于1983年11月重新成立了校友总会，校友总会工作得到了历届校领导的重视和各地校友的热情支持。1993年10月，WH大学校友总会被中华人民共和国民政部批准为合法的社团。在校领导和各地校友的支持下，从2001年4月起，各地也先后合并组建了新的校友总会。WH大学校友总会是由WH大学校友自愿结成的全国性、联合性、非营利性社会组织。总会接受业务主管单位教育部、社团登记管理机关民政部的业务指导和监督管理，接受挂靠单位WH大学的具体业务指导。WH大学校友总会的最高权力机构是会员代表大会，由会员代表大会选举产生的理事会是其执行机构，在会员代表大会闭会期间领导本会开展工作。理事会负责执行会员代表大会做出的决定，选举校友总会的领导机构、常务理事和秘书处。常务理事组成常务理事会，负责总会的日常管理工作。秘书处是其日常办事机构。

（3）WH大学对外联络与发展部门情况

中国大学的规划部门出现于20世纪和21世纪之交。当时北京大学（1999年）、上海交通大学（1999年）、南开大学（2000年）、ZR大学（2000年）、南京大学（2002年）等一批名校先后成立了各自的发展规划部门。这批发展规划部门的设立，首次从机构建设上确立了规划在学校发展格局中的重要地位。之后，在当时教育部的大力推动下，逐步从部属高校到地方高校，许多大学也开始纷纷建立发展规划部门。据统计，截至2016年，教育部直属高校和省部共建地方高校中，已经有80%以上成立了规划管理机构（闫卫华，2010）。WH大学的发展规划与学科建设办公室是紧跟前述名校于2003年12月第一批设立的。办公室负责学校发展战略与学科建设的整体规划及管理工作，从体制机制上将发展规划与学科建设紧密结合，将发展规划与学者、学生、学术紧密结合，将发展规划与重点专项建设紧密结合。办公室下设综合室、发展规划室、学科建设室、论证评估室四个机构，另有四个挂靠机构。尽管WH大学的发展规划与学科建设办公室制定的相关规划方案会提到校友捐赠和社会资源筹集，但并不是统筹大学教育基金会和校友总会的直接行政职能部门。

（4）WH大学募捐"网络"行动者间关系介绍

中国大学教育基金会和校友总会之间的关系，蒋庆荣（2020）调研了 25 所高校，认为中国高校校友总会与基金会运作模式有以下三种形态：一是分别设置校友工作机构和基金会机构，两者完全独立运作，称为独立型模式。二是将高校校友工作与教育基金会合并在一个机构运作，称为联合型模式。三是联合独立型模式，从机构设置上看是合并在一个机构——对外联络与发展办公室，但实际执行中，校友工作与基金会工作独立运作。WH 大学的教育发展基金会、校友总会、发展规划部门的关系属于联合型模式。

2016 年，为了贯彻和落实《WH 大学章程》规定的有关校友和发展工作要求，广泛联络和服务社会各界校友，争取校友对学校建设和发展的关注和支持，学校设立校友事务与发展联络处，由原校友工作办公室，教育发展基金工作办公室和董事会办公室合并组成。全面负责联络和服务校友、调动校友积极性，支持学校建设和发展，以及负责校友总会、大学教育基金会、董事会的管理等工作。所以目前 WH 大学教育发展基金会和校友总会以两个机构、"两块牌子一套人马"的形式存在，两会的秘书长是同一人，工作人员也有 90% 以上是重合的。之前的基金会秘书长一直由副校长兼任，后来学校领导重新分工，改由校长直管，只有分管财务的副校长兼任基金会理事长，实际执行人是校长助理、校友事务与发展联络处处长、基金会秘书长和校友总会秘书长，这几个职务由一人担任。

2. 募捐网络互动特征：实质性互动多，"小兵扛大旗"

（1）实质性互动内容多

根据实践观察，WH 大学募捐"网络"互动呈现出"实质性互动多"的特征，具体可以描述为：报告式互动、咨询互惠式互动、友谊式互动、私人联系式互动。四类互动内容主要是根据互动方式和互动程度进行划分。其中，报告式互动是指通过正式渠道进行较强程度的互动，互动的内容主要是依据工作流程进行汇报；咨询互惠式互动是指频率和强度较弱的正式渠道的互动，一般是通过资源调配和建议进行援助或支持；友谊式互动是通过非正式渠道进行较高频率的互动，互动的内容是与项目关联度高的联谊活动；私人联系式互动则主要指与项目关系不明显的私人交往，往往通过非正式渠道进行，互动频率不规律（见表 5-3）。

表 5-3　　　　　　　WH 大学募捐"网络"互动内容

互动方式	互动频率	
	较高	较低
正式渠道	报告式互动：如工作流程汇报 • 多机构正式互动："丐帮"筹钱流程	咨询互惠式互动：如资源交换、人员调动 • 下属的策略："出差时的建议"
非正式渠道	友谊式互动：如与项目关联强的活动 • 通过校友联谊会募捐："比师兄少捐一块钱"	私人联系式互动：如与项目关联弱的私人交往 • 看似无关：樱花的友谊象征："送樱花苗""全国大学生诗歌大赛"

资料来源：笔者自制。

互动特征的具体描述可以通过下述典型事例管中窥豹。

案例 5-9　报告式互动—多机构正式互动：筹钱流程（WH20190528，内容略）

案例 5-10　咨询互惠式互动——下属的建议："出差时的建议"（WH20190528，内容略）

案例 5-11　友谊式互动——通过校友联谊会募捐（WH20190528，内容略）

案例 5-12　私人联系式互动——看似无关（WH20190528，内容略）

所以在募捐主体结构的设置中，WH 大学教育发展基金会给自己的定位是募捐。根据前述四类协同形成机制研究综述（本书第二章），结合典型事例，发现不同类型互动内容显示出不同的协同形成机制的具体内容和细节特征，如表 5-4 所示。

表 5-4　　　　　WH 大学募捐"网络"互动—协同的典型事例

互动内容	形成机制			
	信息共享机制	规范制约机制	成本控制机制	能力建设机制
报告式互动：机构正式互动	采用信息共享策略	沟通合作意愿 维护集体利益 建立心理契约	关系维护 成本控制	组织能力建设

第五章　案例分析：大学募捐"网络"互动—协同过程 / 153

续表

互动内容	形成机制			
	信息共享机制	规范制约机制	成本控制机制	能力建设机制
咨询互惠式互动：下属的建议	减少信息不对称	沟通合作意愿维护集体利益建立心理契约	关系维护成本控制	人才培养建设
友谊式互动：通过校友联谊会募捐	减少信息不对称采用信息共享策略建立信息互换模式整合信息偏好	沟通合作意愿维护集体利益建立心理契约	关系维护成本控制	组织能力建设人才培养建设
私人联系式互动：看似无关	减少信息不对称采用信息共享策略建立信息互换模式整合信息偏好	沟通合作意愿维护集体利益建立心理契约	前馈战略控制	可持续发展能力建设

资料来源：笔者自制。

报告式互动典型事例里主要体现了"省政府—校领导—大学教育基金会—校友总会—校友企业"的链式信息共享策略；可以看到关系维护成本的权衡，比如接待校友；多方沟通、维护大学共同利益、促进母校建设的心理契约；大学教育基金会的组织能力建设等方面的协同机制特征。

咨询互惠式互动典型事例里主要体现了在出差过程中减少信息不对称，进行关系维护，同时体现了大学教育基金会和行政职能部门（大学领导）的沟通合作意愿、维护集体利益、建立心理契约的倾向，从侧面反映了培养灵活沟通式人才的重要性。

友谊式互动典型事例全面反映了信息共享机制的具体内容，即大学教育基金会通过校友总会和校友总会相关联的企业联盟来减少信息不对称、采用信息共享策略、建立信息互换模式等。同时体现了募捐组织间的规范制约机制，体现了关系维护成本的投入和控制，以及募捐过程中组织能力建设和人才培养建设的重要性。

私人联系互动是指没有业绩约束的机构间的往来情况，这种互动带有预见性，很好地体现了信息共享机制和规范制约机制，也很有特色地体现了前馈战略控制机制和可持续发展能力建设机制。

除去互动机制内容上的细节特征，从数量上看，不同的互动内容具有不同种类、数量不一的机制路线，如表 5-5 所示。

表 5-5　　　WH 大学募捐"网络"互动—协同的量级特征

互动内容	形成机制			
	信息共享机制	规范制约机制	成本控制机制	能力建设机制
报告式互动	●	●●●	●	●
咨询互惠式互动	●	●●●	●	●
友谊式互动	●●●●	●●●	●	●●
私人联系式互动	●●●●	●●●	●	●

资料来源：笔者自制。

由表 5-5 可知，每一类互动内容都存在前期调研观察到的四种协同形成机制，并且没有出现新的协同形成机制。

（2）成对关系互动特征：校长拍板和"小兵上阵"

案例 5-13　会讲故事的校长（WH20190528，内容略）

从大学募捐"网络"的两对主要关系——两座"桥"出发，发现 WH 大学募捐过程中的成对关系互动具有如下特征。

第一，校长拍板。校长在大学募捐过程中担任重要角色。首先，校长是大宗募捐中的一面旗帜，代表整个大学接受社会捐赠。其次，校长必须会讲故事，讲好故事，因为校长是大学愿景规划者和大学发展战略规划者。

第二，"小兵上阵"。校长还是筹款专业人才的吸引者，必须慧眼识珠，在自己不能亲力亲为时，有一个可以延伸的臂膀。如果说校长负责讲故事，那么大学教育基金会和校友总会是实际执行者。WH 大学校长知人善任，推荐校长助理任校友事务与发展联络处处长、大学教育发展基金会和校友总会秘书长。教育发展基金会秘书长自嘲是"小兵扛大旗""小鬼当家"。前有"校长鼓励历练历练"，后有校友事务与发展联络处

第五章　案例分析：大学募捐"网络"互动—协同过程 / 155

处长、教育发展基金会和校友总会"三合一"的募捐网络结构，加上教育发展基金会的积极互动，产生了实质性协同状态和较好的募捐绩效。

3. 整体网络互动周期清晰

"三合一"的行政管理"网络"互动模式中，大学募捐"网络"的"互动—协同"过程环节清楚、周期明确，互动显得流畅、和谐。以校友总会充分参与的校庆募捐为例，大学募捐环节分为沟通需求、多机构跟进、手续阶段、维持阶段四个环节。从大学教育基金会出发的互动环节主要有：①开发募捐方案；②与校友总会合作挖掘潜在捐赠者信息；③区分募捐类型，确定需要支持程度；④举办捐赠仪式；⑤进行关系维护。其中，相较于捐赠仪式的象征性互动居多，多机构跟进阶段的互动包括信息挖掘和区分募捐类型的互动最为实质（见图5-1）。

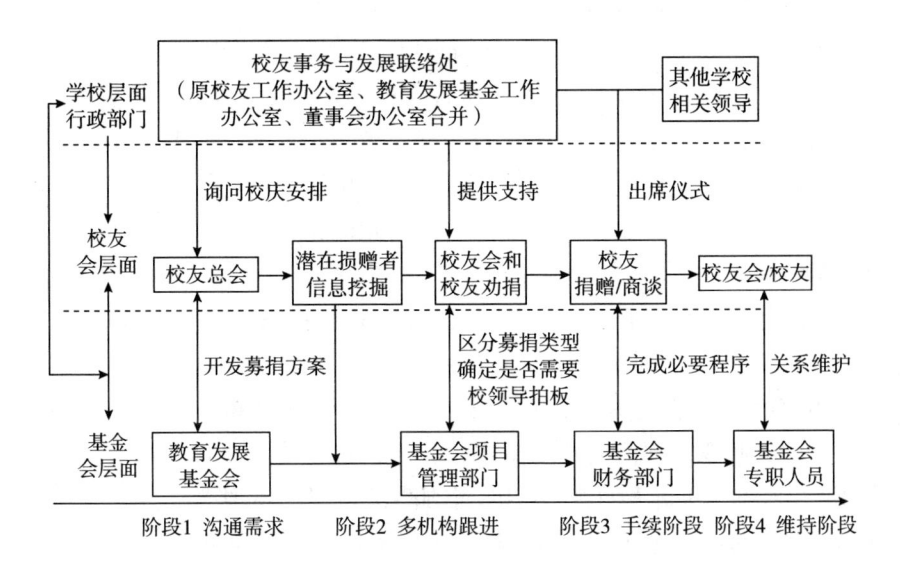

图 5-1　行政管理"网络"校庆募捐情景下"互动—协同"周期

资料来源：笔者自制。

案例 5-14　校庆募捐：多机构跟进（WH20190528，内容略）

二 关系对的"互动—协同"机制归纳

将募捐网络中关系对作为分析单位，认为不同关系对具有不同的协同形成机制。即互动关系中不同机构对对称性资源的依赖程度和表现不同。

1．"大学教育基金会—行政职能部门"协同形成

本书通过对WH大学的三个机构相关负责人进行的深度访谈，从"大学教育基金会—行政职能部门"关系对角度出发，对一笔1977万元的募捐过程进行分析。

案例 5-15　计划外巨额募捐项目："如何募到一笔意外款项"（WH20190528，内容略）

因此，这项巨额募捐分为三个阶段。第一阶段，2017年11月来武汉与湖北省副省长见面，临时敲定捐赠意愿。第二阶段，2017年11月至12月，WH大学校长与熊晓鸽在机场见面会谈。WH大学教育发展基金会秘书长进行协调，校友总会成员承担中介角色。第三阶段，与查全性老教授合影留念。熊晓鸽激动地流下了眼泪。问他为什么这么激动，他反问："你当过工人吗？"这是他一直强调的捐赠意愿，也是捐赠者与大学领导达成的共识。

基于大学教育基金会—大学行政职能部门关系对的互动，本书总结出大学募捐互动—协同过程，如表5-6所示。具体的协同形成机制定义参考本书第二章研究综述，在此不予赘述。归纳可知，大学教育基金会—大学行政职能部门的互动集中于异质信息交换与获取、自有关系的利用①和各机构负责人网络的运用，因此大学募捐"网络"互动过程呈现出整合性、建构性和治理性的特征。

---

① 自有关系是信任的来源。格兰诺维特在讨论哈丁的信任的"互相为利理论"（Hardin, 2001）中强调，如果关系延续仅是因为可以从中得到如金钱、威望、声誉和资源等利益，那么真正的信任几乎不可能建立。真正的"互相为利"应该源于自有动机，例如，关系延续是为了表达情感，如爱情、激情、友谊和身份认同、志业共享等。因此，对关系的关注不是工具性而是自有关系的，互相为利才是真正的——任何对他人利益的损害，不管是否被发觉，也将损害到你自己（格兰诺维特，2015）。

表 5-6　　　　WH 大学募捐互动—协同过程的关系对分析（1）

大学教育基金会—行政职能部门互动	形成机制			
^	信息共享机制	规范制约机制	成本控制机制	能力建设机制
^	减少信息不对称 采用信息共享策略 建立信息互换模式 整合信息偏好	沟通合作意愿 维护集体利益 建立心理契约	前馈战略控制 过程费用控制 关系维护成本控制	组织能力建设人才培养建设可持续发展能力建设
典型案例："如何募到一笔意外的款项"				
互动内容	多机构间及时交换最新信息	齐心协力一个月完成募捐	——	调动各个机构积极性，提高组织协调能力
具体协同形成机制	减少信息不对称采用信息共享策略建立信息互换模式整合信息偏好	沟通合作意愿维护集体利益建立心理契约	——	组织能力建设人才培养建设
特征描述	整合性：异质信息获取	建构性：自有关系的利用	——	治理性：多头领导+"小兵上阵"
运作逻辑	关系桥接逻辑	关系桥接逻辑	——	权力赋能逻辑
募捐对策	异质信息交换	和谐关系构建	——	网络化治理

资料来源：笔者自制。

整合性表现为由于统筹关系的存在，能够很好地调动资源进行异质信息的获取，使大学教育基金会成为异质信息交换站。

建构性表现为在大学领导系统、与大学募捐相关的所有关系的利用和关系建构，尤其是以大学募捐活动为界形成的"小世界"中，所有的人际关系和社交网络均可以围绕募捐活动成为互动关系，募捐活动成为互动关系建构的途径。治理性表现为在"三位一体"的工作模式中，大学教育基金会募捐可能存在对外联络发展部门、基金会理事等行政职能部门、大学领导的多头领导，存在既有自上而下行政命令又有横向工作联系或者自下而上的沟通的网络化治理现象；同时，WH 大学的大学募捐"网络"中，尽管巨额捐赠需要校长拍板，实际执行者的权限也足够开展工作，并且承担着重要的组织、协调职能，获得了校长足够的赋权，体现为"小兵上阵"特征。

协同形成过程中，相比成本控制机制，信息共享机制、规范制约机制和能力建设机制更加明显，募捐运行顺畅。

根据现实观察和访谈，WH大学倾向于用关系桥接逻辑解释信息共享机制、规范制约机制。同时，WH大学倾向于用权力赋能逻辑解释"大学教育基金会—行政职能部门"互动的能力建设机制，主要指权威介入调动各个机构积极性，提高组织协调能力，形成校长拍板式决策和校长授权或者校长赋权式的培养独当一面的募捐人才的协同局面。WH大学的能力建设逻辑与前期观察中ZJ大学的能力建设逻辑不太一致，后者更注重对机构内部人员募捐认知和能力的培养，但二者都注重组织能力建设和人才培养建设。

2."大学教育基金会—大学校友总会"协同形成

本书根据WH大学深度访谈记录，从"大学教育基金会—大学校友总会"关系对角度出发，对不同于巨额募捐的小额募捐"微爱珞珈"项目的募捐过程进行分析。

案例5-16 "微爱珞珈"小额募捐项目创新（WH20190528，内容略）

"微爱珞珈"小额募捐项目创新的典型案例，比较明显地体现了"大学教育基金会—大学校友总会"的互动关系和"互动—协同"过程。主要包括两个方面：第一是在创新性设计募捐项目阶段，大学教育基金会和校友总会的合作。第二是在解决矛盾和冲突方面，大学教育基金会和校友总会的合作。运行机制如表5-7所示。

由表5-7可知，"大学教育基金会—大学校友总会"的互动集中于集中式信息共享和传递策略，提高校友黏性、降低筹款成本，自有关系的利用，以及通过反思改进和调适提高组织能力。因此大学募捐"网络"互动过程呈现出运动性、整合性、建构性和创新性的特征。协同形成过程中，四种机制运行畅通且均很明显。分析机制的形成，WH大学倾向于用关系桥接逻辑来解释。同"大学教育基金会—大学行政职能部门"关系对的互动过程相比，"大学教育基金会—大学校友总会"关系对的互动具有"运动性"和"创新性"，而没有呈现出"治理性"的特征，这是该关系对不用遵从"权力赋能逻辑"的缘故。

表 5-7　　WH 大学募捐互动—协同过程的关系对分析（2）

大学基金会—校友总会互动	形成机制			
	信息共享机制	规范制约机制	成本控制机制	能力建设机制
	减少信息不对称 采用信息共享策略 建立信息互换模式 整合信息偏好	沟通合作意愿 维护集体利益 建立心理契约	前馈战略控制 过程费用控制 关系维护成本控制	组织能力建设 人才培养建设 可持续发展能力建设
	典型案例："微爱珞珈"项目设计			
互动内容	向新生做好宣传；利用微信公众号募捐；搞大型活动	配比；与校友总会、校友社团结合；进行意向调查	前馈控制，做好项目设计创新；"徐钉钉"校友实名认证	创新能力；组织能力；人才培养能力
具体协同形成机制	减少信息不对称 采用信息共享策略 建立信息互换模式 整合信息偏好	沟通合作意愿 维护集体利益 建立心理契约	前馈战略控制	组织能力建设 人才培养建设
特征描述	运动性：集中式信息共享和传递策略	建构性：自有关系的利用	整合性：提高校友黏性，降低筹款成本	创新性：通过反思改进和调适提高组织能力
运作逻辑	关系桥接逻辑	关系桥接逻辑	关系桥接逻辑	关系桥接逻辑
募捐对策	异质信息交换	组织学习与创新	组织学习与创新	组织学习与创新

资料来源：笔者自制。

三　协同形成条件归纳和"三位一体"操作规范

在行政管理"网络"互动模式中，本书选择 WH 大学作为典型案例，总结出协同形成机制主要有四个，根据四类互动内容划分和深度访谈内容进行排查，没有出现前期现实观察和文献总结之外的新的协同形成机制。

从网络互动视角出发，根据对大学教育基金会为中心延伸的两对关系"互动—协同"过程的分析，归纳出 WH 大学协同形成真实模型，如表 5-8 所示。

表 5-8　　　　　　　WH 大学募捐互动—协同过程分析

WH 大学募捐互动关系	形成机制			
	信息共享机制	规范制约机制	成本控制机制	能力建设机制
WH 大学募捐互动关系	减少信息不对称 采用信息共享策略 建立信息互换模式 整合信息偏好	沟通合作意愿 维护集体利益 建立心理契约	前馈战略控制 过程费用控制 关系维护成本控制	组织能力建设 人才培养建设 可持续发展能力建设
大学教育基金会—大学行政职能部门互动关系	减少信息不对称 采用信息共享策略 建立信息互换模式 整合信息偏好	沟通合作意愿 维护集体利益 建立心理契约	—	组织能力建设 人才培养建设
大学教育基金会—校友总会互动关系	减少信息不对称 采用信息共享策略 建立信息互换模式 整合信息偏好	沟通合作意愿 维护集体利益 建立心理契约	前馈战略控制	组织能力建设 人才培养建设

资料来源：笔者自制。

行政管理"网络"的显著性协同形成机制是信息共享机制和规范制约机制，其次是能力建设机制和成本控制机制。三合一的机构设置减少了信息不对称，校友总会进行实名制平台建设体现了信息共享策略，大学教育基金会和校友总会利用微信公众号募捐体现了信息互换模式，搞大型活动体现了整合信息偏好的方式；成本控制机制体现在项目设计这种前馈战略控制中，能够较大程度节约募捐的时间和精力，尤其在"大学教育基金会—校友总会"关系对通过实名认证提高校友黏性以降低筹款成本的整合性互动过程中表现明显，这也是信息共享基础上一种降低机构间关系维护成本的控制；WH 大学的募捐"网络"执行者体现出了较好的沟通意愿和能力，通过为校友举办集体婚礼等中介促进了机构间交流与合作，体现出了沟通合作意愿、维护集体利益、建立心理契约的倾向；同时，校领导愿意赋权，让前任校长助理"小兵上阵"，以及调研过程中让新入职的专职人员加入访谈，了解机构整体运行的情况，也体现出足够的组织能力建设和人才培养建设。从整体上看，行政执行网络的"互动—协同"形成机制如图 5-2 所示。

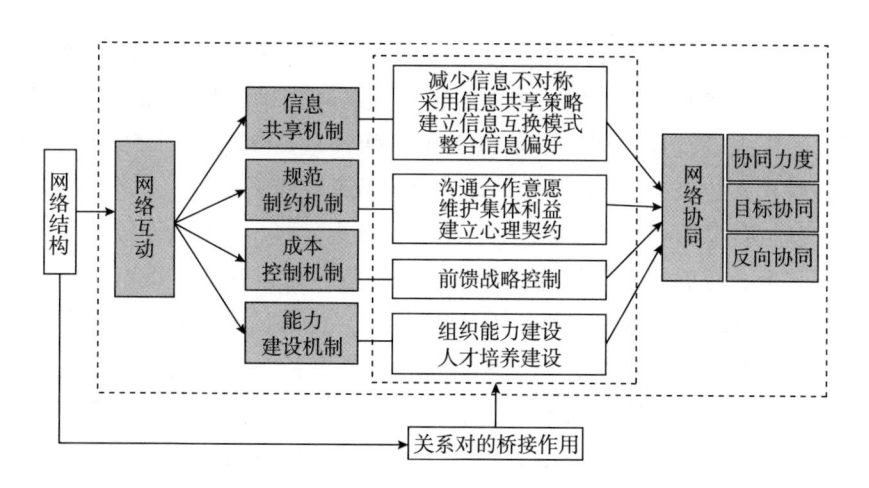

图 5-2　WH 大学募捐"网络"协同的形成机制

资料来源：笔者自制。

两组关系对呈现出的协同形成机制运行特征：整合性、建构性、治理性、运动性和创新性。

协同形成机制的逻辑是关系桥接逻辑与权力赋能逻辑。

WH 大学的募捐对策是异质信息交换、和谐关系构建、网络化治理以及组织学习与创新。

第三节　HN 大学募捐案例：执行者"网络"互动模式协同形成机制

一　互动内容和特征

1. 募捐网络基本信息

HN 大学教育基金会秘书长认为 HN 大学的募捐水平是中国大学募捐的平均水平，"HN 大学是普通中国大学募捐的写照"。

（1）大学教育基金会运行情况

HN 大学教育基金会成立于 2009 年 12 月，是湖南省民政厅批准成立的非公募基金会，业务主管部门为湖南省教育厅。基金会的原始基金数额为人民币 1 万元，来源于 HN 大学的捐赠。业务范围是加强基金会与校友及社会各界的联系，接受企事业单位、社会团体和社会各界人士的捐赠；依法科学、规范管理和运作基金，确保基金保值、增值；按照基金会章程及捐赠人意愿使用基金的收益开展各项资助、奖励等活动。根据年度工作报告统计，HN大学2017年捐赠收入是46960065.56元，2018年捐赠收入是38433636.95元，每年募捐数额比较平稳。

基金会由5—25名理事组成理事会。根据需要，理事会可设常务理事会。基金会理事每届任期为5年，任期届满，可以连任。理事长、副理事长、秘书长最高任职年龄不超过70周岁，秘书长为专职。理事会主要制定、修改章程；选举、罢免理事长、副理事长、秘书长；决定重大业务活动计划，包括资金的募集、管理和使用计划；年度收支预算及决算审定；制定内部管理制度；决定设立办事机构、分支机构、代表机构；决定由秘书长提名的副秘书长和各机构主要负责人的聘任；听取、审议秘书长的工作报告，检查秘书长的工作；决定基金会的分立、合并或终止等。

实际执行者是HN大学教育基金会秘书处秘书长，兼任HN大学教育基金会第三届（2019—2024）理事会秘书长，同时担任HN大学发展联络处处长、校友工作办公室副主任、HN大学校友总会副秘书长。

（2）HN大学校友总会运行情况

HN大学校友总会的性质是HN大学校友自愿组成的联合性、学术性、非营利性社团组织。校友总会成立于1986年，是经湖南省民政厅批准注册的法人组织，是中国高等教育学会校友工作研究分会常务理事单位。校友总会秘书处办公地址设在岳麓书院内。HN大学是教育部直属的全国重点建设的综合性大学，有着"千年学府"的招牌，令校友总会和大学教育基金会为之自豪。

校友总会的工作内容与大学教育基金会紧密相关，其宗旨是三个"服务"——服务校友、服务母校、服务社会。校友总会的主要工作内容包括广泛联系海内外校友，沟通校友之间、校友与母校之间的信息，为联络感情、加强合作、交流学术、促进发展提供服务；指导地方校友总会及海外校友总会的工作和组织建设，协调组织地方校友总会开展联谊、合作等活动；组织和接待校友返校参加各种纪念庆祝活动；指导HN大学校友志愿者协会建设及换届选举，培养指导各届校友工作志愿者；努力开发校友资源，支持母校发展建设，为大学生提供实习、实践、就业等方面的帮助；协助校友设立奖教、奖学及扶困等基金，为师生提供相关服务；持续开展暑期寻访校友的活动，使在校大学生受到生动的人生观、价值观教育；编辑出版大学宣传杂志，宣传优秀校友成长、奋斗的事迹，扩大HN大学的社会影响和品牌效用。

会员代表大会每届五年。总会设理事会，是会员代表大会的执行机构，在闭会期间领导本会开展日常工作，对会员代表大会负责。总会会长、副会长、秘书长任期一般为两届。总会设会长1名，由时任校长担任；设常务副会长1人，由时任分管校友工作的校领导担任；副会长若干名；秘书长1名，由时任校友工作办公室主任担任。

实际执行者是HN大学校友总会秘书处秘书长，兼任HN大学校友总会第六届（2016—2021）理事会秘书长，校友工作办公室主任，HN大学教育基金会第三届（2019—2024）理事会理事。曾任实验室建设与设备管理处处长。

（3）HN大学机关部处与大学募捐相关的行政职能部门

在HN大学的管理机构——机关部处设置中，为统筹大学教育基金会工作和校友总会工作，分别设置了发展联络处和校友工作办公室两个行政职能部门，其中发展联络处与大学教育基金会合署办公；校友工作办公室与校友总会合署办公，《校友总会章程》明确规定：校友总会秘书长1名，由时任校友工作办公室主任担任。与大学募捐相关的行政职能部门依托大学教育基金会和校友总会存在，进行"务虚"式的象征性指导工作。大学募捐的实际执行网络是教育基金会秘书长和校友总会秘书长为核心的"大学教育基金会—校友总会"执行者"网络"，体现为分别挂靠有行政职能部门的"大学教育基金会—校友总会"双轮驱动工作模式。

（4）大学教育基金会与校友总会的关系

从大学教育基金会和校友总会的秘书长均身兼数职；二者的交叉任职；从HN大学校友总会章程中"关心总会的发展，协助总会筹集资金"三个方面的明确规定来看，HN大学的大学教育基金会与校友总会联系密切。但在实践中存在不少问题和困惑。

2. 募捐网络互动特征：干预少，作嫁多

相比较行政管理"网络"，执行者"网络"较少权威介入。通过深度访谈发现：①HN大学募捐过程中领导干预情况较少，程度较轻；②校友总会为基金会"作嫁衣裳"的情况较多，前期辅助性工作较多；③HN大学教育基金会和其他机构实质性互动内容不如WH大学多。HN大学募捐

"网络"互动内容如表 5-9 所示。

表 5-9　　　　　　HN 大学募捐"网络"互动内容

互动内容		关联频率	
		较高	较低
关联渠道	正式渠道	报告式互动：如工作流程汇报 ● 校友总会如何支持基金会	咨询互惠式互动：如资源交换、人员调动 ● 校友总会的"作嫁衣裳"思维
	非正式渠道	友谊式互动：如与项目关联强的建议 ● 校友总会论坛和老校友拜访	私人联系式互动：如与项目关联弱的私人交往 ● "节日祝福和联系"

资料来源：笔者自制。

案例 5-17　报告式互动——校友总会如何支持基金会
　　　　　　（HN20190529①，内容略）

案例 5-18　咨询互惠式互动——校友总会的"作嫁衣裳"思维
　　　　　　（HN20190529，内容略）

案例 5-19　友谊式互动——参与校友总会论坛和一起拜访老校友
　　　　　　（HN20190529，内容略）

案例 5-20　私人联系式互动——"共同的爱好"、节日祝福
　　　　　　（HN20190529，内容略）

同行政管理"网络"一样，执行者"网络"中的"大学教育基金会—校友总会"互动也体现在报告式互动、咨询互惠式互动、友谊式互动、私人联系式互动中。结合典型事例，发现不同类型互动内容显示出不同的协同形成机制的具体内容和细节特征，如表 5-10 所示。

---

① 编号代表对 HN 大学的三个机构相关负责人进行的深度访谈，时间为 2019 年 5 月 29 日，下同。

第五章 案例分析：大学募捐"网络"互动—协同过程

表5-10　　HN大学募捐"网络"互动到协同的典型事例

互动内容	形成机制			
	信息共享机制	规范制约机制	成本控制机制	能力建设机制
	减少信息不对称 采用信息共享策略 建立信息互换模式 整合信息偏好	沟通合作意愿 维护集体利益 建立心理契约	前馈战略控制 过程费用控制 关系维护成本控制	组织能力建设 人才培养建设 可持续发展能力建设
报告式互动： 校友总会如何 支持基金会	采用信息 共享策略	沟通合作意愿 维护集体利益 建立心理契约	关系维护成本控制	组织能力建设
咨询互惠式互动： 校友总会的 "作嫁衣裳" 思维	采用信息共享策略	沟通合作意愿 维护集体利益 建立心理契约	关系维护成本控制	组织能力建设 人才培养建设
友谊式互动： 参与校友总会 论坛和一起 拜访老校友	减少信息不对称 采用信息共享策略 建立信息互换模式 整合信息偏好	沟通合作意愿 维护集体利益 建立心理契约	前馈战略控制 关系维护成本控制	组织能力建设 可持续发展能力建设
私人联系式互动： "共同的爱好"、 节日祝福	减少信息不对称 采用信息共享策略 建立信息互换模式 整合信息偏好	沟通合作意愿 维护集体利益 建立心理契约	关系维护成本控制	组织能力建设 可持续发展能力建设

资料来源：笔者自制。

报告式互动典型事例里主要体现了"校友总会在前期明确校友捐赠意向，大学教育基金会后期进行专业跟进"的信息共享策略；可以看到"校友总会可以配合提供平台，甚至'微捐'都放在校友总会平台"的基金会与校友总会关系维护的重要性；以及"基金会必须明确校友总会有哪些活动自己必须到场，并且寻找这种契机"的心理契约和"下一步要形成更广泛的募捐氛围"的共识；基金会的专业能力需要保持等方面的协同机制特征。

咨询互惠式互动典型事例里主要体现了校友总会负责人的典型认知。从校友总会的视角来看，要转变为服务思维，提高服务能力；主动与大学教育基金会和行政职能部门或大学领导的沟通合作意愿、维护集体利益、建立心理契约，维护与大学教育基金会和大学的关系，"打开胸怀格局，为人'作嫁衣裳'，一切为了学校的整体发展"；从侧面反映了培养整体性思维人才的重要性，即募捐过程中组织能力建设和人才培养建设的重要性。

友谊式互动典型事例里主要反映了信息共享机制的具体内容，即大学教育基金会通过校友总会和校友总会相关联的论坛交流及参与品牌活动来减少信息不对称、采用信息共享策略、建立信息互换模式、整合信息偏好等。同时"我们现在的筹款真的就是在校友总会这边"体现了关系维护的重要性。"校领导参加校友总会活动和拜访老校友后，大学教育基金会和校友总会才单独去对接需求"体现了募捐组织间的规范制约机制，还体现了一定的前期规划和后期可持续发展的考量。"与科创板时代的机遇与挑战 & 财税热点政策及风险"这些与募捐相关的主题讲座，有利于提高募捐者的思想认知、政策敏感性和组织能力建设。

私人联系式互动是指工作日外的机构和个人间往来情况，比如"关系维护、募捐节点期间反馈、节假日用心给捐赠者和校友准备礼物"这种温馨和及时的细节性互动很好地体现了关系维护、建立心理契约、进行可持续发展考量等机制；多方面的宣传手段和基金会秘书长对信息传播的舆情把关也很有特色地体现了信息共享策略；采用校友方喜欢或者能接受的方式去沟通，提前整合募捐方和校友方的信息偏好；"宣传部专人负责微信公众号传播"则体现了对大学教育基金会专职人员的能力要求。

从量级特征上看，HN 大学案例中，四类互动内容具有不同种类、数量不一的机制路线，如表 5-11 所示。

表 5-11　　HN 大学募捐"网络"互动到协同的量级特征

互动内容	形成机制			
	信息共享机制	规范制约机制	成本控制机制	能力建设机制
报告式互动	●	●●●		●
咨询互惠式互动	●	●●		●●
友谊式互动	●●●●	●●●	●●	●●
私人联系式互动	●●●●	●●●		●●

资料来源：笔者自制。

由表 5-11 可知，每一类互动内容都有前期调研观察到的四种协同形成机制的存在,且没有出现新的协同形成机制。相较于行政管理"网络",在执行者"网络"中,友谊式互动的成本控制机制量级增加一次体现;咨询互惠式互动和私人联系式互动的能力建设机制量级增加二次体现。这些互动生动体现了四类协同形成机制存在于大学募捐从项目设计到成功募到款项全过程的各个方面。

3. 整体网络互动周期较模糊

HN 大学的募捐项目比较有特色,大致分为五类:一是学科建设项目,包括学院(学科)共建基金、科技事业发展基金、学术论坛项目基金。二是校园建设,包括大礼堂席座认捐,给建筑、道路冠名。三是专项基金,包括长江环境奖学金、财经教育奖励基金、熊晓鸽教育基金等。四是发展基金,包括 HN 大学发展基金、图书馆发展基金、各学院发展基金。五是教师发展项目,包括关爱老教师基金、教师国际交流基金、教师教学发展基金、奖教金。但是,HN 大学没有成规模的校庆募捐,主要以班级捐赠为主,募捐的前期工作——人才信息库也还在建设当中。因此,呈现出来的整体网络互动周期较模糊。

募捐网络没有形成规模,正在协同的形成过程当中,但协同意识还是十分强烈的。表现为募捐过于被动、校友网络没有成体系,募捐网络显得"巧妇难为无米之炊",以及前期的信息准备工作还不完善。

(1) 过于被动

案例 5-21 过于依赖校友的个人情怀(HN20190529,内容略)

(2) 校友网络没有成体系

**案例 5-22 地方和学院的校友网络建设情况不容乐观
(HN20190529,内容略)**

(3) 前期数据库还未完善

**案例 5-23 HN 大学的捐赠人数据库建设:统筹和定位
(HN20190529,内容略)**

从 HN 大学的访谈和前期观察可知，HN 大学的案例既有典型性，又有代表性，"地方校友组织是一些兴趣比较相投的人，然后召集了一批视野范围之内的经济还可以的校友，我觉得很多学校肯定都是这样的情况""谈钱就伤感情这种认识上的差距使得筹资的压力很大，合力并没有形成"等表述比较真实地呈现了募捐过程中的基金会和校友总会各自的困难，这也是中国大学募捐的普遍情况。并且从某种程度上说，HN 大学的"大学教育基金会—校友总会"协同还在形成的过程当中，也从反面说明协同体系的重要性。

"我们现在的筹款真的就是在校友总会这边""目前我们这种合作形势，我觉得还是在很好地运行，校友总会和基金会必须相互支持，必须相互支撑""大学的筹款工作可以反映出一个大学的校友总会的活动和建设状态"这些表述表明，HN 大学的协同状态还不够稳定，但具有一定的"募捐不是为了钱而是为了文化""大学教育基金会和校友总会必须紧密配合"等较为明确的共识。

二 关系对的"互动—协同"机制归纳

1. 双轮驱动中的行政职能部门：象征性指导

HN 大学发展联络处依托基金会成立，以基金会为主，发展联络处处长与教育基金会秘书长兼任；校友工作办公室依托校友总会成立。基金会与校友总会是分开的，形成"大学教育基金会—校友总会"双轮驱动的工作模式。基金会 2019 年换届，上一届理事长是分管财务的副校长退休之后担任。再上一届是书记担任。现任 HN 大学教育基金会理事长张强，是中共 HN 大学委员会原常委、HN 大学原副校长，金融与统计学院教授、博士生导师，享受国务院特殊政府津贴专家、中国人民银行货币政策专家。因此，HN 大学比较倾向于让财务方面专家对基金会进行把关。HN 大学的行政职能部门设置和对基金会理事长的安排有一定的专业性考虑，但并无实质性行政指导功能，实际执行是发展联络处处长兼教育基金会秘书长，以及校友总会秘书长。

案例 5-24　募捐做的是慈善文化（HN20190529，内容略）

由于 HN 大学的行政职能部门和大学领导施加的压力较小，呈现象征性指导关系，加上前述校友网络体系没有建立起来，因此 HN 大学的筹款任务主要落在大学教育基金会机构，并和各级校友总会努力形成校级、院级、本部和地方的多层次协同。

以大学教育基金会为自我网络核心来看，大学行政职能部门依托大学教育基金会成立，发展联络处与教育基金会合署办公，以大学教育基金会为主，没有单独的官方网站和大学教育基金会以外的业务内容；校友工作办公室则依托校友总会成立，同样没有单独的官方网站和校友总会以外的业务内容。因此，象征性体现在没有实质性的行政指导上。

2. "大学教育基金会—大学校友总会"协同形成

通过对HN大学的大学教育基金会和校友总会负责人及专职工作人员进行深度访谈，从"大学教育基金会—校友总会"关系对角度出发，对HN大学的两个特色募捐项目进行分析。

案例5-25　小额募捐：爱心传递项目（HN20190529，内容略）

案例5-26　优秀公益项目培育计划：公益出发再筹款（HN20190529，内容略）

HN大学教育基金会秘书长工作三年，对募捐做了深刻思考和总结，认为将筹集来的钱切实花在校友身上。以公益为出发点再筹款有两层含义：第一，培育公益项目，依托项目可以促进更多募捐，保持良性循环；第二，传播公益文化，先公益后筹款。其中，校友总会发挥了重要作用：首先，募捐需要校友总会、校友、教务处的支持，校友总会帮助搜集受助学生名单。其次，大学教育基金会反过来培育校友的公益项目，比如支持校友总会的暑期学生志愿者寻访校友报道的项目，这些是对校友和校友总会的肯定，也成为可持续募捐的理由，形成良性循环。第三，大学教育基金会培育公益项目、支持爱心反哺等特色项目的目的仍然是更好地服务校友，希望能够提高大学教学质量，改善大学教育氛围，促进教师和学生的联系，促进了校友母校情感的培育，符合校友总会的服务宗旨。第四，大学教育基金会关注爱心反哺项目和公益培育项目意在公益文化传播，希望慈善文化在校友中间、在募捐工作者中间都得到扩散和壮大，有利于整个慈善领域和募捐行业的发展。

HN大学的爱心反哺项目和公益项目培育的典型案例中，也比较明显体现了"大学教育基金会—大学校友总会"的互动关系和"互动—协同

互动—协同"过程。主要包括两个方面。第一是在大学教育基金会的项目设计的创新和突破过程中，大学校友总会起到辅助性作用，包括信息共享和成本控制。第二是大学教育基金会将募集资金取之于校友，用之于在校学生，并做好公益文化传播，提高募捐执行者的思想觉悟，使大学教育基金会和校友总会在服务校友、服务学校的目的上达成高度共识。大学教育基金会和校友总会合作的运行机制如表5-12所示。

表5-12　　　　　HN大学募捐互动—协同过程关系对分析

大学基金会—校友总会互动	形成机制			
	信息共享机制	规范制约机制	成本控制机制	能力建设机制
	减少信息不对称采用信息共享策略建立信息互换模式整合信息偏好	沟通合作意愿维护集体利益建立心理契约	前馈战略控制过程费用控制关系维护成本控制	组织能力建设人才培养建设可持续发展能力建设
典型案例：爱心反哺项目、公益项目培育计划				
互动内容	取得共识；进行公益品牌宣传和交流会；校友点评交流会；关注项目影响和效果	项目执行者联合捐赠方、受助方传递公益理念	基金会培育校友总会的暑期学生志愿者寻访校友报道项目；服务师生；校友总会"作嫁衣裳"	创新能力；组织能力；人才培养能力
具体协同形成机制	采用信息共享策略建立信息互换模式	维护集体利益建立心理契约	前馈战略控制过程费用控制关系维护成本控制	组织能力建设可持续发展能力建设
特征描述	交流性：正式集中的信息共享传递、交流研讨	反思性：反思集体行动的意义，传播理念	整合性：重视服务校友和师生，降低筹款及服务成本	创新性：建立反哺—传递—培育—再募捐—可持续模式
运作逻辑	关系桥接逻辑	文化拓展逻辑	关系桥接逻辑	关系桥接逻辑
募捐对策	异质信息交换	强化执行者共识	目标整合	组织学习与创新

资料来源：笔者自制。

由表5-12可知，HN大学的"大学教育基金会—大学校友总会"的互动集中于正式的交流研讨、重视校友服务来整合筹款成本和服务成本、赋予集体行动意义以及注重可持续和创新模式的开发。因此大学募捐"网络"互动过程呈现出交流性、整合性、反思性和创新性的特征。协同形成过程中，四种机制运行畅通且均表现明显。

HN 大学募捐案例中，"大学教育基金会—大学校友总会"关系对的互动"交流性"和"反思性"非常突出。这与 HN 大学"千年学府"的文化底蕴密不可分。体现出善于利用募捐网络所处环境的特点来采取特色的对策和项目设计方案。

HN 大学的募捐协同的形成遵循着关系桥接逻辑和文化拓展逻辑。HN 大学之所以倾向于用文化拓展逻辑解释"大学教育基金会—校友总会"互动的规范制约机制，是因为 HN 大学教育基金会始终坚持反思集体行动的意义，传播大学募捐是公益行为的理念，坚持以公益项目培育为出发点，并联合校友总会建设大学慈善文化。同时，HN 大学用关系桥接逻辑解释其他三个协同形成机制，认为重视信息交流研讨、重视校友服务、开发可持续模式有助于形成信息共享机制、成本控制机制、能力建设机制，进而实现从互动到协同。

三 协同形成条件归纳和"双轮驱动"操作规范

在执行者"网络"互动模式中，选择 HN 大学作为典型案例，主要有四个协同形成机制，根据四类互动内容划分和深度访谈内容进行排查，并没有出现超越前期现实观察和文献总结的新的协同形成机制。

从网络互动视角出发分析大学募捐"网络"，及从"大学教育基金会—大学校友总会"关系对的"互动—协同"过程来看，具体协同形成机制如表 5-13 所示。

表 5-13　　　　　HN 大学募捐互动—协同过程分析

	形成机制			
	信息共享机制	规范制约机制	成本控制机制	能力建设机制
HN 大学	减少信息不对称 采用信息共享策略 建立信息互换模式 整合信息偏好	沟通合作意愿 维护集体利益 建立心理契约	前馈战略控制 过程费用控制 关系维护成本控制	组织能力建设 人才培养建设 可持续发展能力建设
行政职能部门	大学募捐双轮驱动中的象征性作用			
大学教育基金会—校友总会互动关系	采用信息共享策略 建立信息互换模式	维护集体利益 建立心理契约	前馈战略控制 过程费用控制 关系维护成本控制	组织能力建设 可持续发展能力建设

资料来源：笔者自制。

在执行者"网络"的协同形成机制中，HN 大学信息共享机制、成本控制机制、规范制约机制、能力建设机制均较为显著，且协同形成机制包含细节信息较多，尤其是采用 H5 网页、微信公众号、交流研讨会等信息共享策略和信息互换模式；通过兼顾大学教育基金会和校友总会的使命和目标，进行公益项目培育等设计所体现出的过程费用控制和前馈战略控制；对服务校友、服务师生、募捐不仅为了钱的高度共识所体现出的维护集体利益、建立心理契约机制；以及组织爱心反哺活动、关注年轻捐赠者、通过公益文化再募捐所体现出的组织能力建设和可持续发展能力建设，这些机制和细节在"大学教育基金会—校友总会"关系对的互动过程中表现明显，如图 5-3 所示。

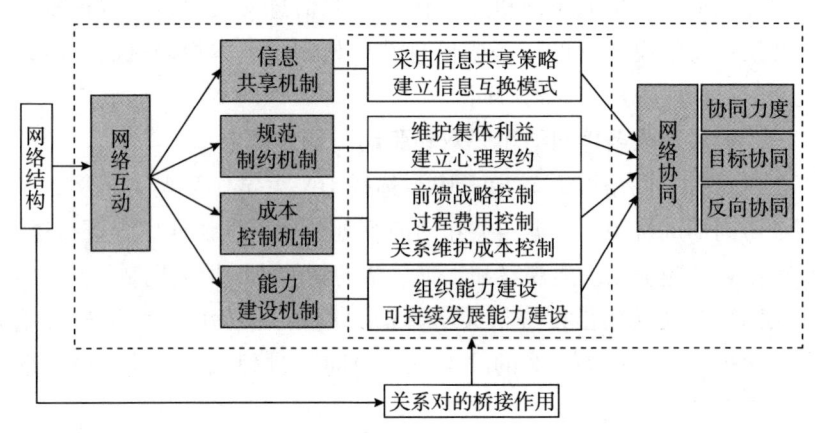

图 5-3　HN 大学募捐"网络"协同形成机制

资料来源：笔者自制。

"大学教育基金会—校友总会"关系对呈现出协同形成机制运行特征：行政象征性、交流性、整合性、反思性和创新性。

协同形成机制的逻辑是关系桥接逻辑与文化拓展逻辑。

WH 大学的募捐对策是异质信息交换、目标整合、强化执行者共识以及组织学习与创新。

第四节　小结

本研究以 WH 大学和 HN 大学为典型案例，分析不同互动模式下大学募捐多机构间互动的特征、"互动—协同"过程机制和细节、协同形成的解释逻辑和大学募捐对策,寻找共性(见表5-14)。

表5-14 基于关系对的大学募捐"网络"互动—协同分析内容汇总

网络结构		网络互动关系	
		典型案例共性	分析目标:协同形成机制 分析对象:募捐网络 分析单位:关系对
网络结构	WH大学	行政管理"网络" 行政网络互动模式	• 互动内容、互动关系特征 • 协同形成机制、具体机制表现 • 协同形成机制运行特征 • 协同形成机制的逻辑 • 大学募捐对策
	HN大学	执行者"网络" 执行网络互动模式	

资料来源:笔者自制。

WH大学作为行政网络互动模式的典型案例,其多机构的工作模式是"三位一体"。像WH大学和ZJ大学这样的行政管理"网络"容易形成协同。"在同一个部门统筹下,单部门的功能定位的实现,包括一些具体的举措,相对来说,它还是能形成一个统一的思想。不会导致做校友的和做基金会的两张皮,比如说我们校友部发现的一些筹资信息,还是能比较准确、及时地反馈到我们领导层面,或者筹资、发展分管处,来做好一些信息的传递。"(ZJ20190618)

HN大学作为行政网络互动模式的典型案例,其多机构的工作模式是"双轮驱动"。HN大学具有特殊性,首先,因为其是HN大学和湖南财经学院合并而成的,物理的融合容易,文化的融合不容易。因而大学教育基金会强调公益文化的凝聚力作用。其次,HN大学是985名校,并且坐拥中国历史闻名的岳麓书院,对知识分子具有较强吸引力,也是大学募捐的良好资源,因此大学教育基金会和校友总会都坚持"教育改变命运"的信念,贯彻将捐款用于提高教育质量和服务在校生上。捐赠者们也因此具有读书人的情怀,熊晓鸽奖学金是为了纪念母亲,圆母亲想读书的愿望;刚出校门的学子则为了报答母校的资助之恩,进行爱心反哺和传递。因此,能够围绕公益文化和项目形成良性循环。

同时,作为典型案例,它们具有募捐网络的共性。因此,我们需要在对比分析和特征提炼中,求同存异,如表5-15所示。

表 5-15　基于两个典型案例的大学募捐互动—协同过程分析

先决条件	互动模式		WH 大学	HN 大学
		网络结构类型	行政管理"网络"	执行者"网络"
		具体工作模式	三位一体	双轮驱动
"互动—协同"过程	互动关系内容和特征（分析单位：成对关系）	"大学教育基金会—行政职能部门"互动案例	计划外巨额募捐项目：如何募到一笔意外款项	象征性互动
		"大学教育基金会—校友总会"互动案例	"微爱珞珈"小额募捐项目创新	小额募捐：爱心传递项目优秀公益项目培育计划；公益出发再筹款
		"大学教育基金会—行政职能部门"互动特征	整合性：异质信息获取 建构性：自有关系利用 治理性：多头领导、"小兵上阵"	象征性：干预少
		"大学教育基金会—校友总会"互动特征	运动性：集中信息共享 整合性：提高校友黏性 建构性：自有关系利用 创新性：提高组织能力	交流性：正式交流研讨 整合性：重视服务校友 反思性：集体行动意义 创新性：可持续模式
		募捐类型	巨额募捐、小额募捐	小额募捐、潜在募捐
		具体互动内容（分类用于穷尽机制）	报告式互动、咨询互惠式互动、友谊式互动、私人联系式互动	
		整体互动特征	整合性、建构性、治理性、运动性、创新性	象征性、交流性、整合性、反思性、创新性
"互动—协同"过程	协同形成机制和逻辑	"大学教育基金会—行政职能部门"协同形成机制	信息共享机制 规范制约机制 能力建设机制	无
		"大学教育基金会—行政职能部门"协同形成机制细节	减少信息不对称 采用信息共享策略 建立信息互换模式 整合信息偏好 沟通合作意愿 维护集体利益 建立心理契约 组织能力建设 人才培养建设	无

续表

"互动—协同"过程			WH 大学	HN 大学
"互动—协同"过程	协同形成机制和逻辑	"大学教育基金会—校友总会"协同形成机制	信息共享机制 规范制约机制 成本控制机制 能力建设机制	信息共享机制 规范制约机制 成本控制机制 能力建设机制
		"大学教育基金会—校友总会"协同形成机制细节	减少信息不对称 采用信息共享策略 建立信息互换模式 整合信息偏好 前馈战略控制 沟通合作意愿 维护集体利益 建立心理契约 组织能力建设	采用信息共享策略 建立信息互换模式 前馈战略控制 过程费用控制 关系维护成本控制 维护集体利益 建立心理契约 组织能力建设 可持续发展能力建设
		整体协同机制	信息共享机制 规范制约机制 成本控制机制 能力建设机制	信息共享机制 规范制约机制 成本控制机制 能力建设机制
		整体协同机制运行特征	多机制同时运行	多机制同时运行
		整体解释逻辑	关系桥接逻辑 权力赋能逻辑	关系桥接逻辑 文化拓展逻辑
协同策略	协同行动性策略	募捐对策	异质信息交换 和谐关系构建 网络化治理 组织学习与创新	异质信息交换 目标整合 强化执行者共识 组织学习与创新

协同形成相关机制及细节的定义均有前述文献来源支撑（参考本书第二章），根据现实观察进行一一对应，总结归纳为本章各表格。因此对内容和定义不予赘述，更多关注其表现特征。以 WH 大学和 HN 大学两个典型案例为核心，梳理出"互动—协同"过程。由于本研究的分析单位是行动者之间的成对关系，因此从成对互动关系出发分析两个典型案例中的募捐协同形成过程，从以下四个方面进行比较分析，求同存异。

（1）互动特征的差异。

WH 大学是行政管理"网络"互动的代表，具有整合性、建构性、治理性、运动性、创新性的特征。HN 大学是执行者"网络"互动的代表，具有象征性、交流性、整合性、反思性、创新性的特征。

"大学教育基金会—行政职能部门"互动关系中，WH 大学强调整合性、建构性和治理性。与此同时，HN 大学的"大学教育基金会—行政职能部门"互动关系具有象征性特征。

"大学教育基金会—校友总会"互动关系中，WH 大学和 HN 大学的表现有异同。相同点是 WH 大学和 HN 大学的募捐网络互动，均体现了整合性和创新性的显著特点。不同点是 WH 大学募捐"网络"具有运动性、建构性的特点；HN 大学募捐"网络"互动则表现出了交流性、反思性的特征，更加侧重多机构聚在一起进行品牌项目的研讨和对募捐文化的反思。

（2）协同机制的差异。

WH 大学和 HN 大学募捐"网络"协同形成机制均包括了信息共享机制、规范制约机制、成本控制机制、能力建设机制四个机制。

在"大学教育基金会—大学行政职能部门"互动关系中，WH 大学募捐"网络"的信息共享机制、规范制约机制、能力建设机制三个协同形成机制显著，HN 大学没有相关"互动—协同互动—协同"表现。

在"大学教育基金会—校友总会"互动关系中，WH 大学和 HN 大学募捐"网络"的信息共享机制、成本控制机制、规范制约机制、能力建设机制四个机制均显著。

（3）解释逻辑的差异。

尽管 WH 大学和 HN 大学募捐"网络"具有四个相同的协同形成机制，但解释机制却不同，或者协同形成背后的动机、侧重点和出发点不同。

在"大学教育基金会—大学行政职能部门"的"互动—协同互动—协同"过程解释中，WH 大学倾向于用关系桥接逻辑解释信息共享机制、规范制约机制；倾向于用权力赋能逻辑解释"大学教育基金会—行政职能部门"互动的能力建设机制。在"大学教育基金会—大学行政职能部门"关系对中，HN 大学不存在协同形成机制。

在"大学教育基金会—校友总会"的"互动—协同互动—协同"过程解释中，WH 大学倾向于用关系桥接逻辑解释所有的四个协同形成机制。HN 大学倾向于用文化拓展逻辑解释"大学教育基金会—校友总会"

第五章　案例分析：大学募捐"网络"互动—协同过程

互动的规范制约机制，同时用关系桥接逻辑解释其他三个协同形成机制。

（4）协同对策的差异。

协同对策的差异是建立在机制差异之上的。WH 大学募捐"网络"的募捐策略是异质信息交换、和谐关系构建、网络化治理、组织学习与创新。HN 大学募捐"网络"的募捐策略是异质信息交换、目标整合、强化执行者共识、组织学习与创新。二者的共同点是均强调了异质信息交换和组织学习与创新。WH 大学更加注重和谐关系构建、网络化治理；HN 大学更加注重目标整合、强化执行者共识。从关系对角度分析如下：

在"大学教育基金会—大学行政职能部门"互动关系中，WH 大学募捐"网络"的对策与机制的对应关系是：异质信息交换—信息共享机制；和谐关系构建—规范制约机制；网络化治理—能力建设机制；HN 大学募捐"网络"的对策对应的是象征性行政指导，目前并没有相关的对策。

在"大学教育基金会—校友总会"互动关系中，WH 大学募捐"网络"的对策与机制的对应关系是：异质信息交换—信息共享机制；组织学习与创新—规范制约机制、成本控制机制、能力建设机制。HN 大学募捐"网络"的对策与机制的对应关系是：异质信息交换—信息共享机制；强化执行者共识—规范制约机制；目标整合—成本控制机制；组织学习与创新—能力建设机制。

对策来源于对大学募捐"网络"的已有募捐措施结合协同形成机制的总结和建议，具体分析和建议见本书第七章。

第六章　大学募捐"网络"协同形成整合模型

从典型案例中总结出的特征和共性，用来指导两类网络结构类型下的"互动—协同互动—协同"的形成机制。从网络互动的角度看，协同形成机制即互动作用发挥机制。根据前述大学募捐多机构间互动效应的特征、过程、解释和对策的具体描述，总结归纳出整体意义上的中国大学募捐"网络"的互动特征、协同形成机制和协同形成逻辑。

第一节　大学募捐"网络"结构下互动特征提炼

一　大学募捐"网络"互动到协同过程八大特征提炼

行政管理"网络"结构下，三位一体化网络互动具有整合性、建构性、治理性、运动性、创新性的特征。执行者"网络"结构下，双轮驱动网络互动具有象征性、交流性、整合性、反思性、创新性的特征。结构、协同形成过程特征和协同形成机制的关系整合如图6-1所示。

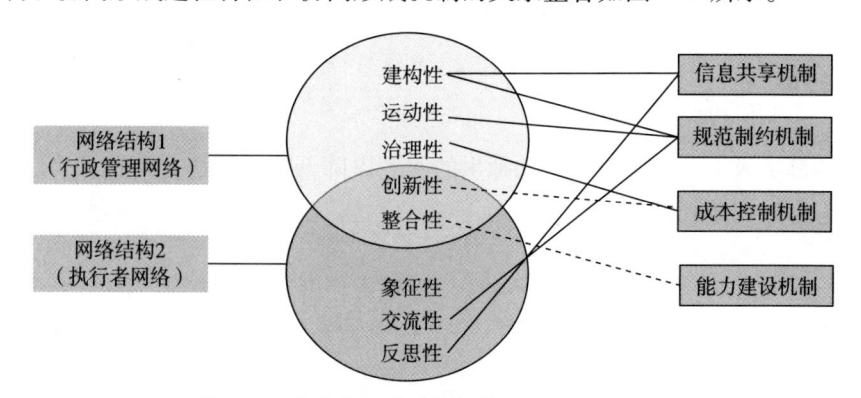

图6-1　大学募捐"网络"协同形成过程特征

注："象征性"特征没有对应机制，因为意味着"少机制干预"。
资料来源：笔者自制。

图 6-1 中，粗线条意味着协同形成过程特征多次出现（在典型案例分析中，同一个机制不同案例多次出现）；象征性的特征是网络结构赋予，作为协同形成机制背景。

大学募捐"网络"互动的共性：整合性与创新性。整合性包括异质信息获取、提高校友黏性、重视服务校友。创新性包括提高组织能力、可持续模式。

行政管理"网络"互动的特性：建构性、治理性、运动性。建构性主要指自有关系利用。在合作治理理论相关研究中，学者认为合作治理理论与建构主义理论具有"融合"趋势。合作治理理论，具体是新自由主义和建构主义可能会出现某种"趋同"，尤其是"核心信仰"趋同（秦亚青，1998；高尚涛，2008）。治理性包括多头领导、"小兵上阵"。运动性主要指集中信息共享，举办大型活动。

执行者"网络"互动的特性：象征性、交流性、反思性。象征性是指干预少和没有实质性行政指导关系。交流性主要指正式、集中地进行交流研讨的必要性。反思性主要指大学募捐主体需不断反思集体行动以及大学募捐的意义。

二 中国大学募捐"网络"协同形成特征网络理论分析

从中国大学募捐"网络"协同形成的典型案例的成对关系分析视角跳出，从典型案例所代表的行政管理"网络"和执行者"网络"的共性层面观察，会发现不同的网络结构类型在协同形成过程中具有不同的特征。将所有特征聚拢，可以得到"如何从互动到协同"的过程特征的总体图景，并且发现各个特征之间并没有冲突，而是很好地体现了协同形成的各个侧面。

整合性。主要体现于异质信息获取、整合大学教育基金会和校友总会的募捐成本、重视对校友和师生的服务以降低完成服务内容的成本上。整合性在行政管理"网络"和执行者"网络"中均表现非常突出，在行政管理"网络"中的信息共享机制和成本控制机制均显现，在执行者"网络"中的成本控制机制显现。因此，整合可以带来异质信息的交换和成本控制。

创新性。中国学者认为慈善组织发展需要进行正式制度创新、非正式制度创新和组织创新（赵海林，2014）。实践中观察可知，大学募捐"网络"协同的创新特征主要体现在正式制度的创新，包括机构间关系的安排、非正式协同渠道和具体方式创新、组织创新上。其中，组织创新比较明显地体现在筹资能力、项目设计能力、项目管理能力、慈善营销能力上。创新性在协同形成过程中表现非常突出，通过协同创造新的绩效本身也是协同形成的动力之一，在行政管理"网络"和执行者"网络"中均表现明显。

建构性。建构性与创新性类似，意味着资源重组和新的价值创造（Thomson & Perry，2006），但建构性有另外一重含义，即建构关系，这在实践观察中非常明显。例如，行政管理"网络"中齐心协力一个月完成巨额募捐的案例中，很多关键性关系均需快速构建，大学教育基金会必须很快地协调行政职能部门和校友总会等多机构关系。关系建构性在协同形成过程中比较突出，尤其在行政管理"网络"中表现突出。

治理性。体现为维护集体利益的秩序。在大学募捐过程中，大学行政职能部门的设置以及大学党委书记、校长、副校长的积极参与都起到了维护秩序的作用；治理性体现在提高人力资源管理能力上，行政职能部门的设置是为了解决大学教育基金会和校友总会的专职人员编制安排，减少专业人员流失，起到激励作用；治理性还体现在机构在整体"网络"中的位置，由中心度和中介性表示，实际权力越高，声誉和威望越高，调动资源的能力越强；治理性体现在校长的授权和赋权过程中，治理性与能力建设维度的人才培养息息相关。

运动性。大学募捐协同行动具有运动性，这个特性往往在运动型募捐活动中得以凸显，大学经常举办大规模募捐活动，比如校庆募捐、班级团聚、大型微信和微博募捐宣传活动。美国大学募捐的奠基人威廉·劳伦斯主教认为，"大学募捐是一个过程，而不仅仅是一场运动"。这从反面说明了大学募捐的运动性。并且，大学募捐"网络"为大学募捐运动提供了条件，尤其是行政管理"网络"型的募捐"网络"。运动性特征体现在"网络"中的纽结牵一发而动全身，募捐"网络"中的各个节点和关系均被调动起来，采取集中式信息共享和信息传递策略。

象征性。"网络"中的大学行政职能部门地位比较复杂，虽然在"网络"结构中出现，但并没有实质性的行政指导作用，没有官网、具体业务和专职人员。但是这些机构作为"网络"中的节点依然存在，起到象征性统筹作用。象征性作用并不意味着没有作用，仍具有治理性作用中的人事管理职能、解决大学教育基金会和校友总会专职人员的事业单位编制和人事安排的作用,有助于稳定"网络"结构。

交流性。与运动性相比,交流性都是大规模地进行集中性信息交流,但是更强调针对品牌项目开展论坛式讨论和品鉴,在异质信息交换中形成共识。在关系构成的渠道和平台上进行思想的碰撞和创新。这种采取信息共享策略是一种主动性行为,有助于减少信息不对称、整合信息偏好,最终建立大学募捐品牌项目交流固定模式。

反思性。反思性对于大学募捐主体来说是非常重要的品质,因为募捐不能直接等同于筹款,但不同募捐主体对此有不同的认知。在募捐"网络"中能否对此达成一致认识,会成为"网络"向心力的重要指标。反思性体现在"网络"中,在于网络能否在小世界中进行观念更新和自我进步,这就是二次沟通、多次反馈、自我调适的过程。只有具有自我反思性,"网络"秩序才能产生良性循环,最终形成共识。更好地发挥"网络"互动作用,利用"互动—协同"的"网络"结构,提高"网络"中募捐主体的能动性。

这些协同形成机制的特征也是"网络"的中心性、关联性、可持续性普遍特征的具体体现。四类运行机制揭示了"网络"的权力逻辑、关联逻辑和传播逻辑,背后更深层次的逻辑是协同形成的约束条件:网络"小世界"可以提供机会和约束、"网络"放大效应明显,这些散见于三类逻辑中。后续的机制和逻辑分析会对此进行详述。

第二节 大学募捐"网络"协同形成四个机制提炼

从协同形成机制的典型案例比较分析中可知,在中国大学募捐"网络"中,行政管理"网络"和执行者"网络"的协同形成机制均包括信息共享机制、规范制约机制、成本控制机制、能力建设机制四类。其中,行政管理"网络"互动到协同的过程重视沟通、人才培养建设;执行者"网络"互动则重视可持续发展,成本控制过程费用更多考虑校友总会的任务。

协同机制在募捐各环节可能同时存在,故本书不采用互动的生命周期分析方法,直接按照"网络"结构类型和对应的互动模式类型典型案例进行共性总结和提炼。

经过典型案例分析出的协同机制包括四大类：①信息共享机制。内容包括减少信息不对称、采用信息共享策略、建立信息互换模式、整合信息偏好，在行政管理"网络"和执行者"网络"中均表现明显。②规范制约机制。内容包括沟通合作意愿、维护集体利益、建立心理契约。这三方面内容在行政管理"网络"中均表现明显，执行者"网络"更多地表现为维护集体利益和建立心理契约。③成本控制机制。内容主要包括进行前馈战略控制、过程费用控制和关系维护成本控制。其中，进行过程费用控制和关系维护成本控制在执行者"网络"中表现更为明显。④能力建设机制。内容包括组织能力建设、人才培养建设、可持续发展能力建设。其中，人才培养建设机制仅在行政管理"网络"中被发现，可持续发展能力建设机制在执行者"网络"中表现更为明显。

大学募捐"网络"协同形成机制分析是 SNA 理论的情景运用。从现实观察中总结提炼出上述四大协同形成机制，并通过理论结合实际做出共性分析——不再囿于成对关系这个分析单位，而直接从整体研究对象——募捐网络入手，探讨募捐网络协同形成的普遍机制，总结如图 6-2 所示。

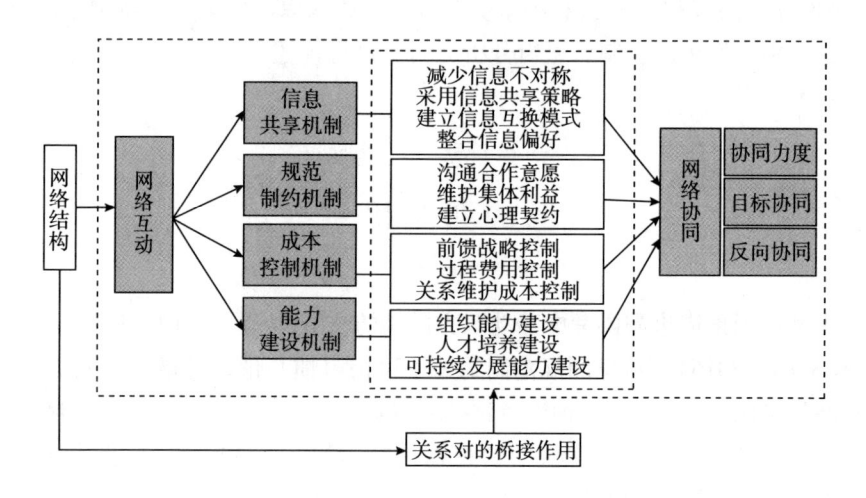

图 6-2　大学募捐"网络"协同形成机制汇总

资料来源：笔者自制。

一 信息共享机制分析

社会网络分析理论对信息共享机制的解释是：优质信息共享会增强嵌入关系（Uzzi，1996），强关系有利于共同解决问题，减少关系租金和沟通成本；高密度的信息传递会增加网络传播效应，促进关系属性的转化，转化成情感关系，提高信任度；异质信息会增加网络的多样性，提供主体间合作的机会。

在现实观察中发现，从互动到协同的过程，成对关系主体通过建立共享、互换信息的较为固定模式，可以使双方保持一种熟悉、稳定的人际交往关系并处于工作模式之中，达到促进信息流通，交换异质信息的目的，更重要的是，能整合双方的信息偏好、取长补短，减少信息不对称。这些过程几乎是同时发生的。其中，建立信息互换模式，处于关系对的双方都知道应该在什么环节如何获取有用信息，是形成协同状态和协同行动的关键步骤。

信息共享机制体现出显著的整合性、运动性、交流性。行政管理"网络"信息共享机制的整合性特征侧重于异质信息获取，其特征意在集中式信息共享和传递策略，如搞大型活动；执行者"网络"信息共享机制的交流性特征侧重于正式集中的信息共享传递和交流研讨，需要多机构真正坐下来认真商讨和交换信息。这种交流性强调需要建立正式的信息共享和交换模式，包括采用信息共享策略、建立信息互换模式、减少信息不对称、整合信息偏好。

二 规范制约机制分析

社会规范对人们的社会行为起着调节、选择、系统、评价、稳定与过滤的作用，并限定人与人之间的关系；社会规范程度取决于预防方法的科学程度、预防活动的合作程度、预防的支持程度、社区领导人的强调程度；干预措施需要考虑互动双方的地方文化规范和信仰（Kadiyala & Suneetha，2016）。这里的规范制约处于风俗习惯、伦理道德、宗教信仰、法律的下层，与"禁忌""朋辈压力""信念规范""游戏规则"等语义相似。因此，募捐网络中的规范制约机制具有两个方面的含义：①形成共识以提供约束。在大学募捐活动中，这种社会规范具体表现为通过规范制约机制，赋予正式和非正式渠道的高频或低频的互动联系以更高层面的意义，进行理念的传播，对处于网络中的行动者施加控制；使围绕募捐活动形成的网络边界不断扩大，凝聚力更强。②利用自有关系和信任预防、化解冲突。自有关系描述完全符合大学募捐的情景——任何对大学募捐多个机构中的任何一个机构的伤害，都是伤害整体的利益；大学募捐多机构协同是源自"自有动机"，而非仅仅是利益交换。因此，在规范制约机制运行中，提供约束是互动效应最重要的表现。

规范制约机制还体现为显著的建构性和反思性。行政管理"网络"规范制约机制的建构性特征强调各机构紧密配合、齐心协力完成募捐任务以及对一切自有关系的利用，建构互动关系；执行者"网络"规范制约机制的反思性特征强调要反思集体行动的意义，项目执行者联合各个利益相关者传递公益理念。从整体上看，规范制约机制无论在行政管理"网络"还是执行者"网络"中都表现出了建构心理契约和维护集体利益的效应。行政管理"网络"规范制约机制中沟通合作意愿表现明显。

三　成本控制机制分析

成本控制是对募捐机构的外在要求。这种成本控制往往体现在流程把控、战略把控、调适改进把控、关系维护成本把控上，更加有效地利用已有资源，在整合资源时避免资源浪费，节约人力、物力、财力、时间和精力。大学募捐最常见的方式诸如多开会沟通但提高会议质量、缩短会议时间；进行流程规范化培训、向外取经、品牌项目交流；预防和化解机构间可能的矛盾的一些做法都是避免资源浪费的表现，但通常不为人注意。还有一类更不为人注意但更加重要的成本控制机制——战略性整合，在项目设计环节就开始节约资源的做法，被称为前馈成本控制，可以加快资源重组和对资源的创新性利用。成本控制和复盘可以对未来多机构合作进行反馈指导和调适，有利于协同状态的维持和发展。成对关系的维护成本也需要计算在内。实践总结中发现执行者"网络"中关系维护成本控制比较明显；行政管理"网络"由于权威介入和领导赋权以及"三位一体"化的统筹，关系维护成本的控制效果不明显。

成本控制机制特征往往表现为整合性。行政管理"网络"成本控制机制的整合性体现为通过实名认证提高校友黏性降低筹款成本；执行者"网络"成本控制机制的整合性特征则体现为重视校友和师生服务以降低筹款及服务成本。

行政管理"网络"和执行者"网络"中的成本控制机制主要包括前馈战略控制，如项目设计、整合多机构任务等。此外，执行者"网络"还注重进行过程费用控制和关系维护成本控制。

四 能力建设机制分析

能力建设是对募捐主体的内在要求。对募捐机构间关系来说，资源依赖体现在大学行政职能部门是基金会和校友总会的服务对象；同时，大学教育基金会和校友总会合作募捐需要大学行政职能部门的支持。因此，机构的"三服务"能力以及大学行政职能部门的支持能力都需要提高，一般由围绕募捐活动的大学教育基金会和校友总会通过专职人员讲座培训、论坛交流、友谊网络来实现。项目制度化能力建设是能力建设的落脚点。

能力建设机制特征往往体现为治理性和创新性。行政管理"网络"能力建设机制的治理性特征强调权力和权威、授权和赋权。而创新性特征强调通过反思改进和调适来提高组织能力，进行募捐项目创新。执行者"网络"能力建设机制的创新性特征则体现为从公益文化理念出发，建立募捐的可持续模式。总体上，能力建设机制主要体现在组织能力建设上，行政管理"网络"能力建设机制强调了人才培养建设，执行者"网络"能力建设机制则强调了可持续发展能力建设。

第三节 大学募捐"网络"协同形成的三个逻辑

大学募捐"网络"互动到协同的形成机制对应着三个深刻的逻辑——关系桥接逻辑、权力赋能逻辑、文化拓展逻辑，比前述分析框架中关注的关系桥接逻辑增加了两重协同形成机制对应的特殊逻辑。根据典型案例分析，大学募捐"网络"协同形成逻辑与机制分布如表6-1所示。四类形成机制的背后是不同网络协同形成逻辑。行政管理"网络"侧重关系桥接逻辑和权力赋能逻辑；执行者"网络"侧重关系桥接逻辑和文化拓展逻辑。关系桥接逻辑体现在四个协同形成机制和成对关系这个分析单位中；权力赋能逻辑主要体现在能力建设机制中，启发大学募捐"网络"要重视行政权威对大学教育基金会能力建设的支持；关系拓展逻辑主要体现在规范制约机制中，启发大学募捐要注重慈善募捐领域的公益性。

表 6-1 　　　　基于两类网络结构的大学募捐协同形成逻辑

	行政管理"网络"	执行者"网络"
关系桥接逻辑	信息共享机制 规范制约机制 成本控制机制 能力建设机制	信息共享机制 成本控制机制 能力建设机制
权力赋能逻辑	能力建设机制	——
文化拓展逻辑	——	规范制约机制

资料来源：笔者自制。

由于大学募捐过程涉及科层权力逻辑、市场机制和文化逻辑，这些从网络互动视角出发，均落脚为关系逻辑，也使得关系逻辑呈现复杂底色，但是网络互动和网络结构的分析，能够最为恰当地讲好中国大学募捐协同的故事。

社会网络分析的相关概念包括互惠性（互动性）、中心性与自主性、关联性（密度和持续性）。早在 20 世纪 50 年代，在研究伦敦的亲属关系中，Bott（1955，1956）采纳了关联度（connectedness）和密度（density）等思想。以网络互动为起点就意味着互动互惠是题中之义，关系逻辑是基础。"小世界"权力逻辑对应着网络中心性；关系桥接逻辑对应着网络密度性或关联性；文化拓展逻辑对应着网络持续性。综合来看，揭露了募捐网络的基本结构、网络运行规则、互动机制、协同状态和绩效成果，理论和实践观察基本实现了一一对应。

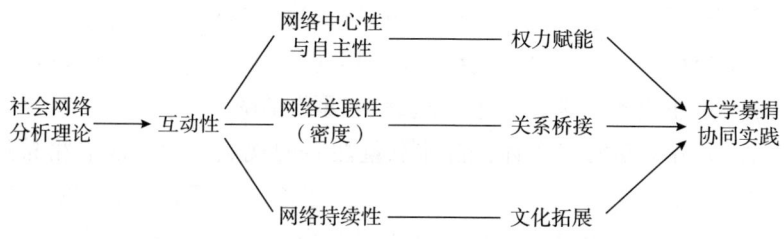

图 6-3　大学募捐"网络"协同形成逻辑

资料来源：笔者自制。

一　权力赋能逻辑：网络中心性与自主性

大学募捐"网络"是在大学社区形成的，具有一定封闭性与集中性和"小世界"特征。"小世界"是指一种短路径、多聚簇的网络模式，即网络中每对节点之间的直接联系较多、聚类也较多的情况。在大学社区这个"小世界"中，节点间直接联系较多意味着机构自主性高，高聚簇又意味着存在权力集中度较高的机构——"自主性—中心性"这一对看似矛盾的特征在大学募捐"网络"形成的"小世界"中能够和谐共处，这正是网络的优势。其中，权力机构在行政管理"网络"中更多由大学行政职能部门承担，在执行者"网络"中则更多由大学教育基金会承担。

在运用主体间关系研究协同行动有效性的已有文献中，研究权力的学者总结合作行为发生的因素关乎制度、文化、组织与权力结构等方面，其中权力系统的封闭性与集中性趋势是其根源（杨华峰，2012）；聚焦于政社关系的研究者进行了哲学反思，分析主体间关系的伦理价值和民主价值（王映雪，2017）。而在社会科学中，从主体间关系研究协同行动需要关注权力系统的封闭性与集中性和网络中主体的自主性。

首先，大学募捐"网络"中，科层逻辑和权力系统发挥作用表现得比较显著，诺克（David Knoke，1990）从关系网络的角度出发，认为"权力"是一种互动模式，由影响和支配两种互动模式构成；在网络中，由在"小世界"环境中的机构即中心度定义权力。权力的"影响"维度是对决策者行使权力产生影响的社会能力，它存在于社会交往网络中。权力的"支配"维度是指关系中，一个行动者通过提供恩惠或者惩罚来控制另一个行动者。大学募捐过程中行政职能部门和大学领导表现出来的权力更多地属于"权威性权力"——既有影响，也有支配性作用（刘军，2004）。还有一类权力属于"象征性权力"，尽管行政部门和社会团体和基金会是两套系统，但有的学校仍然把社会组织当作学校处室来看，或者即使没有实质性行政指导，也会设立一个科级或者处级行政职能部门，挂上对外合作的牌子，便于学校参与募捐活动。

其次，齐美尔的"个体—群体双重性"的观点认为，自主性源自个体节点在群体之中更能找到自身的特征和定位，个体关系背后是群体关系，因此，能够代表更多的信息和资源。由此可知，越多的关联，会带来越多的信息和资源的交换，进而实现个体的自主性。

1. 通过行政机构设置和规范制约机制进行权威整合

（1）通过行政机构设置提高网络中心度，进行权威整合

权力系统具有封闭性与集中性。中国部分大学募捐"网络"是通过

行政权威来整合封闭系统的自有关系和自有资源实现的,并且在机构设置和行政指导业务上可见一斑。

分管校领导负责制。在前期调研访谈中,一些大学教育基金会秘书长和校友总会会长均指出,大学教育基金会和校友总会是社会组织,但领导方和服务对象都是大学,属于事业单位,"一切以学校领导的要求为要求,要保证不出乱子即保证合法性"(WH20190528)。这些历史因素在某种程度上限制了大学募捐的热情,打击了大学募捐方的创新能力。为了集中权威、更好地利用大学资源募捐,部分大学设置行政职能部门作为对外合作的大学处室机构,同时解决大学教育基金会和校友总会的专职人员的经费问题。"基金会本身是独立的,有自身治理机构、有社会组织治理、民政部门登记和年审的需要,每年进行理事会工作汇报,有理事会决策程序。但学校会把基金会视同校内的行政职能部门,对分管校领导负责。基金会人员的经费来自学校,所以学校分管领导同时也在基金会里担任副理事长,是双重领导的。"(ZR20201027)

实际行政指导作用。本研究讨论大学募捐的权力系统,仍然是从"务实"的角度出发,讨论有实际行政指导功能的权力系统。比如WH大学的"三位一体"式联合运作模式,大学教育基金会和校友总会都被规划在行政职能部门下,大学行政职能部门指导大学教育基金会进行募捐,表现为大学行政职能部门单独设立,有独立的官网和明确的业务范围。校友事务与发展联络处主任、WH大学教育发展基金会秘书长和WH大学校友总会秘书长由同一人担任。教育发展基金会和校友总会均整合在校友事务与发展联络处。这样,负责人对外可以代表大学进行交涉,对外的头衔或者名片以规划处处长为首,比如平时各高校间的往来、赠送樱花苗或与社会其他机构联谊(WH20190528)。

(2)通过规范制约提高网络凝聚度,促进规范和资源协同

遵守社区"小世界"中的共同体规范。"小世界"的自有规则和自有关系体现为规范制约机制。本研究中的社会规范主要是指在大学这一"社区"环境下、募捐网络中的社会资本规范。"很多校友工作需要基金会支持,校友工作是基金会工作的基础""建议还是需要行政部门来统筹,校友总会作为社团在上面列席会议,很多也不是很(方便)""学校召开校庆协调会,讨论校庆主题、组织节奏和时间节点,设立筹款管理委员会,大学教育基金会一般会主动提筹款目标,主管校领导会开始汇

报,力争筹款多少亿,主动报出一个可能的、心里有数的数字。"(ZR20201027)

针对校友资源进行分工协调。"基金会工作反过来对校友总会工作也是有帮助的,首先从资源各方面支持它,如果完全分开,而不用同一个分管领导进行协调的话,会造成'抢资源''打架'的情形,因为校友工作和筹款工作都想找优质校友资源,可能会造成学校资源受损。比如,校友总会应当照顾到普通的校友,一个校友都不能少,要关心有困难的、偏远地区的校友;基金会更加关注有资源的校友,两个机构需要做好成体系的分工与合作。因此,大学教育基金会工作和校友总会工作一定要协调配合,最好是从体制机制上由同一个分管领导协调两个部门。"(ZR20201027)

通过权威整合封闭系统的所有资源,尤其是尽可能地充分利用"自有关系",将所有与大学募捐活动相关的主体和联系都纳入考虑范围——实际上这在界定募捐网络边界时,已经界定了自有关系的范围。当前需要在"小世界"中,利用权力机构如行政职能部门、大学教育基金会,对自有关系进行收拢。

(3)权威介入情况下,成本控制机制不明显

与执行者"网络"不同,在行政管理"网络"中发现,成本控制机制不明显,这从反面也说明了权力体系下不需要过多进行前馈战略控制、过程费用控制、关系维护成本控制,至少不显著。

2. 通过信息共享和能力建设机制实现执行机构自主

大学募捐机构本身是社会组织性质,作为一级法人有一定自主性,但在大学社区和募捐网络"小世界"中,即便受到权威介入和服务对象的制约,仍然可以通过网络赋能实现网络主体自主性。具体地说,通过信息共享机制和能力建设机制能获得执行机构最大程度的自主性。

(1)网络中机构性质特殊带来的自主地位

现实中观察发现大学募捐面临着多头领导的问题。幸运的是,这种领导资源很多时候在大学募捐"网络"中能够整合各方力量、创造价值,让资源在网络中流动和重组,变成资本。与非网络结构中的资源相比,大学募捐的行政职能部门和校长的卓然地位在网络中尽显,各机构间是"大学教育基金会根据本机构使命和当年规划自己提出募捐任务,大学给予支持、校友总会辅助执行"的趋向协同关系。

首先，大学教育基金会自身组建时，纳入了大学领导力量，因而获得了自主性。"ZR 大学之所以是特例（决策权限较大），因为基金会理事长是书记，然后党委常务副书记、党委常委及副校长，三个核心的校领导都在基金会理事会里，所以基本上，理事会的决策常委会也都会通过，包括今年我们在学校里面增加一个事业编制都得上常委会。"（ZR20201027）

其次，大学募捐"网络"在大学行政机构和附属机构设置中的地位比较特殊。"校友办公室是独立的单位，是学校的正处级职能部门，严格说起来，它也不隶属于其他任何一个部门。"（ZR20201027）

部分学校的行政职能部门没有起到实际的行政指导作用。比如 ZR 大学以共用校内财务处账号为目的设置"校友发展基金办公室"，官网仍然直接跳转到大学教育基金会，校友工作办公室官网直接跳转到校友总会。通过访谈可知，大学教育基金会负责人认为大学教育基金会虽然类似大学的一个项目组，但只对校级领导负责，而非对行政部门负责，在提出筹款任务时遵循"大学教育基金会理事长会议拟定工作计划—学校可能修改—订立目标任务时采用'力争和确保'概念—学校只有奖励措施没有惩罚措施"的顺序，在与校友总会合作进行校庆筹款时遵循"学校定大格局—副校长分管筹款—以文件形式下达方案—筹款组或校友活动组—基金会根据基金会年度募捐目标—从基金会角度开展活动—校区筹备会或协调会—联席会议—配比奖励或资源配置"的顺序（ZR20201027）。因此，从实际执行自主性讲，"（ZR 大学教育发展基金会）那也是独立自主的"（ZR20201027）。

（2）网络中交叉任职的信息共享优势带来的自主性

大学募捐"网络"中普遍存在大学行政职能部门、大学教育基金会、校友总会执行一把手（主任、秘书长）兼任或者交叉任职的情况，这种制度安排和信息交换模式，可以更好地整合各机构偏好，促进信息共享，减少信息不对称。

"ZR 大学的基金会秘书长此前是校友总会秘书长和校友办主任，对统筹校友信息和优势校友资源信息非常熟悉。现在基金会每年给校友总会提供 100 万元筹款（之前校友办每年的活动经费只有 5 万元），所以本来校友总会就应该有责任帮助筹措费用，有义务给基金会提供筹款对象或者潜在捐赠对象，让基金会去走访，进行校友开发。如果在组织校友总会活动过程中发现钱在这，就给基金会提供信息，大学教育基金会再深入去跟踪。但是他们现在没做好，当然，现在校友这方面有哪些人有捐赠实力，我比他们更清楚。"（ZR20201027）

"网络"中各个机构对外联系的自由度带来自主性，对外联系包括大学教育基金会作为一级法人，对大学募捐"网络"中的其他机构和单位可以进行直接的横向联系；大学教育基金会可以直接面向校友总会、校友和社会资源等募捐对象进行联系；必要时，大学教育基金会可以寻求大学领导和行政职能部门的帮助，进行对外合作和联系。大学募捐"网络"主要通过权力机构赋能和网络放大效应实现募捐协同——网络与权力相结合，在软化了权力的同时，由于权威惯性和信息共享机制的补充，使得在大学募捐的"小世界"网络环境中，网络中的各机构获得了权力赋能，仍然能够充分执行和完成权力系统规定的募捐任务；同时，各机构形成规范共识后，经过层层机构负责人的解读和传播，尤其是在不同机构的执行领导交叉任职的情况下，通过信息共享，募捐网络放大效应得以充分发挥，各机构的能动性和积极性大大提高。

（3）通过能力建设机制赋权带来的赋能和自主性

大学募捐中存在大学领导授权给校长助理推荐其担任大学教育基金会秘书长、大学领导赋权给行政职能部门的现象，具体体现为通过能力建设机制的运行提高核心执行机构的组织能力。授权和赋权就是赋能，尽管部分大学象征性权威较多，但仍存在一定程度的赋能和放权，方便大学教育基金会等机构更好地对外联络和维系机构间关系。同时，通过能力建设，鼓励大学教育基金会负责人"小兵上阵"、独当一面，可以为大学募捐"网络"培养人才，提高核心募捐机构的组织能力，最终促进大学募捐机构的协同和可持续发展。

总之，封闭系统对小世界中自有关系的整合，可以直观地从"核心—边缘"机构设置中观察到。核心机构有可能是大学行政职能部门或大学教育基金会。校友募捐"网络"的秩序既不同于自上而下的层级制，也不同于自下而上的市场机制，而是兼具封闭系统的权威集中性和网络节点自由连接的自主性，使得机构在"网络"中找到自己的位置——通过信息共享机制和能力建设机制获得执行机构的自主性，同时通过机构设置和规范制约机制提高网络的权威整合和凝聚性。这种松弛有度的网络秩序能够很好地适应大学募捐的实际需要。

二 关系桥接逻辑：网络关联性

关系桥接体现了网络关联性。如果两个行动者之间有多条不同的连接途径，信号就可以通过多条路径从一方传递到另一方，二者就具有高关联性（约翰·斯科特、彼得·J. 卡林顿，2018）。前述权力造成的他者依赖性，可以通过关联性进行调整，除了"中心度""峰点"等结构性位置，节点间关联同样重要。网络之所以区别于他者，首先考虑的一个因素是关联性（connection）。如果几个行动者之间相互联系很紧密，它们在"网络"中可能居于重要地位。而对于一个网络来说，如果其中的行动者之间都相互联系紧密，这样的"网络"可能具有较高的团结度。对"关联性"的关注可以体现出网络及其行动者分层情况或者网络成员之间联络的紧密性等方面的信息特征（刘军，2004）。在大学募捐"网络"中，我们关注关联性背后的行政权威和执行者的分层情况，并从两个关系对出发进行分析——在整体结构上，从两对成对关系出发分析大学募捐机构间协同形成的层次；同时，关注成员间的联络密度，以此探讨关系的具体作用——在互动过程中，从四个形成机制出发进行机构间互动关系变化的分析。这就是从实践观察得出的关系桥接逻辑。

关系桥接具体表现在"关系"作为渠道以及作为黏合剂的作用，最终体现的是网络的结构主义和连接主义思想，即网络除了节点（所设置的机构本身）之外，还有机构之间的关系发挥了作用，节点和节点间的关系构成了互动。根据前述 Borgatti（2011）对社会网络理论梳理，关系作为渠道发挥作用时，解释社会资本维度的绩效形成，强调流程作用和资本化过程；关系作为黏合剂发挥作用时，可以更好地获取资源、转化分歧，强调契约的作用和合作化过程。

大学募捐"网络"协同形成过程中，关系桥接逻辑具有双重表现。一方面，成对关系是我们的分析单位，体现在自我中心网络界定、募捐"网络"结构类型划分以及前述典型案例分析的整体性框架中，在此不予赘述。另一方面，关系桥接逻辑与权力赋能逻辑（发挥行政权威）、文化拓展逻辑（培育公益文化）并列，体现在两类互动模式的四个协同形成机制之中。针对典型案例真实模型对四个形成机制所体现的关系桥接逻辑进行抽象建模，解释网络绩效结果的关系作用研究范式在大学募捐实践中是如何体现关系桥接逻辑的（见图6-4）。

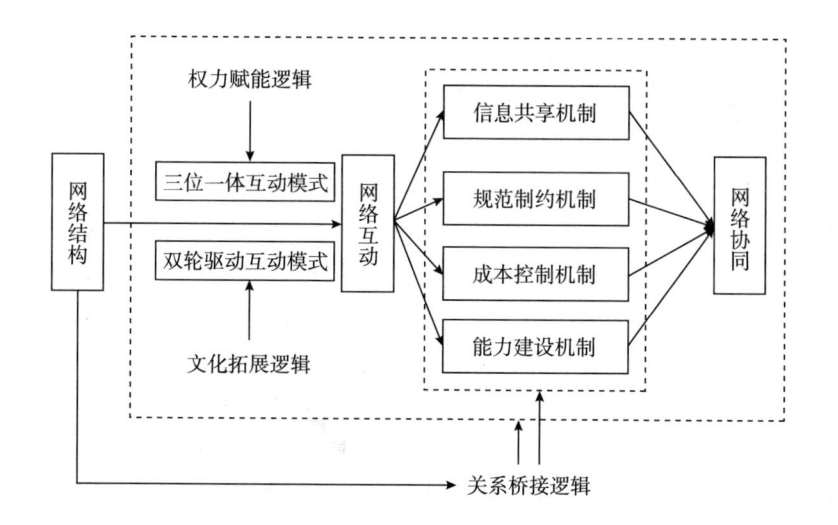

第六章　大学募捐"网络"协同形成整合模型 / 193

图 6-4　大学募捐"网络"协同形成中关系桥接逻辑的双重表现

资料来源：笔者自制。

1. 通过信息共享机制形成异质信息交换模式

信息共享机制具有整合性、运动性、交流性的特征。

信息共享机制作用。信息共享机制形成异质信息交换模式，主要表现在减少信息不对称、采用信息共享策略、建立信息互换模式和进行关系嵌入整合信息偏好。每个机构都有自己的决策偏好，这些偏好信息需要在信息交换中得以整合。

信息共享机制过程。①关系作为渠道的作用。关系作为"传递管道"，可以传递信息和资源，例如在紧急募捐、大型募捐活动中，需要协调各机构关系、调借各机构的资源和人脉，进行信息沟通、资源交换，以及这个过程中会进行信息整合和资源整合。其作用的发挥体现在募捐活动的各个环节和流程当中，是大学募捐协同形成的最为明显的外在表现。②关系作为黏合剂的作用。关系作为黏合剂是指在信息和资源流通后，还需要有一个平台聚集的过程。在大学募捐活动中，大学教育基金会就在网络中起到"信息中转站"的作用。信息和资源不仅要流通，还需要在中间点进行停顿、整合与创新，一般由中心度最高的核心机构作为"桥接点"，承担该职能。在行政管理"网络"和执行者"网络"中，一般均由大学教育基金会承担这个角色。

2. 通过规范制约机制进行互动关系构建和反思

规范制约机制特征具有建构性、反思性的特征。

规范制约机制作用。规范制约机制促进共识的形成，有助于进行互动关系构建，并反思和调整互动关系。规范制约机制的作用主要体现在沟通合作意愿、维护集体利益、建立心理契约，契约精神是协同形成的前提。

规范制约机制过程。这实质上是一个反馈的过程，也体现了关系作为渠道和作为黏合剂的作用。关系作为渠道，不仅可以传递信息和资源，还可以传递观念和文化。并且，关系作为"反馈管道"，使这种传递成为双向的，为网络带来反馈和调整改进的可能。这种规范制约完全体现了互动的本质，使行动者互为对方行动的驱动力，从动机源头和下次行动规范上规定了双方的动作。动机和思想的传递对募捐网络主体的行为具有重要意义。关系作为黏合剂，可以提高募捐网络的凝聚力。前期工作安排的周密性、各机构负责人的强调程度、网络中各机构的支持程度都体现了关系作为黏合剂的作用。并非慎重打破原有的心理契约，而是应该不断巩固已有的信任和互惠。在大学募捐过程中，不少学校募捐网络中多个机构一起反思募捐在慈善公益领域的意义和贡献，并取得一致认知，并就充分利用本校文化资源达成共识，这就意味着心理契约的达成，彼此关系作为黏合剂的功能得到强有力的发挥。

3. 通过成本控制机制进行互动关系整合与维护

成本控制机制特征具有明显的整合性。

成本控制机制作用。通过成本控制机制有助于在互动的事前、事中与事后进行预防、控制和反馈，最终有利于互动关系的整合与维护。其作用主要体现在：进行前馈战略控制。主要体现为在战略性规划和项目设计阶段就开始考虑节约人力、物力和财力，进行整合式策划；进行过程费用控制。主要体现为在大型活动中控制成本和费用，控制关系维护成本。双方互相站台，各机构领导人形成支持网络，最终形成稳定的关系网络，控制沟通成本和磨合成本。

成本控制机制过程。成本控制机制运行的实质是互动关系形成后的关系整合与维护。关系本身在成本控制过程中仍然起到了"渠道"和"黏合剂"的作用。关系作为渠道的作用体现在成本控制思维会带来生产流程重组，即基于已有的强关系，研究如何以最低的流程成本，产生最好的效果。包括如何提高开会效率、协调人员和时间安排，在项目设计和后期募捐跟进中，考虑学校行政部门、基金会同潜在捐赠者的关系远近制定募捐方案，以及募捐机构间的关系强弱，进而考虑关系所承载的募捐目标完成的可能性。关系的黏合剂作用则体现得更为明显，包括前期项目设计中的资源整合、目标整合和渠道整合；项目过程中的多机构信息成本整合、重复性沟通成本整合、内外监督成本整合、多方关系维护成本整合等；项目结束后的后续关系管理与项目反馈的环节整合等。实现成本控制的可能性是网络化治理的外在生成原因。

4. 通过能力建设机制积累网络治理内在能量

能力建设机制具有治理性、创新性的特征。

能力建设机制作用。大学募捐的能力建设机制较少被明确提及，或者将其归入日常人事管理中，但实际上能力建设机制对于大学募捐协同意义重大。能力建设机制能够在三个方面发挥重要作用：①组织能力建设。一些行业论坛和网络课程正在筹建，课程包括但不限于募捐呼吁书的撰写、小额募捐和大额募捐的执行、针对基金会秘书长的高级培训课程等，用于提高筹资能力，尤其是提高募捐人员的协调能力、应对能力。②人才培养建设。人的才能是可以培养的能力，当前大学募捐急需培养独当一面的人才，通过培训或者授权给校长助理等学习过全局思维的人担任募捐负责人，可以为募捐网络输送人才。③可持续发展能力建设。能力建设机制还有着更为深远的功能，即提高募捐机构的可持续发展的战略思维，提高对大学募捐在公益慈善领域中重要性的认知。

能力建设机制过程。在能力建设机制过程中，关系同样发挥了渠道作用和黏合剂的作用。能力建设主要通过关系的渠道传递作用完成，如通过活动关系形成的论坛平台和友谊网络所产生信息和知识的流动，进而获得提高能力的方式方法，包括大学教育基金会和校友总会服务大学的能力、大学行政职能部门的支持能力。能力建设同时还通过关系的黏合剂作用完成，如通过节约网络中机构间交易成本；或者通过机构间关系进行取长补短，使单机构的能力缺陷得以弥补；或者通过组织间学习，提升单机构能力。社会网络分析认为内在能力建设是网络治理能够成立的内在因素（王德建，2006）。

三 文化拓展逻辑：网络持续性

1. 通过规范制约、信息共享和能力建设实现公益文化募捐

募捐网络的协同形成过程中存在明显的再募捐现象，揭示了文化拓

展逻辑。大学募捐的领域特殊性决定了公益文化传播、培育慈善氛围既是大学募捐"网络"的目的，也是其驱动力。因此，大学募捐"网络"针对募捐特殊性设计的项目和机构间互动，通过规范制约机制有助于实现大学募捐"网络"的协同，获得筹款。

首先，培育品牌性公益文化项目具有募捐意义。中国大学募捐"网络"使大学公益项目成为大学募捐名目，能募得来钱。大学募捐可以有多种资金使用用途，用来支持学校社团公益活动、学校公益环跑等有意义的公益项目，是捐赠者乐见其成的。大学里的公益品牌项目是大学募捐"网络"的重要关注和支持对象，并努力传递正能量信息；同时，校友捐赠者会因为项目设计得新奇、有意义而表示乐意捐赠，学生参与者也成为捐赠者或者潜在捐赠者。

与此同时，大学募捐"网络"注重提高募捐执行者自身的公益观念，通过品牌项目研讨交流等活动取得了一定共识，认识到大学募捐是慈善领域的重要一环，可以更好地提高募捐执行者的战略思维，为大学募捐协同提供长久助力。

规范制约机制的运行同时存在信息共享机制和能力建设机制的运行。尤其是对大学募捐"网络"的能力建设机制而言，中国大学募捐呈现出重理财甚于筹资和募捐项目设计的倾向，甚至有的大学募捐动力不足，企图守株待兔。在这种情况下，提高对大学募捐重要性认知，宣传公益文化，对于大学募捐团队而言，是提高其组织能力、人才建设、机构发展的第一步。

2. 通过信息共享机制和规范制约机制实现可持续性的募捐

相比围绕其他活动形成的网络，大学募捐"网络"更加强调可持续性。

大学募捐"网络"通过信息共享机制和规范制约机制能够实现可持续募捐。同时，这种可持续性募捐具有传递性和社会性意义。现实观察中发现，爱心传递类公益文化项目尤其是一些反哺类项目，具有代际传播和社会传播意义。

首先，信息共享机制实现了大学募捐的代际传递。大学募捐"网络"把为母校捐赠的观念传递给毕业后接受过资助的校友，还传递给了正在接受资助的学生和潜在校友，使得大学募捐的工作可以实现代际循环，受助者变为施助者进行反哺，且影响下一届受助者的行为。

其次，信息共享机制实现了大学募捐的社会性传递。大学募捐"网络"尝试打破"小世界"的局限，进行社会性传播，学生将参与公益项目设计的理念带到社会职场当中，形成整体性社会慈善募捐氛围，引导更多的校友和社会资源参与大学捐赠，具有社会性意义。

最后，规范制约机制规定了"小世界"范围内部分校友行为，使他们乐于捐赠，"向师兄和师姐学习"。规范制约机制特殊性在于，在执行者"网络"中更多地体现为文化拓展逻辑，而非关系桥接逻辑，因为关系只是提供了联系的可能性，而公益文化却更有约束力，所以规范制约机制更多地揭示了文化拓展逻辑。

本章整合模型归纳仍然是来源于结合理论分析的实践观察，与社会资本维度的协同形成理论假设相比，最大的差异有两个：一是四个协同形成机制往往结伴出现，而非单独运行；二是大学募捐"网络"具有领域的特殊性，因此协同理论更加适用于文化领域、慈善领域等人文社科领域。协同形成机制间出现的排列组合规律如表6-2所示。

表6-2　　　　协同形成机制与协同形成逻辑的关系

四个协同形成机制对应的协同形成逻辑	
单协同形成机制运行	整合模型分析中逻辑表现
信息共享机制	关系桥接逻辑、权力赋能逻辑、文化拓展逻辑
规范制约机制	文化拓展逻辑、关系桥接逻辑、权力赋能逻辑
成本控制机制	关系桥接逻辑
能力建设机制	权力赋能逻辑、关系桥接逻辑、文化拓展逻辑

协同形成逻辑对应的协同形成机制间关系		
机制揭示的逻辑	真实模型典型表现	整合模型分析
关系桥接逻辑	信息共享机制 规范制约机制 成本控制机制 能力建设机制	信息共享机制 规范制约机制 成本控制机制 能力建设机制
权力赋能逻辑	能力建设机制	信息共享机制 规范制约机制 能力建设机制
文化拓展逻辑	规范制约机制	信息共享机制 规范制约机制 能力建设机制

资料来源：笔者自制。

此外，整合模型的大学募捐"网络"分析尽管主要基于典型案例的真实模型，但与基于成对关系为分析单位的典型案例分析不同，整合模型综合了两类网络类型的整体情况而非仅取公约数（例如权力赋能逻辑案例中的典型表现是能力建设机制，但也稍微涉及规范制约机制和信息共享机制，案例结合理论进行判断是否保留这些次要机制）以及对应的社会网络分析理论，从网络互动角度进行与现实的更加深入的对应。大学募捐"网络"协同形成机制中四个机制广泛存在，且经过不同的组合，呈现出关系桥接逻辑、权利赋能逻辑和文化拓展逻辑三种主要的协同形成逻辑。

由表6-2可见，关系桥接逻辑是最为常见的协同形成逻辑，四种协同形成机制并行；权力赋能逻辑和文化拓展逻辑均强调规范制约机制、信息共享机制和能力建设机制；成本控制机制目前更多地体现在项目设计中，采用关系桥接逻辑进行解释，该机制表现比较隐蔽；在权力赋能逻辑下，成本控制机制不明显，不需要特别的成本控制去维护机构间关系；在公益文化传播逻辑下，因为培育公益文化项目需要较大投入，且各募捐主体对此形成了共识，因此成本控制机制也不明显。

第四节　小结

本章从典型案例分析中结合社会网络分析理论，总结抽象出大学募捐协同形成的特征、过程机制和逻辑，如表6-3、表6-4所示。

表6-3　　　　　大学募捐"网络"协同形成特征

网络类型对应的协同形成特征	
两类网络均有的特征	整合性、创新性
行政管理"网络"独有特征	建构性、治理性、运动性
执行者"网络"独有特征	象征性、交流性、反思性
单机制对应的协同形成特征	
信息共享机制具有的特征	整合性、运动性、交流性
规范制约机制具有的特征	建构性、反思性
成本控制机制具有的特征	整合性
能力建设机制具有的特征	治理性、创新性

资料来源：笔者自制。

第六章 大学募捐"网络"协同形成整合模型

表 6-4　　大学募捐"网络"协同形成过程

行政管理"网络"		
	互动特征	整合性、创新性、建构性、治理性、运动性
	"互动—协同"协同形成机制	信息共享、规范制约、成本控制、能力建设
	大学募捐协同形成逻辑	关系桥接逻辑、权力赋能逻辑
	协同行动策略	增大协同力度、实现目标协同和反向协同
执行者"网络"		
	互动特征	整合性、创新性、象征性、交流性、反思性
	"互动—协同"协同形成机制	信息共享、规范制约、成本控制、能力建设
	大学募捐协同形成逻辑	关系桥接逻辑、文化拓展逻辑
	协同行动策略	增大协同力度、实现目标协同和反向协同

资料来源：笔者自制。

　　行政管理"网络"中主要体现为关系桥接逻辑、权力赋能逻辑。执行者"网络"中主要体现为关系桥接逻辑、文化拓展逻辑。其中，关系桥接逻辑由信息共享机制、规范制约机制、成本制约机制和能力建设机制揭示；权力赋能逻辑和文化拓展逻辑由信息共享机制、规范制约机制、能力建设机制揭示。

　　上述基于募捐网络类型的协同形成机制和模型是对实践观察发现的抽象归纳。结合社会网络分析，从协同形成机制和大学募捐协同形成逻辑本身出发，进行总体性大学募捐"网络"协同形成机制和逻辑整合的排列组合，表现如表 6-2 所示。至此，对中国大学募捐"网络"互动如何形成协同，最终可以抽象出图 6-5 的分析模型。

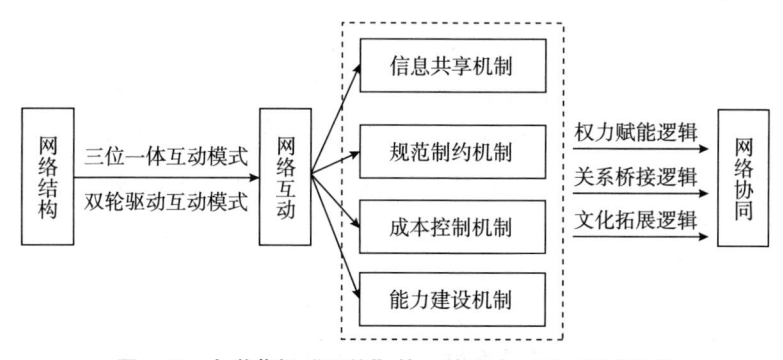

图 6-5　大学募捐"网络"协同的形成机制和形成逻辑

资料来源：笔者自制。

本章运用社会网络理论来研究大学教育基金会、校友总会、对外联络和发展部类之间的互动关系，将关系网络分成行政主导的行政管理"网络"、校友总会和基金会两个发挥很大作用的执行者"网络"。

本章选取 WH 大学和 HN 大学两个案例，分析了这两类关系网络分别怎样有效地运转。这两类关系网络对应两个互动模式结构，在每个结构中探讨四种协同形成机制及其所体现的逻辑影响到关系网络中三个募捐机构合作得是好还是不好。

因此，本研究最终得出的中国大学募捐"网络"协同形成模型包括以下三类要素。

（1）网络协同

如前所述定义，网络中多机构协同的表现主要是增大协同力度、实现目标协同和反向协同，具体则是募捐网络是否强调和支持增大协同力度、机构间是否形成促进目标协同、互动过程中是增加还是减少冲突，最终形成"众之同和"的状态。在参与和互动基础上，"同"主要指"协商和共识"特征，即目标一致、步调一致、认知一致、团结配合；"和"主要指"自愿性"特征，即和谐和少冲突。

协同实质上是强调协调与合作的综合后果，早期的协同学被称为"协调合作之学"，即互动是协同的前提——得有相互关系、相互作用才能协同。实质上协同是一种结果状态，是对"不好的互动"与"好的互动"的性能、效果的评价。协同可以被视为一种"好的互动"状态，或者好的合作状态。

协同的方向是"内外协同"，从机构本身来说，是向外获取资源的过程，遵循着由内向外的方向。

协同的对象是前述"协同对象为协同朋类、地方、个人与国家"中的"朋类"，即大学中的募捐相关机构。本研究实质上是针对中观层面的多机构协调与合作，协调的是不同性质、业务和使命的机构，在围绕募捐活动形成的网络中，应该怎样合作与协调，达成"众之同和"的协同状态，最终能够提高中国大学的募捐绩效？

具体的网络协同是一种好的互动关系或好的合作状态，可以从各机构文件中规定的协同倡导力度大小、是否产生了目标协同，在使命和任务上达成了一致，并做好了角色分工；是否产生了反向协同即解决了矛盾和冲突，使募捐队伍和谐三个方面进行判断。

（2）网络互动

这里的网络结构主要强调网络类型划分；网络互动是指在网络结构下的互动，同时"网络互动—网络协同"过程都在网络结构下发展，因此需要区分不同的网络结构。具体地，网络结构是指节点和关系构成的网络类型，关系里包括互动关系，因此互动也是关系的一种，是指围绕活动所形成的关系——活动是关系形成的必要途径，这种互动关系在网络结构中简称为网络互动关系。

从社会网络系统视角出发，将三个单位看成一个网络（这个网络是以大学教育基金会为出发点的自我中心网络），一般意义上的网络结构就是节点本身加上互动关系。互动关系的性质决定了募捐网络是由行政主导还是大学教育基金会和校友总会主导，这两类结构本身就是由三者之间关系决定的。因此，从大学教育基金会的自主性程度出发，将自我中心网络分为如下两类结构进行分析。

①行政管理"网络"结构，前者是行政职能部门说了算、大学方的领导说了算，这是一种互动关系，这种互动关系在大学募捐现实中对应的是"三位一体"互动模式。

②执行者"网络"结构，即基金会发挥了主导作用，联合了校友总会，一起进行募捐，这是另一种互动关系，这种互动关系在大学募捐现实中对应的是大学教育基金会和校友总会双轮驱动互动模式。

因此，大学募捐"网络"实质上就是由机构和机构间相互关系定义的。互动和协同都是在网络结构中完成。从更广泛的意义上讲，一个中层组织本身就是网络，几个机构围绕某一项活动也会形成网络，大学募捐"网络"就是一个典型的由互动关系构成的网络。

在这两类网络结构中，"不好的互动或所有的一般的互动"和"好的互动"如何判断？首先要明确的是互动是围绕募捐活动形成的关系。其次，由于同事是属于有"社会参与"（social involved）的强关系，不考虑完全的弱关系和无联系的情况。每一类网络结构都有自身的互动模式。依据正式渠道还是非正式渠道联系，联系程度高或者程度较低，"所有的互动"可以分为报告式互动、咨询互惠式互动、友谊式互动和私人联系式互动四种。这些互动可以检测在募捐互动关系中可能存在哪些"好的互动"形成机制并进行全面的排查。

(3) 协同形成特征、过程机制和逻辑

以机构间互动关系为切入点,接着,从"所有的互动"中观察到几条"好的互动"形成的过程机制,这是本研究的着力点。前期观察中发现,大学募捐协同中可能存在四种"好的互动"形成机制:①信息共享机制;②规范制约机制;③成本控制机制;④能力建设机制。这些机制零散地出现在社会网络分析中,并没有同时出现过——文献分析发现,最常见的组合是①与②、②与③、③与④的组合,且对四类机制之间关系的分析不够系统;还没有在大学募捐情景中被讨论。因此,本研究选取了两类网络结构中的典型案例进行分析,验证四类过程机制是否在实践中真实存在以及如何运行。

以关系对为分析单位,分析两类结构下两个典型案例如何互动的真实模型。包括协同形成的特征、过程机制、逻辑。

以自我网络为分析单位,分析两类结构本身以及所代表的中国大学募捐"网络"如何更好互动的整合模型,包括协同形成的特征、过程机制、逻辑。

本研究发现,协同形成具有明显的整合性与创新性的特征,意味着协同的形成伴随着资源重组和价值共创。同时在行政管理"网络"结构中呈现建构性、治理性、运动性;在执行者"网络"中呈现象征性、交流性、反思性的特征。

理论结合实际的整合模型总结出募捐网络协同形成主要有四个协同形成机制,即大学募捐"网络"中的所有互动中,三个主要机构通过信息共享、规范制约、成本控制、能力建设四个机制和互动过程,才能实现协同。

从社会网络系统的视角看待协同的形成逻辑,发现这四个形成机制并非零散,而是起源于网络的互惠性,成就于网络的中心性和自主性、网络的关联性、网络的可持续性,呈现出权利赋能、关系桥接和文化拓展三个非常清晰的逻辑。这三个逻辑在整合模型总结中非常显著,每个逻辑都覆盖了三到四个机制。

以上是对前述协同形成整合模型的分析过程和最终建构的说明。这个抽象的模型框架可以总结为"网络结构下的互动—协同指向协同的互动—协同形成机制—网络协同"模型,进而简化为"网络互动—网络协同"模型,以此解释大学募捐"网络"协同的形成。"网络互动—网络协同"协同形成解释框架得到了验证,说明从网络互动视角看大学募捐协同的形成是正确的、合适的分析方向。

第七章 研究结论与建议

第一节 结论：大学募捐"网络"互动如何能形成协同

一 协同形成模型的验证及研究结论比较

1. "网络互动—网络协同"模型验证

如图7-1所示，本研究验证了"网络互动—网络协同"模型这个协同形成过程分析框架是真实存在与有效可行的。研究的重点在于信息共享机制、规范制约机制、成本控制机制、能力建设机制四个形成机制及

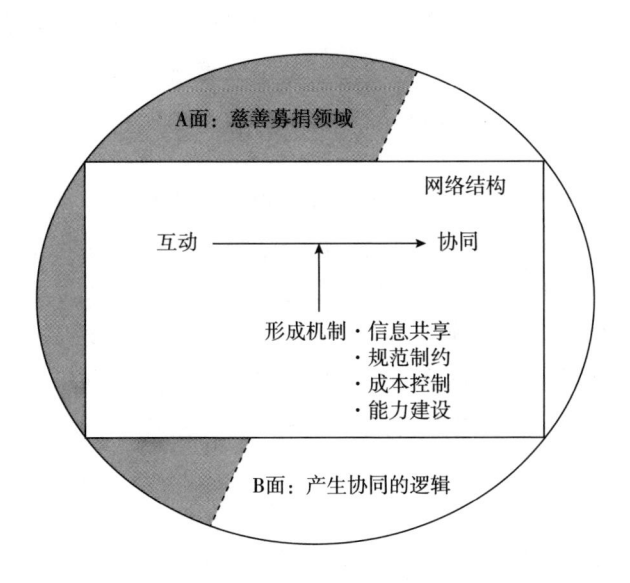

图 7-1 "网络互动—网络协同"协同形成解释框架验证

资料来源：笔者自制。

其具体的内容和特征表现。机制间关系揭示了"网络"协同形成的三重逻辑，这三重逻辑在大学募捐协同中均有可能存在，在行政管理"网络"互动模式中更多体现为权力赋能逻辑和关系桥接逻辑，在执行者"网络"互动模式中更多体现为文化拓展逻辑和关系桥接逻辑。

因此，通过验证"网络互动—网络协同"协同形成解释框架，本研究回答了最初提出的两个问题：关于"是什么"的问题——可能影响大学募捐"网络"协同的多机构互动有哪些？关于"为什么"的问题——大学募捐"网络"中互动为何能形成协同？"互动—协同"的过程特征、逻辑链条、普遍约束条件有哪些？

2. 与已有协同形成机制研究结论的比较

（1）相同点

四个形成机制。已有研究文献，尤其是国外文献从20世纪80年代开始或多或少提到与信息、规范（承诺、信任、谈判）、成本相关的协同形成机制，能力建设机制往往被当作个体因素考虑，通过个体能力的改变影响团体能力，各类文献仍然暗含了这几个机制的重要性。当前协同的研究更加关注冲突的解决和伙伴关系建立，但协同形成机制间的关系仍然没有系统化。

社会网络分析理论的情景运用。截至目前，有少数几篇国内论文运用了社会网络分析理论分析大学教育基金会透明度与捐赠额的关系、校友之友捐赠的网络，但并没有形成完整的理论解释和针对大学募捐协同的系统性解释。

网络互动是整合性视角。已有与协同形成的相关研究包括集体行动的逻辑、组织间关系和协同治理分析框架三大类，分别注重多元主体视角、关系管理视角、循环过程视角，侧重点不同。网络互动视角是这三个视角的整合性视角，涉及多元主体和关系对，又涉及关系桥接作用，还涉及可持续发展的循环性。网络视角本身是协同学研究的一个重要视角，但是从网络互动视角出发，可以更好地解释大学募捐"网络"中多机构协同的形成。

（2）不同点和创新点

用网络互动视角分析协同的研究较少，尤其需要辨析网络结构和科层制结构的"和谐共处"。从网络静态结构和动态互动来分析协同的形成，而不是从协同治理本身去分析协同形成，原因在于网络治理和协同治理的区别非常明显,并且需要避免"协同治理—协同形成"循环论证。当前的协同治理研究对"协同"的概念阐述未能突破"治理"框架,甚至直接用"治理"界定"协同",丢失了"协同性"本身(刘伟忠,2012)①,用网络视角重新认识协同反而更为恰当。从网络互动视角研究协同形成的最大特点是:网络化治理强调的是成对关系的互动,与更加强调整体的协同有所区别。已有文献中可以明显看到网络化治理的分析单位更具体,更强调个体之间关系的自主性,合作渠道更灵活,研究对象更广泛,可以更好地解释协同的形成,如表7-1所示。这些不同点在本研究的案例分析中也得以显著体现。

表7-1　　　　协同形成解释中网络化治理和协同治理比较

不同点	网络化治理	协同治理
发起者	不一定是政府发起的	较为强调政府作为主要发起人发起合作
合作渠道	既可以是正式的合作关系,也可以是非正式的合作关系	较为关注正式的合作关系
关系侧重	强调个体之间的关系	强调个体在合作中的关系
分析单位	分析单位为结对的个人、组织	分析单位为个人、组织等

资料来源:Naim Kapucu & Qian Hu, New York, Routledge, 2020, Network Governance: Concepts, Theories, and Applications。

网络视角可以解释协同,还在于二者的共通之处:网络化治理和协同治理均可被视为一种较为新颖的治理模式,有别于传统的等级和官僚式治理模式;可以解释多元治理;更为强调动机、过程以及架构的跨组织合作形式;参与者共同面对沟通与协调等方面的问题与挑战(Kapucu & Hu,2020)。网络治理的"施控功能"已经被很好地挖掘,如网络治理被定义为控制行为者之间的关系、行为者的规则形式以及参与者动机的机制,这些基于权力、影响力、声誉、关系互惠性和信任的机制比法律实施更能支持网络的可持续性(Amit & Zott,2001),但是规章制度之外的"网络互动功能"需要更多关注。

本研究通过分析事业单位和社会组织的合作,关注"依附式自主"

---

① 刘伟忠:《我国协同治理理论研究的现状与趋向》,《城市问题》2012年第5期。

现象，对活动指导进行实质性行政指导、象征性行政指导类型划分。区分"独立性""自主性"二者关系在网络结构中不同于科层制行政约束的表现。本研究归纳出的权力赋能逻辑与行政权威影响逻辑的区别是：①沟通基础不同。网络中基于资源占有和位置占有的权力赋能仍然是基于信任、心理契约、共识来实现大学行政职能部门对大学教育基金会的帮助，主要是能力建设上的帮助，以及共同完成大额筹款任务。②成员自主程度不同。网络互动强调个体—群体二重性，即互相塑造且网络身份为个体独特性背书和赋能，这与行政权威逻辑下个体直接融入集体的机制不同。③主要采用的治理渠道不同。行政权威主要通过等级制下达正式命令的方式影响成员行为，网络互动中的权力赋能可以体现在正式和非正式渠道，进行非制度化的规范和影响。④正式的行政权威逻辑解释不了的部分，包括正式治理中出现的自由裁量权、隐性不合作与冲突等，网络互动视角下的权力赋能逻辑、关系桥接逻辑、文化拓展逻辑可以进行解释。

　　社会网络理论的特定情景运用。本研究首次将网络互动视角运用于中国大学募捐过程分析。如何将网络化治理运用于大学募捐，使网络互动视角来看待大学募捐成为常态是一件非常有意义的探索。首先，采用中观层面的视角，将关系对作为分析单位，使关系作为桥梁连接微观和宏观，以更清晰的逻辑揭开协同过程暗箱。其次，根据实际募捐功能区分"核心—边缘"机构，大学教育基金会是核心执行机构，所以是网络的中心节点，也是募捐网络协同的落脚点。针对有些大学教育基金会寄希望于校友总会募捐的做法，从实际功能职责来看，大学教育基金会不应该主动将自己边缘化。访谈中发现，有的大学教育基金会负责人论募捐成绩时称是其自身努力，论他人如校友总会负责人功劳时则是其组织成果，应该保持客观公正和团结一致。最后，根据实际行政指导作用区分大学教育基金会与大学行政职能部门之间的关系。本书分析大学教育基金会与其他机构的关系时，看实际负责人秘书长与副秘书长的兼任情况，同时没有忽略实际募捐功能之外的机构的象征关系，象征关系的原因在于现实需要形成的网络结构，如执行者"网络"的机构设置。由此可见，用人社会网络分析解释大学募捐"网络"协同的形成非常符合实际，是目前为止最合适的解释机制。讲好中国故事，理解中国之治。从社会网络系统视角研究大学募捐协同和协同形成非常必要。如表7-2所示，在新的整合视角下，以社会网络分析理论解释募捐具有比较优势。

表 7-2　　本书研究结论和已有研究结论的比较

比较内容	已有研究结论	本书研究结论
协同形成机制关系	单或双因素：文献涉及信息、规范（承诺、信任、谈判）、成本相关的协同形成机制单因素或者成对出现；能力建设机制往往被作为个体因素考虑	多因素：权力赋能逻辑和文化拓展逻辑中三个机制出现；关系桥接逻辑中四个机制同时出现
社会网络理论的特定情景运用	侧重捐赠：大学教育基金会透明度与捐赠额的关系；校友之友捐赠的网络	侧重募捐：大学募捐与其说是国际缩影，不如说是中国特色；讲好中国故事
解释协同的研究视角	旧的探索视角：集体行动的逻辑、组织间关系、网络；协同形成过程分析框架	新的整合视角：采用网络互动这个整合性视角；利用网络中心性或自主性、关联性、可持续性，解释协同形成
其他发现	—	1. 除了整合，创新也是协同形成的强大驱动力； 2. 大学募捐执行必须以大学教育基金会为核心； 3. 关系作为资本的作用需要被重视

资料来源：笔者自制。

协同形成特征除了整合性，更体现了创新性，创新也是协同形成的强大驱动力。整合性主要指资源重组和流程优化，创新性主要指创造新的价值，包括思维革新和价值共创。整合和创新是网络"好的互动"的结果，信息交换、能力建设、规范制约、成本控制都暗含了整合性与创新性。整合性包括整合信息偏好和减少信息不对称、提高校友黏性、重视服务校友和师生，降低筹款及服务成本。创新性包括提高组织能力、可持续模式。最终使大学教育基金会成为异质信息交换站，使互动关系成为从核心机构到外围机构的桥梁，在这种互动中发现新的流程设计、新的项目设计和新的治理方式，进而产生新的价值。

研究发现，大学募捐必须从大学教育基金会出发，才能够厘清网络中主导力量和核心力量的区别。大学教育基金会必须具备影响力，但可能面临着影响力与领导力分离的情况。这与其说是世界各国的常态，不如说是中国特色。在中国大学募捐过程中，尽管事实是多机构协同结构，但很少有学者从网络互动的视角进行梳理，也在于中国大学治理的行政管理主导思维惯性，习惯性地将大学教育基金会和校友总会视为大学里的行政科室；同时，由于中国公立大学占比超过80%，收入依赖财政拨款的惯性仍然强大，对大学募捐的长远性意义没有认知和规划，大学基金的重要性被严重低估，一些大学教育基金会让出主导权或者寄希望于校友总会校友们的偶然性捐赠。

关系作为资本的作用需要被重视。如何将尽可能多的力量汇聚到大学教育基金会平台是当前最需要考虑的内容，必须发挥关系的"黏合剂"的作用，在以往的研究中，更多地关注关系的"管道"的关系传递作用和"棱镜"的关系背书作用。因此，本研究的意义在于发掘大学教育基金会主动利用关系和关联向外争取资源，认识到自我中心网络和大学教育基金会核心节点的重要性。

二 协同形成解释框架的普遍性约束条件和可复制性

大学募捐"网络"协同形成的整合性与创新性暗含约束与机会。探索协同形成普遍约束条件，即探索"网络互动—网络协同"过程分析模型的可复制性。中国大学募捐"网络"协同的形成的三个逻辑得以存在，具有两个普遍性约束条件：一是外在的"小世界"环境，二是内在的网络放大效应。

1."小世界"环境

大学募捐"网络"符合"小世界"网络类型，都在同一种大学社区的环境中。同时，相对于规则网络和随机网络而言，"小世界"网络模型认为真实世界中的网络呈现出高度聚集和路径较短的特征。随着捷径的比例增加，使用广义的"以牙还牙"策略的玩家群体中出现合作的可能性更小，网络成员必须真诚地合作。"小世界"环境作为约束条件的特征体现在以下三个方面。

围绕募捐活动形成网络边界。活动形成的关系性质和边界范围赋予网络意义，大学募捐中存在大学教育基金会中心网络、校友总会中心网络、大学行政职能部门中心网络、多机构的领导层构成的领导网络，规定了以大学教育基金会为核心的大学募捐自我中心"网络"，根据关系对的条理性分析方才可能。

在"小世界"中才有自有关系、自有资源和自有规则。协同的形成是对网络边界内的所能运用的关系、资源、规则进行利用、整合与创新的结果。尤其是发挥关系的作用——资源和规则都需要通过关联进行交换、流通。伯特将关系类型分为机会（opportunity）、约束（constraint）和潜在关系（sleeper）（伯特，2017）。这些关系类型划分本身就说明了关系的属性和功能。由于"小世界"环境提供了约束、机会及关系潜能，大学募捐"网络"协同才有形成的可能。

"小世界"环境具有短路径、多聚簇的特征，这使得网络中的机构拥有与其他机构沟通、联系的"捷径"，进而为网络结构中的多主体带来执行任务和实施计划的自主性，发挥其能动作用。因此，"小世界"环境其实是一个复杂的结构，既具有既定的机构设置和规则安排，同时基于"小世界"的短路径和多聚簇的关联特征，具有灵活的自主性和能动性——这也是募捐网络协同的治理优势和协同形成的必要性的证据。

2. 网络放大效应

网络协同得以形成的内在条件在于网络自身的作用，主要是网络放大效应的发挥。Borgatti（2003）总结，学者们研究如何从社会资本维度解释募捐网络协同的形成具有结构主义和连接主义两个研究范式。前者强调同样的结构和位置会做出同样选择，成对关系等关系渠道更重要，信息渠道比信息本身更能说明问题；后者强调关系内容比关系形式更重要，因为通过互动，关系内容和关系类型是可以改变的。两个方面缺一不可，所有的互动本身构成了一种结构，围绕活动形成的活动关系本身就具有静态结构和动态过程双重分析维度。Borgatti 显然也意识到了这一点，2011年他将研究范式聚焦于"连接主义"，但仍然划分了"网络流动模型"和"网络协调模型"来解释社会资本的形成，前者强调关系作为渠道的资本化机制，基于流程解释绩效；后者强调关系作为黏合剂的合作机制，基于契约解释绩效。这两种解释范式在实践中同时存在，使得网络在提高团结性时保持信息、资源交换的畅通。

（1）关系作为渠道使募捐网络保持传递性。传递性体现在信息共享、规范制约、能力建设、成本控制四个机制当中。传递的内容包括信息、资源、观点的传递。传递还有另一层含义，即关系的传递和构建。最小社会网络结构是"三人一组"（triple），这种结构将两方关系"嵌入"在一种由"第三人"（other）连同"自我"（ego）和"他者"（alter）都在场的结构中。三方关系有四种可能——无关系、一个关系、两个关系或所有三个关系。一个总体网络可以在多大程度上表现出"孤立性""孤对性""结构洞"(一个行动者与两个他者关联,但后两者无关联)、"聚类性"取决于内容的传递性(伯特,2017)。在募捐活动形成的网络中,大学募捐"网络"属于"结构洞"结构,大学教育基金会与大学行政职能部门和校友总会关联,后两者无关联或者弱关联,在实际募捐执行过程中,大学教育基金会与大学领导和行政部门共同出席场合较多。

(2)关系作为黏合剂使募捐网络保持凝聚性。凝聚性主要体现在共同目标在网络中的确立过程。社会网络成员互相影响的结构中,可以更好地看到目标转化过程。学者们把"协同"看作合作和协调的"残余",协同与协调与合作有关,但不是协调与合作本身,而是协调与合作的后果。合作涉及互惠、资源的交换(不一定是对称的),协同中的资源交换是对称的,关系是成对的,互动是互为主体的。因为共同目标,合作会转换为协同,使整体大于各部分之和。个体目标与共同目标的关系是:协同意味着可能实现个人目的,但有一个共享的与个人目的分开的其他结果即共同目标(虽然不是相互排斥)(Thomson,2001b)。因此,名词意义上的协同指好的互动状态和合作状态,更高的集体行动程度。拥有共同目标和取得合作共识是合作转换为协同的必要条件。

凝聚性和传递性是网络协同形成的约束条件,也促成了协同形成的整合性、创新性等显著性特征,同时保障了信息共享机制、成本控制机制、规范制约机制、能力建设机制四个机制的运行。在四个形成机制下,募捐主体能够提高机构中心性,同时保持自主性,能够提高联系密度和网络可持续性,这三个逻辑最终提高主体能动性,使得大学教育基金会积极主动地向外联系与获取资源。

第二节 反思:协同形成机制、逻辑与网络结构关系

一 相互作用:结构、机制、逻辑三者的关系

1. 真实模型和整合模型的区别

真实模型是指将两个关系对作为分析单位,针对两个网络结构类型的代表,分别进行典型分析;分析内容则是大学募捐中心网络的多机构互动模式,揭示从互动到协同的过程特征、机制和逻辑解释框架。

真实模型是对典型案例的共性和重要特征进行抽取；整合模型则是对协同形成机制和协同形成逻辑。从整体上考虑，以大学募捐自我中心"网络"为分析单位，结合两类网络结构本身特点和社会网络分析理论的互惠性、自主性、关联性、持续性，重新审视和整合真实模型，扩大了协同形成逻辑对应的协同形成机制出现的概率。总体而言，四类形成机制的背后是不同的网络协同形成逻辑，不同的逻辑组合与两种网络结构类型互为因果、相辅相成。

行政管理"网络"侧重关系桥接逻辑和权力赋能逻辑；执行者"网络"侧重关系桥接逻辑和文化拓展逻辑。反之，这些连接逻辑巩固了行政管理"网络"或执行者"网络"。其中，均能看到大学教育基金会作为"桥接点"的作用以及关系对的作用。

2. 四个协同机制贯穿募捐始终

信息共享机制、规范制约机制、成本控制机制、能力建设机制这四个前期观察到的、其他协同形成理论不能很好地解释的机制，通过 SNA 理论进行了充分的理论结合实际的解释。四个机制的可复制性和解释性较强。上述四个机制可以运用到类似的多机构互动——协同的过程中，每个机制均有不少细节特征和要求。这四个机制可以概括其他所有相关的机制，目前在案例中并没有发现四个协同形成机制之外的机制。此外，上述四个机制贯穿大学募捐"网络"从项目设计到募款成功的所有阶段，并不局限于某一环节，可以灵活使用。

3. 三重逻辑：行政约束外关系和文化逻辑

大学募捐"网络"的网络结构中包含不平等的科层等级，同时遵循权力赋能、关系桥接和文化拓展三重逻辑。行政约束之外的募捐活动形成了近似的网络结构，是事件网络（event based network），而非成员关系或属性网络（membership network），强调募捐主体间的桥接和联系。

Powell（1990）认为，当义务和名誉的纠缠达到相互依赖的程度，但没有共同所有权或法律框架时，需要一个自成逻辑的新的概念工具包来描述和分析这种关系——网络。网络是不同于市场交易和等级治理结构中对交换模式的描述，主要在规范偏好、沟通手段、冲突的解决方法、灵活性程度、各方承诺、氛围倾向、行动者偏好或选择、混合形式八个方面体现出自己的特征。其中，网络作为经济组织形式，对市场和科层制而言，具有互补优势，运用关系作为沟通手段，考虑互惠性和荣誉来调和矛盾，灵活性中等，承诺程度是逐渐从中到高的，氛围是开放的和多方获益的，行动者偏好和行为是相互依存的，混合了地位等级、多方合作伙伴、形式规则的形式等八大关键特征。

在本研究的案例分析中，网络协同与治理程度更强的科层治理中的协同相比，最大的差别在于：①影响力来源不同。网络治理的影响力来源于目标共识、信任和心理契约，科层治理的影响力来自行政权威和规章制度。②自主性不同。网络治理赋予行动主体更多的自主性、灵活性。尽管个体嵌入网络整体之中，但是群体身份赋予个体独特性，不同于科层制中个体直接作为集体的一分子。③运用的治理背景不同。网络治理既可以运用于正式治理，也可以运用于非正式治理，多重渠道，注重的是成对合作关系和以关系对作为分析对象，科层治理则主要运用于正式的合作关系中。这些在本书案例中得以显著体现。

现实调研中发现WH大学的情况是网络中行政职能作用发挥的典型，"每个学校的募捐机构组合模式不一样，因为不同的学校本身的生态环境不一样。一方面，WH大学确实是要以行政为主，校长对这个工作的关心程度和支持程度会影响募捐。从现有成绩来看，募捐绩效还可以，统一管理也是为了方便募捐工作。另一方面，现在大学教育基金会的募捐以大额募捐为主，小额募捐和微捐还不是主流。大额的话更多的还是那种'大佬'，需要学校高层行政部门对接和同等级别的领导，在募捐过程中与他们对话，这里校长领导发挥的作用较大，部门领导可能还不足以募捐到款项。但是，大学募捐毕竟是公益活动，需要自己聘用人员，相对自主和独立。学校设立的校友事务与发展联络处下设各个办公室各有分工，分别对应校友总会和大学教育基金会，实际是职能上的对接，是合署办公，不是完全的合并，校友事务与发展联络处以及大学教育基金会还是有很多募捐上的交集的"（WH20210426①）。这种情况同中国大学募捐仍然处于初级阶段息息相关。

二 执行者"网络"互动模式中行政职能部门角色弱化

1. 大学教育基金会履行双重职能：公益募捐、行政对接

象征性权威与实质性权威的区别在大学募捐过程中非常明显。前期

---

① 该编号代表对WH大学校友事务与发展联络处处长的补充性访谈，时间为2021年4月26日。

调研过程中一些学校的发展联络处还在筹建，后期调研时已经建好，属于学校的机关部处。比如 HN 大学，打开发展联络处的网页仍然跳转到基金会网页，大学行政职能部门并没有独立官网和募捐功能介绍，这种依附于大学教育基金会功能、滞后于大学教育基金会新建的发展联络处，与大学教育基金会、校友总会之间一般并没有实质性的行政指导作用，而是采取"两块牌子一套人马"的方式进行多机构互动。设立发展联络处除了解决基金会部分员工的编制（非常少）、待遇问题，以激励人才之外，最主要的功能是便于对外沟通。

必须重视对接职能的重要性。对接意味着以双重身份获取资源、增加建立连接机会。这是一种在体制内社会组织与事业单位进行连接的折中办法，但非常有效。"基金会作为社会组织独立法人，不具有大学里行政机构的职能，但是大学教育基金会的涉及资金使用、业务流程、人员联络等，都跟学校息息相关，所以需要在学校设立一个这样的机构来履行在学校里面的一些作为职能部处科室的部分职能，这样才能运行顺畅。所以大部分的学校采取'两块牌子一套人马'的做法，就是在学校的组织构架里面有个处室，有的直接叫基金会，有的叫发展联络处，有的叫校友工作事务与发展联络处等，它体现的是大学里面的一个组织机构的职能。"（HN20210415①）

大学教育基金会目前遵循两套运行逻辑。两套职能是分开的，在不同场景下行使，但还是以基金会筹款职能为主，同一套人马共同对外对接，最终取得好的募款效果。"基金会的另外一块是作为一个社会组织，按照理事会的构架来行使它的职能，就是两个不同职能的意思。""它是两种不同的体系，因为如果只是基金会，没有校内的一个处级机构，（基金会里）没有一个处长，其实是很难调动学校资源的，也很难去跟学校、学院做相应的对接；第二个就是关于项目的管理，一些财务的管理，你如果不是学校的一个职能部门的话，有时候也不是很好去操作。"（HN20210415）

因此，无论在理论上还是实践上，大学教育基金会与行政职能部门的关系可以分为实质性指导和象征性指导两类，判断标准是机构自主性

---

① 该编号代表对 WH 大学教育基金会秘书长的补充性访谈内容，时间为 2021 年 4 月 15 日。

或自治程度。例如，有单独官网，还是链接跳转到基金会官网；是有新增员工还是两块牌子一套人马；设立行政职能部门的目的是否主要出于现实考虑，为了对接大学资源，保持运行通畅。象征性指导的表现是大学对接和资源整合，而非权威性指导，这使得执行者"网络"互动模式中的相对平等执行联盟中行政职能部门角色弱化。

2. 执行者"网络"面临外部力量：外部压力、术业专攻

执行者"网络"互动模式中的相对平等执行联盟中行政职能部门角色弱化的原因来自另一个外部力量：专业技术的力量对大学教育基金会的募捐起到持续性作用。网络互动模式中，不同机构模式中的相对独立性和自主性很大一部分源自大学教育基金会和校友总会作为社会组织的自治性和专业性。以 ZR 大学为例，尽管大学往往将大学教育基金会和校友总会视为大学行政职能的延伸，后两者被视为大学内部的科室，在这种情况下，ZR 大学教育基金会秘书长仍然坚持认为"ZR 大学教育基金会总体上来说还是独立的"（ZR20201027[①]）。在前期调研中了解到，尽管 ZR 大学的党委书记、副书记、常务副校长等都作为理事会成员参与大学教育基金会决策，但实际上很放权，包括资金理财投资的额度都放得很宽。ZR 大学教育基金会秘书长认为，"社团的年检、年审、评估等外部压力有助于保持相对独立性，相对平等"（ZR20210415[②]）。

因此，这种技术自信和专业自信带来的相对独立能够进一步带来网络互动中大学行政职能部门与大学教育基金会角色相对平等。社会组织的年检、年审、评估意味着大学募捐主要遵循着文化逻辑，而非权利赋能逻辑，两套运行逻辑思路更需要关系桥接逻辑进行融合，实行网络化治理。上述问题的思考可以给大学募捐的未来优化带来启示：通过外部压力进行自我能力提升，真正做到术业有专攻，可以保持大学募捐"网络"成员的相对平等和自主性。中国未来的大学募捐应致力于募捐机构专业化和慈善文化培育。

---

① 该编号代表对 ZR 大学教育发展基金会秘书长的补充性访谈内容，时间为 2020 年 10 月 27 日。

② 该编号代表对 ZR 大学教育发展基金会秘书长的补充性访谈内容，时间是为 2021 年 4 月 15 日。

第三节 建议：大学募捐多机构协同行动优化建议

根据前述定义，协同是协调与合作等互动的结果，意味着好的合作状态，且好的合作状态有3个标准：有支持性文件明确规定了协同力度；目标一致且稳定持续的目标协同；解决冲突问题降低矛盾等反向协同。从网络互动视角出发，互动最后的可能结果是目标协同：①募捐网络募到了款；②产生好的和谐的工作状态以及反向解决了产生不协同的可能；③解决了之前的冲突和问题。通过典型案例分析，判断行政管理"网络"和执行者"网络"协同形成时的表现有何区别。

根据上述指标，WH大学已经形成了协同。HN大学明显还处于协同形成过程当中或者较低程度的协同，大学教育基金会和校友总会合作有了一定共识，比较稳定与和谐，但是由于前期工作不够充分，主动性和能动性并没有充分发挥出来。上述两个典型案例所代表的两类募捐网络互动模式中的协同形成过程代表了中国大学募捐"网络"协同形成的整体情况（见表7-3）。

表7-3　大学募捐"网络"协同形成的操作化指标验证

	行政管理"网络" 典型：WH大学	执行者"网络" 典型：HN大学
协同力度	"十三五"规划规定	"十三五"发展规划纲要规定
目标协同	校长会讲、讲好故事	募捐做的是文化
反向协同	基金会不应该退缩	校友总会得为他人作嫁衣裳

资料来源：笔者自制。

本书对协同的定义进行了较为全面的梳理，从状态和过程两个方面定义协同，并针对大学募捐提出"募捐目标协同""募捐反向协同"的概念，目标协同侧重于采用"网络提供机会"的解释，反向协同侧重于采用"网络提供约束"的解释，最终落脚于"关系对的互动作用"的解释。其中，行动上的协同落脚于关系的渠道作用，合意上的协同落脚于关系的黏合剂作用。本研究侧重行动上的协同，认为合意蕴于行动之中。同时，关系作用体现在归纳出的四个协同形成机制之中。

针对提高募捐绩效的任务，需要进行机构间协同优化。根据本研究结论，对实务界尤其是大学募捐"网络"协同的形成和募捐绩效的提高具有重要的指导建议作用。从社会网络系统角度帮助大学教育基金会等募捐执行主体立足于中国国情，讲好中国特色的大学募捐故事，理解中国式大学募捐。至此，本书的主要任务已经完成。通过实践观察和案例分析归纳出两类网络中的两个关系对如何通过四个机制更好地合作，得出对应的大学募捐策略，如表7-4所示。

表7-4　　　　　大学募捐"网络"协同行动性策略

大学募捐对策	行政管理"网络"	执行者"网络"
协同行动性策略	异质信息和资源交换 和谐关系构建 网络化治理 组织学习与创新	异质信息和资源交换 目标整合 强化执行者共识 组织学习与创新

资料来源：笔者自制。

一　异质信息和资源交换

在大学募捐"网络"中，异质信息和资源交换是打通网络内外、提高网络凝聚力的关键。每一次网络互动都伴随着信息的交换和主体双方的沟通。如前所述，信息共享机制包括减少信息不对称、采用信息共享策略、建立信息互换模式、采用关系嵌入整合信息偏好。异质信息交换的重要性在于：一是获得尽可能多的信息以应对单机构信息闭塞的缺陷，便于进行科学决策，用来作为下一步行动的判断依据，实现理性人假设；二是一些非冗余信息的获取是新思路和新做法的来源，可以进行创新和进步。但是异质信息交换必须有一个相对固定的沟通模式，在大学社区募捐网络"小世界"的环境中，可以重复博弈的固定模式更加重要，能够减少沟通成本，增加信任感，取得更好的募捐绩效；异质信息和资源交换需要多渠道运行，包括对正式渠道和非正式渠道的信息和资源聚合与整合。

因此，大学募捐"网络"应当把信息共享机制打磨得更加完善，包括信息使用者如何能够快速、准确地找到所需要的信息库，信息库如何才能被妥善开发，如何进行校友卡管理等；除了校友信息，财务信息和项目信息如何进行有效的沟通和交流。例如 HN 大学举行公益项目品牌建设交流会，参与的机构和个人包括大学党委副书记，大学教育基金会理事长，学院教育基金工作分管领导、项目负责人以及公益项目执行单位的分管领导等。大学募捐"网络"应尽早建立信息互换模式。

二 目标整合

之所以说协同是一种好的互动状态或者说是一种好的合作状态，原因在于这种合作是基于对称性资源的交换，即行动主体双方互为对方的行为动机，协同涉及的资源交换是互惠的，是相互依赖的，而不是单方面依赖（Thomson & Perry，2006）。协同是涉及互惠互利和共享准则的过程。在中国大学募捐"网络"中，募捐主体多元且机构性质不同，如果需要形成协同状态，需要机构向外获取资源，与外部机构达成使命和愿景上的目标整合。大学教育基金会属于社会组织中的基金会性质，多为非公募基金，校友总会属于社会组织的社团团体，两个机构都有一级法人代表。二者服务的对象为所在大学和大学师生及校友，作为服务对象之一，超过 80% 的大学是典型的公办事业单位。① 三类不同的机构通力合作进行募捐，需要在为什么募捐、如何募捐和募捐重点上达成一致和稳定的共识，形成流程性规范。例如，HN 大学认为应该充分利用"千年学府"的美誉度和文化资源，做好公益项目品牌建设和慈善文化的传播；WH 大学认为应该跟随校长的治校规划，做好人才引进，利用独特的商圈文化和校园文化，做好校友之友募捐和微信募捐项目设计。因此，不同募捐网络类型均需要整合不同机构的目标和任务，才能达成合作。

由此可见，目标任务的制定者需要明白在大学募捐"网络"互动中，"谁的目标被满足"，最终达到个体目标和集体目标均被满足的良好状态。目标整合主要通过成本控制机制和规范制约机制完成，具体体现在募捐过程中以下几个方面：①在项目设计中整合大学行政职能部门、大学教育基金会和校友总会的需求，例如校友在校庆、院庆或班级团聚等聚会时往往有捐赠需要，大学教育基金会会根据当年的募捐规划，结合学校校友办公室校庆安排，和校友总会一起面向校友进行募捐；在常规的大

---

① 截至 2020 年 6 月 30 日，全国高等学校共计 3005 所，其中普通高等学校 2740 所，含本科院校 1272 所、高职（专科）院校 1468 所；成人高等学校 265 所，民办院校不到 20%。本名单未包含港澳台地区高等学校。

学募捐项目设计时，校友总会拜访老校友等项目可以申请基金会支持和资助，例如 HN 大学教育基金会支持校友总会的暑期学生志愿者寻访校友报道的项目。②签订整合性任务的共识协议，主要包括书面指示、规则协议等。针对如何整合任务开闭门会、校区筹备会、协调会、联席会议等。③自觉在"顺带"情况下考虑募捐网络中其他机构的需求，提供潜在捐赠者名单或者告知对方机构可能需要的信息，如福布斯富豪榜和胡润富豪榜上的校友信息等。④对募捐网络机构的主动请求予以支持响应，主要包括重要场合的站台、补台、做好自己的配合角色等。⑤此外，认识到自身作为募捐网络成员的监督防控义务，必要时激励和鼓励募捐网络成员、提醒和监督网络成员采取募捐措施，彼此督促在规定时间内完成任务。

三　强化执行者共识

强化共识有两条思路。一是社会网络分析的群体动力学流派开创者勒温提出两个具有创见性的概念"命运的相互依存"和"任务的相互依存"，以此揭示团体行动动机的思路。大学募捐"网络"中，这种对相互依存性的共同认知就是共识，包括诸如对慈善文化、博施济众等大学募捐意义的认知、各机构募捐愿的价值共识和多机构间资源交换和整合，进而为任务完成提供保障的利益共识。学者认为协同意愿受到价值共识和利益共识的影响，协同的保障通过制度约束和伦理约束实现，协同资本则包括资源匹配和能力匹配（李辉，2014）。价值共识对应着精神层面的价值共享和价值共创，是协同主体产生慈善募捐文化的认同，并通过连接主义实现协同。反之，促进网络互动视角的系统化。利益共识意味着对物质层面的资源重组和流程优化的必要性产生共识，促进资源流动和交换，进而促进网络中社会资本的形成。二是通过过程分析循环式加强共识的思路。循环式达成共识的建议包括两类。一类是安塞尔和加什（2008）提出的 SFIC 模型，即"面对面对话—建立信任—投入过程中（互利互惠）—共识—中间结果"五要素循环。取得共识需要一些持续性步骤，并且最好形成良性循环。这些步骤主要包括谈判以确定共同目标、许诺和完成承诺、重新评估、形成信任度等过程。此外，设立容易达到的小目标使得达到的中间结果对继续保持共识具备激励作用。对机构间关系而言，相互信任有助于协同双方意识到合作关系的潜力、实现资源共享、理解对方事务、定制信息系统或投入人力资源以便更好地为对方服务,弥补各自的不足,增强双方的能力。如何取得其他机构信任是一个重要的具体命题。在实际提高信任度上,成本控制机制和规范制约机制同时发挥了作用。

此外,大学募捐"网络"需要关注执行者的共识。要明确募捐网络中的多机构是否意识到协同的存在和重要性,这是与其探讨协同形成过程的前提。不少处于协同状态的主体并没有认识到协同的重要性,许多参与协作过程的利益相关者可能不会认为自身存在特别的相互依赖,但通过访谈或者与其他机构对话可能会使他们对彼此关系有一个新的认识。许多案例表明,利益相关者在协同过程中逐渐认识到对对方的依赖。只有当执行者认识到协同的重要性,达成共识、同化,对外进行慈善文化传播才成为可能。

四 组织学习与创新

大学募捐"网络"协同的形成不仅需要大量资源的整合,还需要持续的组织间学习与创新,以此来激励和维系协同这个"高风险的、脆弱的系统"(Thomson & Perry, 2006)。大学募捐"网络"中的各机构为什么选择联合?首先是单个机构执行募捐具有视野和能力的局限性;其次是组织间资源交换和组织间学习,可以创造新的价值和利益,多机构的思想交汇可以产生新的突破,比如流程优化和项目设计创新;最后是满足集体需求的同时能够满足自身的部分需求,这种同时运行可以节约时间,提高效率;发挥专业所长,在分工中找到自己的位置,进行自身能力建设;确实能够保证更好的互动质量和产出;可以促成面向未来的更好的长期合作,这种信任度反过来能更好地满足自身机构的需求。因此,互补性、创新性、循环性在组织间学习过程中表现明显。

组织学习与创新涉及的核心内容是:知识共享、交流和学习。如果深入调查就会发现,每个大学募捐网络的募捐策略灵活多变,创新性思维层出不穷且各具特色。越来越多个体或群体的利益来自其他人的知识,而不必亲自去获得知识。诸如项目设计创新、配比方式创新、不断反思和改进组织能力的创新等举动都来源于对与其他机构的关系的思考、试点、经验积累,或者对其他机构行动方案的学习、模仿和超越。失败需要反思,经验需要交流。因此大学募捐系统中,各种实操论坛、项目交流会、讲座与人才培训课程方兴未艾。大学募捐"网络"需要抓住一切机会进行组织学习与创新,利用网络结构的有利条件汲取知识并扩大共享和交流效果。

五 和谐关系构建

大学募捐"网络"协同的一个重要特征就是"和谐"。在我们的观察中，协同需要明确的计划和控制、管理，但也要允许失控、边界的重新把握和反馈。募捐网络需要构建的和谐关系包括两个方面：一是机构间关系。主要通过规范制约机制齐心协力地完成募捐，包括沟通合作意愿、维护集体利益和建立心理契约。齐美尔的"个人与群体的双重性"观念认为个人与群体关系不可分离，每个人代表的是背后的组织，个人的群体性实则彰显了个体的身份独特性。因此，个体关系可以作为机构间关系的载体，尤其大学募捐"网络"中机构负责人的交叉任职意味着机构间的关联；此外，机构负责人的人格魅力、礼仪和关系的嵌入、机构间是否建立熟悉的互动模式等也是重要影响因素。二是融合多样的协同内容，协同既与共同认知、权威、监督有关，也与信任、声誉、互惠有关。因此，构建和谐关系要处理好权力相关的统摄关系，同时还要处理好社会资本相关的交换关系。

综上所述，构建和谐关系要围绕机构间关系和需要协同的内容展开，具体可从以下三个方面入手：化解机构间中心性和自主性的矛盾，寻求机构权力和独立性的平衡点；建立项目流程和心理契约，讨论出哪个募捐环节应该由哪些机构出面和跟进；利用网络社交关系提供机会、化解威胁，最终目的在于提供或挖掘募捐机会，使募捐机构在募捐过程中"协助会同、谐调一致"。

六 网络化治理

任何大学的募捐必定都是在募捐网络中完成的，网络结构决定了网络互动到网络协同的形成机制。大学募捐"网络"化治理生成的内因和外因交互起作用——信息共享机制、规范制约机制、成本控制机制、能力建设机制共同起作用。实现网络化治理的内在成因在于能力建设机制，包括组织能力建设、人才培养建设、可持续发展能力建设。实现网络化治理的外在成因在于成本控制机制，通过整合治理目标和治理渠道实现协同。协同意味着网络化秩序。信息共享机制和规范制约机制则维持网络化秩序。网络化秩序与自上而下和自下而上的顺序不同，具有治理性、建构性和整合性，强调对全部自有关系的整合，充分发挥关系资本在大学募捐"网络"中的作用。网络化治理不仅强调了权力赋能逻辑，还强调了关系桥接逻辑。旨在调动各个机构的积极性，提高组织协调能力，利用网络秩序实现更好的互动状态即协同，最终实现更高的募捐绩效。

首先，要学会用系统、网络的视角看待促进网络协同的互动关系或合作关系，判断哪些互动是重要的、必要的，是达成协同的充分必要条件。其次，要利用募捐网络提高大学募捐主体的能动性、反思性和开拓性，进行主动募捐、调适性反馈和可持续发展、组织间学习和募捐方式创新。总之要善于主动利用互动关系形成的网络，进行网络化治理并维持网络秩序，促进网络协同的持续形成。

第四节　展望：从网络互动到网络协同

一　协同形成机制和形成逻辑

本研究通过构建在网络结构下大学募捐过程中大学教育基金会、大学行政职能部门、校友总会三类主要机构的"网络互动—网络协同"的分析框架，对行政管理"网络"和执行者"网络"两个近似网络结构进行典型案例分析，每个结构底下探讨四种协同形成机制，试图揭开募捐过程中互动怎样形成协同的暗箱。协同形成机制和逻辑影响到募捐网络中三个募捐机构合作效果或互动效果，最终影响协同状态和募捐绩效。得出以下结论。

第一，检验出"网络互动—网络协同"的协同形成框架能够深入、恰当地描述和解释慈善募捐领域中社会组织与事业单位的协同，协同形成遵循着"互动内容—四个协同形成机制—协同形成逻辑—协同"的逻辑链条。总体上，协同体现为目标一致、冲突降低、完成筹款任务；协同过程具有整合性和创新性特征。

第二，在行政管理"网络"和执行者"网络"中都存在信息共享、规范制约、成本控制和能力建设四种协同形成机制：①信息共享机制包括减少信息不对称、采用信息共享策略、建立信息互换模式、整合信息偏好；②规范制约机制体现为沟通合作意愿、维护集体利益、建立心理契约；③成本控制机制体现为前馈战略控制、过程费用控制、关系维护成本控制；④能力建设机制主要表现在组织能力建设、人才培养建设、可持续发展能力建设。

第三，如图7-2所示，四类形成机制的组合揭示了网络协同的不同逻辑：权力赋能逻辑、关系桥接逻辑、文化拓展逻辑，即同样的大学募捐活动关系形成的网络结构，由于协同形成机制不同，所体现的协同逻辑有所侧重，行政管理"网络"侧重权力赋能和关系桥接；执行者"网络"侧重文化拓展和关系桥接。四个协同形成机制可以用这三个逻辑去解释，把关系和权威当作资本、充分使用慈善领域的公益性质进行循环募捐，这些实质是社会资本维度的分析，可以视为关系、权威、文化资本的汇聚与融合，最终建立结合了慈善募捐领域特色的可持续的网络秩序。

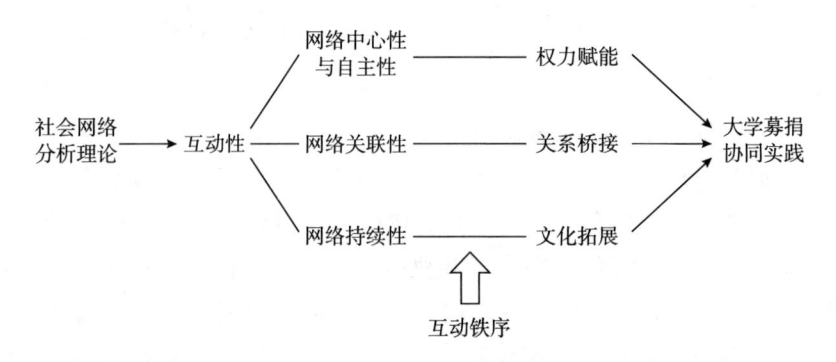

图7-2 社会网络分析理论与大学募捐"网络"协同实践的关系
资料来源：笔者自制。

第四，存在大学社区"小世界"环境和网络放大效应是网络互动形成网络协同的约束条件。通过具有"小世界"特征的网络对关系资本进行放大，是协同形成的约束条件，形成最终的协同秩序，进行协同优化。

第五，大学募捐协同优化行动对策是异质信息资源交换，目标整合，强化执行者共识，组织学习与创新，和谐关系构建，网络化治理。从关系对的角度出发，以大学教育基金会为募捐网络中心节点，向外获取资源，提高能动性，处理好"大学教育基金会—行政职能部门"和"大学教育基金会—校友总会"两对关系。

综上所述，社会网络分析理论揭示了"互动—协同"的协同形成的实质是网络中关系发挥作用和形成互动秩序的过程。

二 可能的理论和实践创新

本书具有重要的理论和实践意义，对完善中国现有大学募捐制度有借鉴作用。本书具有一定的理论创新性,从整合性网络互动视角出发,从大学募捐三个主要机构间的互动关系入手,构建了募捐网络中互动内容的分类标准,提出了"网络互动""募捐目标协同""募捐反向协同"等概念,并用网络互动关系作用解释了"互动—协同"的协同形成过程机制,是西方社会网络的系统视角与中国本土化权力、关系、文化逻辑结合路径的有益探索与尝试。

理论创新:(1)发展了 Watts 和 Strogatz (1998) 的"网络并非是随机的,而是兼具随机性和聚类性"的观点,认为网络是有秩序的[①],具化为网络互动到网络协同是秩序化的过程。(2)用网络互动的视角解释募捐网络协同的形成。网络不仅包括关系,还包括节点——前者强调关系的作用、对关系的运用与管理,用关系的作用解释社会资本、绩效性能,后者强调节点本身的结构中位置、实质性功能,网络结构与网络互动是构成与内容的关系,从互动到协同的先决条件是网络结构的分类。(3)对协同的定义进行了全面梳理,包括"反向协同",即从约束层面,通过成本控制机制、规范制约机制防止不协同的产生;将"目标协同"定义为一致和稳定的共识,在募捐领域加入完成募捐绩效任务的指标。因此,本研究进行了一定意义上的分类创新、概念创新、观点创新。分类创新主要指依据关系对的自主程度,构建了网络结构类型和相应的互动关系模式;构建了募捐网络中互动内容分类标准。概念创新主要指从网络视角提出"网络互动""网络协同"的概念;对协同的定义进行较为全面的梳理,从状态和过程两个方面定义协同;并针对大学募捐提出"募捐目标协同""募捐反向协同"的概念;最终"协同形成"落脚于对"关系对的互动作用"的解释。其中,行动上的协同形成主要缘于关系的渠道作用,合意上的协同形成主要缘于关系的黏合剂作用。本研究侧重于行动上的协同,认为合意蕴于行动之中。同时,关系作用体现在归纳出的每一个协同形成机制之中。观点创新主要指用网络互动关系作用解释了"互动—协同"的微观到中观的协同形成过程机制,进行社会网络分析理论在大学募捐新情景下的运用,所提出的四个机制的内涵、三种逻辑以及协同形成的普遍约束条件等观点属于理论创新,也为社会网络

---

① Barabasi 认为,Watts 和 Strogatz 的数学发现凸显了"在网络环境下史无前例和意料之外"的现象。他们已经展示了"网络内部的一种新的、不受质疑的秩序",这种秩序"将复杂网络从随机的丛林中提升出来"(Barabasi, 2002)。

分析理论增添了新内容。

实践创新：拓宽了理论运用于实践的适用范围。本研究是社会网络分析理论在大学募捐新情景下的运用，"网络"协同的意义在于互动的有效性——募捐绩效、和谐状态、可持续性。因此比较保守地认为，协同形成规律适用于多机构合作，尤其是在公益慈善领域。

三 研究中存在的问题与进一步研究的方向

基于已有研究结论，未来的研究准备聚焦于互动秩序建立后如何维持以及同质性的网络解释两个方面。

本研究聚焦于协同形成机制，解决了协同如何形成的真实运作问题，考察网络互动带来的机会、约束与效果，启示我们关注网络互动到网络协同的秩序。并借鉴 Thomson 和 Perry 旨在揭开协同过程暗箱的五个维度分析，在结构维度和机构维度之外，着重从社会资本维度对协同过程进行解释。从某种程度上讲，秩序是一种资本，各机构间协同状态有利于获得更好的绩效，是采用关系作用发挥即协同形成的解释机制对募捐绩效的性能和效果进行解释，协同形成的过程就是网络秩序资本化的过程。因此，秩序形成后如何维持？关系作用如何解释机构间同质性的产生？后一个问题是 Borgatti（2003、2011）所认为的另一个网络解释目标。

尽管社会网络分析提供了一种观察问题的方式，但它并不能预测我们会看到什么。社会网络分析并不提供一系列从中可以引出假设或预测的前提。关系相对于原子化单位有优越性，而对于不平等什么时候会增长或衰减，组织如何确保成功，或哪个机构有可能长久并健康地发展等而言，并没有立即获得明确的意义。单独而言，网络分析只能为这些问题提供模糊的回答。然而这些答案有一个用处：虽然它们不告诉社会科学家这些问题的答案，但是它们可以为寻求答案提供方向。选择社会网络分析理论作为对话理论即隐含了本研究对自主性、平等、可持续发展的无尽探索。

未来的发展尝试探索西方社会网络的系统视角与中国本土化权力、关系、文化逻辑结合路径，未来的协同形成研究可以继续探索网络互动的秩序化。这是基于以下三个方面的考虑。

第一，在治理互动结构层面对治理模式的总结发现，所有的社会都是通过科层治理、自我治理和共同治理三种模式的混合来实现治理的（Kooiman & Jentoft, 2009）。本研究认为这种混合实质上就是网络化治理,可以解决科层治理、自治治理和共同治理等单治理模式的弊端。网络化治理能够解决能力悖论、占用悖论和治理悖论三个悖论（Berends & Sydow, 2020）,放大合作伙伴的组织间关系可以发现一个嵌套的人际关系网络,在这个网络中,组织的挑战得到了解决（Berends & Sydow, 2020）,这是未来治理模式研究趋势。只有通过互动式学习,厘清价值观、规范和原则,才能实现治理的目的,进行治理模式的选择（Kooiman & Jentoft, 2009）。Berends 和 Sydow（2020）赞同 Harry Sminia、Anup Nair、Aylin Ates、Steve Paton 和 Marisa Smith 等学者的观点,认为组织成员之间的实际互动定义了组织间关系。

第二,本研究用"网络协同"的概念取代"组织协同"的概念,认为节点和节点间关系同样重要。已有的关于协同形成研究,有的侧重在组织间嵌套人际关系的"关系—行为"研究（Harry Sminia, Anup Nair, Aylin Ates, Steve Paton, Marisa Smith）,有的侧重个体理性假设和多元中心下形成集体行动的"结构性博弈—行为"研究（Ostrom, Olson）,有的侧重基于契约精神构建协同过程分析框架的"过程—行为"研究（Ansell, Emerson）。本研究认为需要综合机构本身作用和互动关系功能两方面的要素,采用综合性体现组织本身（大学教育基金会、大学行政职能部门、校友总会）和组织间关系功能（关系对）的"网络协同"概念,而非仅侧重组织间关系的"组织协同"概念。

"网络协同"相对于"组织协同"概念来说,除了强调组织间协作等互动关系外,还强调整体的组织设置结构等先置条件,同时强调成对关系的约束力。网络协同是指整体上网络中的协同状态,可以先有组织内部协同,然后向外部组织间协同转变（Berends & Sydow, 2020）。但是仍然采用结构和互动关系的整合视角,而非单一的组织间关系视角。这样才能解释多组织间网络通过组织间互动关系,发挥合作开发创新（Powell et al., 1996）,应对重大挑战（Seidl & Werle, 2018）,优化供应链（Dyer & Nobeoka, 2000）,制定标准（Leiponen, 2008）,实现创意项目（Windeler & Sydow, 2001）或应对紧急情况（Beck & Plowman, 2014）等作用,最终形成协同状态。因此,网络协同是比组织协同更加复杂、从结构出发、具有围绕活动形成的网络边界约束力的存在。

第三,西方理论实践的分析模式到西方理论与中国故事的分析模式的逐步逼近。尽管社会网络理论同样来自西方,与组织间关系、集体行动的逻辑、协同过程分析框架三种竞争性理论相比较，仍具有解释有效性和差异性。一方面，大学募捐"网络"是一个近似的协同网络，需要多个机构配合才能够完成，引进西方的社会网络分析作为对话理论具有解释有效性；另一方面，社会网络分析的理念在中国古典管理理念中的和谐关系构建历史中并不陌生，尽管在多中心协同之中权力影响一直存在，且受慈善募捐领域的文化影响，这些均可以用社会网络分析理论进行解释，也是必须采用社会网络分析的原因所在，最终体现西方社会网络的系统视角与中国本土化权力、关系、文化逻辑结合的路径，并挖掘网络互动的秩序化，用网络秩序资本化的过程解释协同形成的过程。

第五节　小结

本研究以关系对和募捐网络为分析单位，立足于网络协同状态和秩序的形成本质——网络中互动关系，试图探索网络协同形成具体过程和机制。一方面研究其上游，即大学募捐"网络"互动如何能形成协同；另一方面落脚于协同形成机制研究的下游，即大学募捐多机构协同的行动优化建议。综上，本实证研究主要得出了以下四个方面的结论，在此基础上，为非营利组织管理领域的理论和实践做出一定程度的深化和补充。

第一，社会网络分析理论能够用于解释大学募捐领域中的多机构协同的形成。本书的主要贡献在于提供一个分析协同形成的新视角，具有分类创新、概念创新和观点创新三个方面的创新意义。在类型学上，依据关系对的自主程度，构建了网络结构类型和相应的互动关系模式类型，同时依据关联频率和互动方式，构建了募捐网络中互动内容分类标准。为了更好地解释协同形成机制，提出了"网络互动""募捐目标协同""募捐反向协同"等概念。最后通过典型案例分析，认为可以运用网络互动关系视角解释"互动—协同"协同形成过程机制，可以在大学募捐新情景下运用社会网络分析理论，最终所归纳出的四个协同形成机制、三种逻辑以及协同形成的普遍约束条件等观点，为社会网络分析理论增添了新内容。

第二，本研究最终验证了"网络互动—网络协同"的协同形成解释框架，且四个协同形成机制在网络环境中具有一定普适性。①信息共享机制具体表现为减少信息不对称、采用信息共享策略、建立信息互换模式、整合信息偏好；②规范制约机制具体表现为沟通合作意愿、维护集体利益、建立心理契约；③成本控制机制具体表现为前馈战略控制、过程费用控制、关系维护成本控制；④能力建设机制则体现为组织能力建设、人才培养建设、可持续发展能力建设。

第三，本研究提供异质信息、资源交换，目标整合，强化执行者共识，组织学习与创新，和谐关系构建，网络化治理等落地的大学募捐协同优化建议。同时，从社会网络分析理论的网络属性等概念中也得出不少启示：权力赋能逻辑启示我们利用好大学行政职能部门的资源和平台；关系桥接逻辑启示我们需要从关系对出发考虑募捐活动，并向外沟通联系获取资源；文化拓展逻辑启示我们认识到大学募捐的公益性质和文化凝聚力，持续进行公益文化品牌活动培育。此外，通过对现实中的网络化治理与科层制管理的比较发现，执行者网络互动模式中行政职能部门角色呈弱化趋势，启示我们要关注大学教育基金会的公益募捐和行政对接双重职能和大学教育基金会专业化趋势，发挥大学教育基金会的自主性。

第四，通过西方理论在中国情境下的本土化应用，本研究有一些新的发现：①发现在不同网络结构和互动模式中，四个协同形成机制的表现和特征均不同。如行政管理"网络"结构呈现的治理性和执行者"网络"结构呈现的反思性差异显著。②发现不同互动模式均形成了协同，但背后所体现的逻辑不同。如权力赋能逻辑和文化拓展逻辑差异显著。③形成机制和形成逻辑的排列组合非常复杂，仍有待探究。但可以发现，关系桥接逻辑是最为常见的协同形成逻辑，在这个逻辑下四种协同形成机制并行。

基于上述研究结论和新发现，可一窥协同形成机制的实质和未来的研究趋势。基于实证分析发现协同状态在网络结构和网络互动关系中更容易形成，协同形成机制的实质是网络秩序的构建和维持。大学募捐是慈善募捐的新兴领域，具有较大发展空间。基于已有的研究贡献和已有的研究不足，可以对本研究进行展望，在"互动秩序如何维持"和"多机构同质化的网络解释"两个方向上进行探索。一方面，在"互动—协同"形成机制效果显著的基础上，互动秩序形成后如何维持，什么情况下秩序可以作为网络资本，什么情况下秩序比较脆弱的问题需要进一步探讨。另一方面，已有研究主要以绩效、协同形成为解释目标进行网络视角的解释，未来可以继续参考 Borgatti（2009）的研究框架，从收敛机制、传染机制两方面研究多机构同质化的网络视角的解释。

总之，当前中国大学募捐实务界缺乏理论指导，社会网络分析理论较少用于大学募捐领域。本研究可视为西方社会网络的系统视角与中国本土化权力、关系、文化逻辑结合路径的有益探索，旨在揭开协同形成过程暗箱，从多机构互动关系新视角切入，探讨协同形成机制，是对前人协同形成研究的具化和深化，最终理论结合实际，提供切实可行的大学募捐协同优化建议：第一，大学教育基金会应利用好成对关系的作用，用网络互动视角重新审视大学募捐主体间合作，遵循协同形成逻辑和形成机制，积极主动地与外部募捐网络进行联系和资源获取，从互动走向协同。大学教育基金会应提高机构中心性，同时保持自主性，提高联系密度，这样才能够提高募捐网络的可持续性。第二，致力于提前化解不协同，尤其是利用成本控制机制和规范制约机制，对可能的不协同提前控制和缓解冲突。第三，大学募捐"网络"要重视行政权威对大学教育基金会能力建设的支持，不能只将行政权威视为大学募捐掣肘者或者被服务者，而应该将其视为资源提供者和工作支持者，重视其能力建设功能和资源整合功能；大学募捐要注重慈善募捐领域的公益性，回到慈善募捐的本质，用公益项目设计本身去吸引捐赠，将大学募捐视为提高社会福利、大学教育质量和造福社会和人类的善举。第四，合作互动能带来创新，创新性亦可以促进协同，产生强大的凝聚力，创新、建构、交流、反思等成为协同形成过程的特征。

本书的主要不足有两个方面：第一，中国大学募捐还处在初级阶段，已有研究多从中美比较的角度开展，本书仅将国外大学募捐情况作为前期观察对象和知识背景；第二，本书是采用社会网络分析理论讲中国大学募捐故事的初步尝试，需要兼顾关系桥接作用、募捐过程中公益文化传播作用、权力赋能逻辑，三重逻辑与四种机制的组合的初步归纳和分析结果尽管已经得出，未来研究仍需进一步深化。

附录一：募捐"网络"和互动模式类型划分(节选)

综合排名 2020	大学教育基金会名称	大学统筹部门名称	行政职能部门性质（所属大学机构设置栏目名称）	大学行政职能部门网址（设置=1，没有设置=0）	行政职能部门筹款业务范畴是否明确（没有业务说明=0，跳转到大学基金会页面/象征性指导=1，业务明确/实质性指导=2）	大学基金会（自主性强，相对平等=1；自主性弱，相对不平等=2）	互动模式（执行者"网络"互动模式=1，行政管理"网络"互动模式=2）
1	北京大学教育基金会	无	无	0	0	1	1
2	清华大学教育基金会	无	无	0	0	1	1
3	复旦大学教育发展基金会	对外联络与发展处	党群部门、行政部门	1	2	2	2
4	ZJ大学教育基金会	发展联络办公室	直属单位	1	2	2	2
5	南京大学教育发展基金会	发展与校友工作办公室	行政部门	1	1	1	1
6	上海交通大学教育发展基金会	发展联络处	职能部门	1	1	1	1
7	华中科技大学教育发展基金会	校友工作及对外联络办公室、教育发展基金管理处	机关部处	1	2	2	2

续表

综合排名 2020	大学教育基金会名称	行政职能部门的独立性			大学教育基金会的自主性		互动模式（执行者"网络"互动模式=1，行政管理"网络"互动模式=2）
^	^	大学统筹部门名称	行政职能部门性质（所属大学机构设置栏目名称）	大学行政职能部门网址（设置=1，没有设置=0）	行政职能部门筹款业务范畴是否明确（没有业务说明=0，跳转到大学基金会页面/象征性指导=1，业务明确/实质性指导=2）	大学基金会（自主性强，相对平等=1；自主性弱，相对不平等=2）	^
8	中国科学技术大学教育基金会	发展和改革办公室、发展规划处	校部机关	1	2	2	2
9	ZR 大学教育基金会	无	无	0	0	1	1
10	天津大学北洋教育发展基金会	校友与基金事务处	机关部处室	1	1	1	1
11	WH 大学教育发展基金会	校友事务与发展联络处	行政部门	1	2	2	2
12	南开大学教育基金会	发展委员会办公室	职能部门	1	2	2	2
13	山东大学教育基金会	无	无	0	0	1	1
14	中山大学教育发展基金会	教育发展与校友事务办公室	直属单位	0	1	1	1
15	西安交通大学教育基金会	教育基金会	行政部门	1	1	1	1
16	哈尔滨工业大学教育发展基金会	校友工作办公室或教育基金会秘书处	直属及附属单位	1	1	1	1
17	东南大学教育基金会	发展委员会	行政机构	1	2	2	2
18	四川大学教育基金会	对外联络办公室	业务单位	1	2	2	2

续表

综合排名2020	大学教育基金会名称	行政职能部门的独立性				大学教育基金会的自主性		互动模式（执行者"网络"互动模式=1，行政管理"网络"互动模式=2）
		大学统筹部门名称	行政职能部门性质	行政职能部门性质（所属大学机构设置栏目名称）	大学行政职能部门网址（设置=1，没有设置=0）	行政职能部门筹款业务范畴是否明确（没有业务说明=0，跳转到大学基金会页面/象征性指导=1，业务明确/实质性指导=2）	大学基金会（自主性强，相对平等=1；自主性弱，相对不平等=2）	
19	吉林大学教育基金会	校友和基金工作办公室	直属管理机构		1	1	1	1
20	同济大学教育发展基金会	对外联络与发展办公室	行政机构		1	2	2	2
21	北京航空航天大学教育基金会	校友联络发展处	党政机关		1	2	2	2
22	北京师范大学教育基金会	无	组织机构		0	0	1	1
23	厦门大学教育发展基金会	无	行政部门		0	0	1	1
24	西北工业大学教育基金会	无	职能部门		0	0	1	1
25	中南大学教育基金会	教育发展与校友事务办公室	直附属单位		1	2	2	2
27	HN大学教育基金会	发展联络处	机关部处		1	1	1	1
27	大连理工大学教育发展基金会	无	无		0	0	1	1

附录二：典型案例的访谈提纲和访谈纪要（节选）

（一）访谈提纲（以 WH 大学为例）
WH 大学访谈提纲

访谈说明：本次访谈围绕"大学如何面向校友进行募捐"主题展开，目的是了解大学筹款主体的机构设置、校友募捐网络结构、特色筹款项目等内容。

第一部分：大学筹款体系与筹款模式

1. 在筹款过程中，大学教育基金会、校友事务与发展联络处、校友总会分别发挥着哪些作用？
2. 在大额筹款中，大学教育基金会是如何调动校内筹资资源的？
3. 如何发挥学院及院长的筹款作用？院系专项基金如何运作？

第二部分：校友募捐网络

1. WH 大学校友规模与分布情况如何？
2. 相对于其他高校，WH 大学的校友网络有哪些独特之处？它们在筹款中发挥了哪些作用？
3. 校友网络拓展与捐赠网络拓展之间有哪些关联，又有哪些区别？
4. WH 大学大额捐赠校友较多，捐赠过程中校友组织或各类联谊会能起到多大作用？捐赠网络是如何通过这些校友网络拓展的？
5. WH 大学的海外校友网络与筹款战略是怎样的？

第三部分：特色项目

1. WH 大学人才引进基金已经形成了品牌，学校是如何调动 VIP 校友筹款积极性，利用他们的朋友圈和资源进行筹款的？

2. 在筹款过程中如何打好品牌？

3. 年度捐赠项目是如何培养校友特别是年轻校友捐赠习惯的？这种小额捐赠和大额捐赠相比，项目的设计和执行过程中会有哪些差异？

4. 毕业校友返校活动如何与筹款项目结合？

5. 移动互联网背景下校友捐赠，WH 大学有哪些尝试？

6. 良好的捐赠反馈是后续筹款与复捐的关键，WH 大学在捐赠管理与捐赠回馈环节有哪些好的做法？

（二）WH 大学焦点小组访谈记录（WH20190528）

1. WH 大学和 ZR 大学的渊源……2（访谈整理记录第几页）
2. 校友捐赠的作用；真正的校友捐赠占总捐赠额多大比例……2
3. WH 大学教育发展基金会的结构……2
4. 大额捐赠项目的比较……3
5. 各学校间的同行交流情况……3
6. 基金会难点：投资与社会捐赠……3
7. 机构定位……3
8. 学校董事会与基金会理事会的作用……4
9. 评选校董的原则：三二原则……4
10. WH 大学企业家联谊会的作用……5
11. WH 大学的经典品牌：人才引进基金+校友经济圈……5
12. 校友捐赠与政府支持的关系……6
13. 企业家大额捐赠、楼宇命名的考量……6
14. WH 大学人才工程项目也是留本资金还是当期使用……7
15. 基金会理事的决策权限问题……7
16. 访谈课题介绍……8
17. 关于向校友要钱的文化与项目……9
18. WH 大学有没有搞毕业捐赠，毕业生每年毕业季的时候进行筹款……10

19. 地方校友总会的运作……10
20. 常规项目及创新：校庆活动和年级基金……10
21. 重点捐赠靠毕业 20 年的校友……11
22. 筹款模式到了 1.5 阶段：校级和院系筹款的矛盾点……12
23. 捐赠款的用途有哪些；是否砍掉占比较少的用途……13
24. 是否应该发奖教金；用学校培训换取募捐金额存在的风险……13
25. 校友网络和捐赠网络之间有哪些关联和区别；校友工作和筹款工作之间到底是什么关系……14
26. 对 WH 大学在海外的校友，有没有筹款的一个战略布局……15
27. WH 大学的人才引进基金如何发挥 VIP 校友的筹款积极性——校长如何打动校友……16
28. 偶然性捐赠的例子……17
29. 校友捐赠排名和政府管理……18
30. 非公募背景下微信和互联网筹款的关系、筹款模式创新、资金使用……18
31. 基金会自有资金的使用……20
32. 捐赠项目的设计和楼宇冠名的具体设计、办法……21
33. 校友之友捐赠的转化率……22
34. 影响复捐的因素有哪些……22

参考文献

一 中文著作

陈向明:《质性研究方法:反思与评论》,重庆大学出版社2008年版。

陈秀峰:《当代中国大学教育基金会研究》,中国社会科学出版社2010年版。

康晓强:《公益组织与灾害治理》,商务印书馆2011年版。

林曦:《企业利益相关者管理:从个体、关系到网络》,东北财经大学出版社2010年版。

刘军:《社会网络分析导论》,社会科学文献出版社2004年版。

杨宏山:《转型中的城市治理》,中国人民大学出版社2017年版。

张永强:《工程伦理学》,高等教育出版社2014年版。

张忠元、向洪:《协作资本》,中国时代经济出版社2002年版。

赵海林:《从行政化到多元化:慈善组织运作研究》,中国社会科学出版社2014年版。

周三多、陈传明、鲁明泓:《管理学:原理与方法(第3版)》,复旦大学出版社1999年版。

周雪光:《组织社会学十讲》,社会科学文献出版社2003年版。

[美]爱德华·弗里曼:《战略管理:利益相关者方法》,王彦华、梁豪译,上海译文出版社2006年版。

[美]艾尔·巴比:《社会研究方法(第十一版)》,邱泽奇译,华夏出版社2009年版。

[美]埃莉诺·奥斯特罗姆:《公共事务的治理之道:集体行动制度的演进》,余逊达、陈旭东译,上海译文出版社2016年版。

[美]安德鲁·坎贝尔、凯瑟琳·萨姆斯·卢克斯:《战略协同(第2版)》,任通海等译,机械工业出版社2000年版。

[美]戴维·H.罗森布罗姆、罗伯特·S.克拉夫丘克:《公共行政

学：管理、政治和法律的途径》，张成福译，中国人民大学出版社 2002 年版。

[德] 赫尔曼·哈肯：《协同学——大自然构成的奥秘》，凌复华译，上海译文出版社 2013 年版。

[美] 柯克·爱默生：《协同治理：一个综合分析框架》，载王浦劬、臧雷振《治理理论与实践：经典议题研究新解》，中央编译出版社 2017 年版。

[美] 克里斯·安塞尔、艾莉森·加什：《协同治理：理论与实践》，载王浦劬、臧雷振《治理理论与实践：经典议题研究新解》，中央编译出版社 2017 年版。

[美] 丽莎·布洛姆格伦·宾汉：《新型治理：利益攸关方和公民的政治参与》，载王浦劬、臧雷振《治理理论与实践：经典议题研究新解》，中央编译出版社 2017 年版。

[美] 林顿·C. 弗里曼：《社会网络分析发展史：一项科学社会学的研究》，张文宏、刘军、王卫东译，中国人民大学出版社 2008 年版。

[美] 罗伯特·吉本斯：《博弈论基础》，高峰译，中国社会科学出版社 1992 年版。

[美] 罗伯特·帕特南：《使民主运转起来》，王列、赖海榕译，江西人民出版社 2001 年版。

[美] 罗纳德·伯特：《结构洞：竞争的社会结构》，任敏、李璐、林虹译，上海人民出版社 2017 年版。

[美] 马克·格兰诺维特：《镶嵌：社会网与经济行动》，罗家德等译，社会科学文献出版社 2015 年版。

[德] 尤尔根·哈贝马斯：《合法化危机》，刘北成、曹卫东译，上海人民出版社 2000 年版。

[美] 约翰·斯科特、彼得·J. 卡林顿：《社会网络分析手册》，刘军、刘辉等译，重庆大学出版社 2018 年版。

二 中文论文

蔡岚、寇大伟：《雾霾协同治理视域下的社会组织参与——协同行动、影响因素及拓展空间》，《北京行政学院学报》2018 年第 4 期。

陈根林：《美国高校捐赠文化的形成因素浅析》，《中国电子教育》2007 年第 4 期。

陈秀峰、郑杭生：《公益与效益的平衡：透视大学教育基金会的资金运作机制》，《教育与经济》2008年第1期。

陈志琴、俞光虹、周玲：《影响中美高校募捐的社会因素比较》，《高教探索》2005年第5期。

高尚涛：《中国合作治理理论研究现状》，《国际观察》2008年第2期。

苟欢：《合作治理：社会治理变革的新探索——中国"合作治理"研究（2000—2016）文献综述》，《公共管理与政策评论》2017年第1期。

顾玉林、戴杭骁：《高校教育基金会项目管理浅析》，《经济论坛》2010年第2期。

郭秀晶：《我国高校教育基金会的现状分析与发展路径选择》，《天津大学学报》（社会科学版）2009年第3期。

何晴、张黎群：《组织间管理控制模式与机制研究评介》，《外国经济与管理》2009年第10期。

侯琦、魏子扬：《合作治理——中国社会管理的发展方向》，《中共中央党校学报》2012年第1期。

姜明君：《我国高校教育捐赠研究现状分析》，《才智》2017年第30期。

姜骞：《组织间关系管理理论研究综述及其启示》，《商业时代》2014年第15期。

蒋庆荣：《新时代高校校友工作的若干问题探析》，《高教研究》2020年第2期。

雷旭东：《关于高校捐赠基金科学管理的若干思考》，《福建农林大学学报》（哲学社会科学版）2010年第4期。

李德水：《中国经济将长期保持稳健快速增长》，《管理世界》2004年第3期。

李辉：《区域一体化中地方政府间合作的预期与挑战——以协同理论为分析框架》，《社会科学辑刊》2014年第1期。

李门楼、丁苗苗、周迪：《我国高校基金会筹资现状、问题及对策研究》，《教育现代化》2018年第5期。

李振鹏、唐锡晋：《集体行动的阈值模型》，《系统科学与数学》2014年第5期。

林成华、胡炜：《美国一流大学"筹款人"角色模型与启示》，《中国高等教育》2018年第13期。

刘洁：《我国高校教育基金会的治理研究》，《学理论》2018年第10期。

刘亮、陈以增、韩传峰、荣玫：《国家应急管理工作组合作网络的社会网络分析》，《中国安全科学学报》2015年第3期。

刘伟：《自治、协同还是整合？——兼评〈转型中的城市治理〉》，《公共管理与政策评论》2018年第4期。

刘伟忠：《我国协同治理理论研究的现状与趋向》，《城市问题》2012年第5期。

刘西忠：《跨区域城市发展的协调与治理机制》，《南京社会科学》2014年第5期。

刘志坚：《高校校友总会与基金会的伙伴关系模式探析》，《重庆大学学报》2012年第10期。

陆根书、陈丽、席酉民、梁磊、李怀祖：《美国研究型大学开展社会捐赠的实践及其启示》，《高等教育研究》2006年第12期。

罗公利、孙在东：《高校社会捐赠的博弈分析》，《化工高等教育》2005年第2期。

罗珉：《组织间关系理论研究的深度与解释力辨析》，《外国经济与管理》2008年第1期。

罗珉、何长见：《组织间关系：界面规则与治理机制》，《中国工业经济》2006年第5期。

罗珉、徐宏玲：《组织间关系：价值界面与关系租金的获取》，《中国工业经济》2007年第1期。

罗志敏、苏兰：《论大学—校友关系中的校友捐赠表现》，《现代大学教育》2017年第4期。

吕炜、谭九生：《国家政治安全视角下网络谣言协同治理研究》，《湖南科技大学学报》（社会科学版）2015年第3期。

麻宝斌、李辉：《中国地方政府间合作的动因、策略及其实现》，《行政管理改革》2010年第9期。

马永斌：《组织间关系构建理论综述及发展趋势展望》，《科学学与科学技术管理》2010年第6期。

马占杰：《对组织间关系的系统分析：基于形成机制的角度》，《现代管理科学》2010年第3期。

梅菁、何卫红：《我国资源环境审计政策协同测量》，《财会月刊》

2018 年第 17 期。

孟东军、陈礼珍、张美凤:《中美大学教育捐赠管理比较研究》,《中国高教研究》2005 年第 7 期。

孟东军、张美凤、顾玉林:《我国高校社会捐赠管理比较研究》,《高等工程教育研究》2003 年第 2 期。

苗红培:《多元主体合作供给:基本公共服务供给侧改革的路径》,《山东大学学报》(哲学社会科学版)2019 年第 4 期。

牛文元:《可持续发展的能力建设》,《中国科学院院刊》2006 年第 1 期。

潘开灵、白列湖:《管理协同机制研究》,《系统科学学报》2006 年第 1 期。

彭纪生、仲为国、孙文祥:《政策测量、政策协同演变与经济绩效:基于创新政策的实证研究》,《管理世界》2008 年第 9 期。

钱晓田:《高校社会捐赠的动力机制与策略选择》,《江苏社会科学》2019 年第 3 期。

秦亚青:《国际制度与国际合作:反思新自由制度主义》,《外交学院学报》1998 年第 1 期。

屈维意、周海炜、姜骞:《组织间关系维度分析及其实证研究》,《情报杂志》2011 年第 8 期。

任敏、罗丹:《关于协作性治理理论的研究综述》,《河北北方学院学报》(社会科学版)2018 年第 1 期。

桑壮、陶泽、程文浩:《捐赠网络与基金会信息公开——基于社会网络方法的实证研究》,《中国非营利评论》2019 年第 2 期。

陶国根:《论社会管理的社会协同机制模型构建》,《四川行政学院学报》2008 年第 3 期。

田玉麒:《破与立:协同治理机制的整合与重构——评 Collaborative Governance Regimes》,《公共管理评论》2019 年第 2 期。

王冬梅:《高校社会捐赠发展的影响因素与规律》,《现代教育科学》2007 年第 5 期。

王凤彬、江鸿、吴隆增:《社会资本与核心能力关系研究:以知识创造为中介变量》,《科学学研究》2008 年第 3 期。

王国勤:《当前中国"集体行动"研究述评》,《学术界》2007 年第

5期。

王宁:《代表性还是典型性?——个案的属性与个案研究方法的逻辑基地》,《社会学研究》2002年第5期。

王任达、刘春生:《发展大学教育基金会促进大学教育捐赠》,《内蒙古师范大学学报》(教育科学版)2005年第11期。

王诗宗、宋程成:《独立抑或自主:中国社会组织特征问题重思》,《中国社会科学》2013年第5期。

王小军、范宁:《美国高校捐赠与基金会的运作及启示》,《北京林业大学学报》(社会科学版)2008年第3期。

王映雪:《公司僵局的困境解析与路径建构——以司法解散的替代性措施为视角》,《盐城工学院学报》(社会科学版)2017年第2期。

王玉斌:《我国高校校友总会工作现状浅析及创新初探》,《河南工业大学学报》(社会科学版)2009年第4期。

吴惠、张彦通:《加快高校教育基金会发展初探》,《中国高等教育》2006年第11期。

伍尚海:《高校教育基金会的发展探析》,《高教论坛》2010年第8期。

肖文涛:《论应对突发公共事件的政府执行力建设》,《国家行政学院学报》2007年第2期。

谢宝婷:《浅析网络互动内涵》,《社会》2002年第7期。

谢永超、杨忠直:《大学捐赠基金的功能分析及启示》,《社会科学家》2008年第12期。

徐吉洪:《美国AAU核心研究型大学的筹资策略及启示》,《复旦教育论坛》2015年第3期。

徐娜:《慈善论坛论慈善》,《中国减灾》2005年第12期。

许苏明、陈迪:《结构、界面规则与利益表达:社会和谐构建的社会网络范式》,《东南大学学报》(哲学社会科学版)2007年第5期。

徐孝民、莫蕾钰:《我国公立高校投入模式:变迁、分析与思考》,《北京教育(高教版)》2020年第11期。

徐宇珊:《非对称性依赖:中国基金会与政府关系研究》,《公共管理学报》2008年第1期。

颜克高、罗欧琳:《关联理事的筹资效应:基于高校教育基金会与校友总会的关系研究》,《中国非营利评论》2015年第1期。

闫卫华：《高校规划机构建设与探索》，《高校规划机构建设与探索》2010年第3期。

杨宏山：《合作治理与城市基层管理创新》，《南京社会科学》2011年第5期。

阳荣威：《试论高等学校募捐策略与措施》，《大学教育科学》2008年第4期。

杨维东：《我国大学教育基金会治理的现状与对策》，《中国高等教育》2014年第21期。

杨维东、成梁：《我国大学校友募捐网络研究——基于社交网络分析的视角》，《现代教育管理》2020年第12期。

弋亚群、刘益、李垣：《组织资源的协同机制及其效应分析》，《经济管理》2003年第16期。

张国兴、高秀林等：《中国节能减排政策的测量、协同与演变——基于1978—2013年政策数据的研究》，《中国人口·资源与环境》2014年第12期。

张辉、洪成文：《"双一流"建设的社会成本分担机制研究——基于美国大学与捐赠基金关系的数据分析》，《中国高教研究》2016年第3期。

张辉、万慧颖、洪成文：《我国大学捐赠基金发展及其影响因素的实证研究》，《教育财会研究》2016年第1期。

张静：《案例分析的目标：从故事到知识》，《中国社会科学》2018年第8期。

张康之：《论合作治理中的制度设计和制度安排》，《齐鲁学刊》2004年第1期。

张康之：《论参与治理、社会自治与合作治理》，《行政论坛》2008年第6期。

张小萍、周志凯：《中国高校捐赠收入现状、问题及对策》，《教育发展研究》2012年第23期。

张宇峰：《我国高校基金会应着力打造"五个一"》，《江苏高教》2008年第2期。

赵欣：《目标、权力与领导力：社区建设协同机制的三维向度》，《天津社会科学》2016年第6期。

三 中文学位论文

白淑英:《电子政务型政府协同管理网络的形成及其动态演进研究》,博士学位论文,哈尔滨工业大学,2009年。

达选芳:《中国慈善组织筹资困境的破解之道》,硕士学位论文,华东政法大学,2017年。

郭婉玲:《两岸慈善组织筹资能力比较研究》,硕士学位论文,华南理工大学,2018年。

胡静:《湖北西部地区区域发展战略与路径研究》,博士学位论文,华中农业大学,2010年。

李洁:《大学捐赠基金运作问题研究》,博士学位论文,华中科技大学,2010年。

李炜冰:《中国慈善事业发展中的政府责任研究》,博士学位论文,南京大学,2013年。

刘丽娜:《中国教育捐赠政策研究》,硕士学位论文,哈尔滨师范大学,2009年。

刘树堂:《影响中国大学教育基金会发展的若干因素研究》,硕士学位论文,山东大学,2009年。

钱洁:《论社会公共安全协同供给》,博士学位论文,南京大学,2013年。

钱敏:《高校教育基金会筹资渠道研究及对中国的启示》,硕士学位论文,安徽大学,2011年。

任宗强:《基于创新网络协同提升企业创新能力的机制与规律研究》,博士学位论文,浙江大学,2012年。

史猛:《协同理论视角下兵地融合发展研究》,硕士学位论文,石河子大学,2017年。

王德建:《网络治理的生成机制研究》,博士学位论文,山东大学,2006年。

翁士洪:《非营利组织援助义务教育的演化逻辑》,博士学位论文,复旦大学,2013年。

许灯红:《中国高校教育基金会发展研究——基于中美比较的分析》,硕士学位论文,厦门大学,2008年。

杨伟伟:《中国基金会筹资能力及内部影响因素实证研究》,硕士学位论文，中共重庆市委党校，2016 年。

张雷：《大学教育基金会发展及运作研究》，硕士学位论文，北京交通大学，2008 年。

张亚兰：《基于战略联盟视角的科技企业孵化器与创业投资外部合作研究》，博士学位论文，天津大学，2011 年。

四 外文著作

Alter C, Hage J, Organizations Working Together, Newbury Park, CA: Sage Publications, 1993.

Borgatti S P, Everett M G, Johnson J C, Analyzing Social Networks 2nd Ed, Sage Publications UK, 2018.

Brooks H, Liebman L, Schelling C S, Public—private Partnerships: New Opportunities for Meeting Social Needs, Cambridge, MA: Ballinger, 1984.

Brown R, Group Processes: Dynamics within and between Groups, Oxford: Blackwell, 1988.

Contractor F J, Lorange P, Cooperative Strategies in International Business: Joint Ventures and Technology Partnerships between Firms, Pergamon, 1988.

Drezner N D, Huehls F, Fundraising and Institutional Advancement: Theory, Practice, and New Paradigms (1st ed.), Routledge, 2014.

Friedmann J, Regional Development Policy: A Case Study of Venezuela, Cambridge, Mass: MIT Press, 1966.

Gray B, Intervening to Improve Inter—organizational Partnerships. Chapter of The Oxford Handbook of Inter—Organizational Relations, Blackwell, 2007.

Mattessich P W, Monsey B R, Collaboration: What Makes It Work. A Review of Research Literature on Factors Influencing Successful Collaboration, St. Paul, MN: Amherst H, Wilder Foundation, 1992.

Ostrom E, *Governing the Commons: The Evolution of Institutions for Collective Action*, Cambridge: Cambridge University Press, 1990.

Olson M, The Logic of Collective Action: Public Goods and the Theory of Groups, Cambridge, Mass: Harvard University Press, 1965.

Pollard J A, Foreword by Abrams F W, Fund—Raising for Higher Education, New York: Harper & Brothers, 1958.

Post J E, Preston L E, Sachs S, Redefining the Corporation, Stanford University Press, 2002.

Rainie L, Wellman B, Networked: The New Social Operating System, London: The MIT Press, 2012.

Sargeant A, Jay E, Fundraising Management: Analysis, Planning and Practice, New York: Routledge, 2009.

Simmel G. Sociologie et épistémologie. Sociologies, Paris: PUF coll, 1989.

Strauss A, Miroir et masques, Paris: Métaillié, 1994.

Tempel E R, Seiler T L, Burlingame D F, Achieving Excellence in Fundraising (Essential Texts for Nonprofit and Public Leadership and Management), Jossey—Bass, 2016.

Thomson A M, *Collaboration: Meaning and Measurement*, Indiana University-Bloomington, 2001.

Walton A, Gasman M, Huehls F, et al, Philanthropy, Volunteerism & Fundraising in Higher Education, Person Custom Publishing, 2008.

Wasserman S, Faust K, Social Network Analysis: Social Network Analysis in the Social and Behavioral Sciences, John Wiley & Sons Ltd, 1994.

Worth M J, New Strategies for Educational Fund Raising, American Council on Education and Praeger Publisher, 2002.

五 外文论文

Aldrich D P, "The Externalities of Strong Social Capital: Post—Tsunami Recovery in Southeast India", *Journal of Civil Society*, Vol. 7, No. 1, 2011.

Amit R, Zott C, "Value Creation In E—business", *Strategic Management Journal*, Vol. 22, No. 6, 2001.

Anselin L, "Spatial Econometrics", in T. C. Mills and K. Patterson, eds. *Palgrave Handbook of Econometrics*, Palgrave MacMillan, Vol. 1, 2006.

Ansell C, Gash A, "Collaborative Governance in Theory and Practice", *Journal of Public Administration Research and Theory*, Vol. 18, No. 4, 2008.

Baraba'si A.—L, Albert R, "Emergence of Scaling in Random Networks", *Science*, Vol. 286, No. 15, 1999.

Bayley T D, *The Fund Raiser's Guide to Successful Campaigns*, Published by McGraw—Hill Ryerson Limited, 1988.

Berends H, Sydow J, "Process Views on Inter—organizational Collaborations", *Research of the Sociology of Organization*, 2020.

Bertrand M, Luttmer E, Mullainathan S, "Network Effects and Welfare Cultures", *Quarterly Journal of Economics*, Vol. 2, No. 155, 2000.

Bingham L B, Nabatchi T, O'Leary R, "The New Governance: Practice and Precsses for Stakeholder and Citizen Participation in the Work of Government" *Public Administration Review*, Vol. 65, No. 5, 2005.

Blatner K A, Carroll M S, Daniels S E, "Evaluating the Application of Collaborative Learning to the Wenatchee Fire Recovery Planning Effort", *Environmental Impact Assessment Review*, Vol. 21, No. 3, 2001.

Borgatti S P, Foster P C, "The Network Paradigm in Organizational Research: A Review and Typology", *Journal of Management*, Vol. 29, 2003.

Borgatti S P, Halgin D S, "On Network Theory", *Organization Science*, Vol. 22, No. 5, 2011.

Borgatti S P, Mehra A, Brass D J, Giuseppe L, " Network Analysis in the Social Sciences", *Science*, Vol. 323, No. 13, 2009.

Brown E C, Hawkins J D, Rhew I C, Shapiro V B, Abbott R D, Oesterle S A, Michael W, Briney J S, Catalano R F, "Prevention System Mediation of Communities that Care Effects on Youth Outcomes", *Prevention Science*, Vol. 15, No. 5, 2014.

Chen B, "Assessing Interorganizational Networks for Public Service Delivery: A Process—perceived Effectiveness Framework", *Public Performance & Management Review*, Vol. 31, No. 3, 2008.

Coles—Kemp L, Ashenden D, O'Hara K, "Why Should I? Cybersecurity, the Security of the State and the Insecurity of the Citizen", *Politics and Governance*, Vol. 6, No. 2, 2018.

Considine M, " Governance Networks and the Question of Transformation", *Public Administration*, Vol. 91, No. 2, 2013.

Cook B, " The Major Gifts Literature: Observations and Reflections", *Nonprofit Management & Leadership*, Vol. 7, No. 3, 1996.

Cook W B, " Fund Raising and the College Presidency in an Era of Uncertainty: From 1975 to the Present", *The Journal of Higher Education*,

Vol. 68, No. 1, 1997.

Cropper S, "Collaborative Working and the Issue of Sustainability", In Creating Collaborative Advantage, edited by Chris Huxha, Thousand Oaks, CA: Sage Publications, 1996.

Dimaggio P J, Powell W W, " The Iron Cage Revisited: Institutional Isomorphism and Collective Rationality in Organizational Fields", American Sociological Review, Vol. 48, No. 2, 1983.

Duncan J W, Strogatz S H, " Collective Dynamics of "Small—world" Networks", Nature, Vol. 393, No. 6, 1998.

Duronio M A, Loessin B A, Effective Fund Raising in Higher Education: Ten Success Stories, San Francisco, Oxford: Jossey Bass Publishers, 1991.

Dyer J H, Singh H, " The Relational View: Cooperative Strategy and Sources of Interorganizational Competitive Advantage", Academy of Management Review, Vol. 23, No. 4, 1998.

Edelenbos J, Klijn E H, "Managing Stakeholder Involvement in Decision Making: A Comparative Analysis of Six Interactive Processes in the Netherlands", J Public Adm Res Theory, 2006.

Edelenbos J, Klijn E H, "Managing Stakeholder Involvement in Decision Making: A Comparative Analysis of Six Interactive Processes in the Netherlands", Journal of Public Administration Research and Theory J—PART, Vol. 16, No. 3, 2006.

Emerson K, Nabatchi T, Balogh S, "An Integrative Framework for Collaborative Governance", Journal of Public Administration Research and Theory, Vol. 22, No. 1, 2012.

Erdos P, Renyi A, "On the Evolution of Random Graphs", Publications of the Mathematical Institute of the Hungarian Academy of Sciences, Vol. 5, 1960.

Forster A S, Rockliffe L A, "Qualitative Systematic Review of Factors Influencing Parents' Vaccination Decision—making in the United Kingdom", SSM—Population Health, Vol. 2, 2016.

Foster—Fishman P G, Salem D A, Allen N A, et al, "Facilitating Interorganizational Collaboration: The Contributions of Interorganizational Alliances", American Journal of Community Psychology, Vol. 29, No. 6, 2001.

Galaskiewicz J, Burt R S, "Interorganization Contagion in Corporate Philanthropy", *Administrative Science Quarterly*, Vol. 36, No. 1, 1991.

Gibbons D E, "Friendship and Advice Networks in the Context of Changing Professional Values", *Administrative Science Quarterly*, No. 99, 2004.

Goodwin E J, "Network Analysis, Culture, and the Problem of Agency", *American Journal of Sociology*, Vol. 99, No. 6, 1994.

Grannovetter M, "Threshold Models of Collective Behavior", *American Journal of Sociology*, Vol. 83, 1978.

Gray B, Purdy J. Conflict in Multistakeholder Partnerships, "Collaborating for Our Future: Multistakeholder Partnerships for Solving Complex Problems", *Published to Oxford Scholarship Online*, 2018.

Gray B, Wood D J, "Collaborative Alliances: Moving from Practice to Theory", *Journal of Applied Behavioral Science*, Vol. 27, No. 1, 1991.

Gray B, "Conditions Facilitating Interorganizational Collaboration", *Human Relations*, No. 38, 1985.

Gricar B G, "Conflict Power and Organization in a Changing Community", *Human Relations*, Vol. 34, No. 10, 1981.

Ostrom E, "A Behavioral Approach to the Rational Choice Theory of Collective Action American", *Political Science Review*, Vol. 92, No. 1, 1998.

Himmelman A T, "On the Theory and Practice of Transformational Collaboration: From Social Service to Social Justice", *Creating Collaborative Advantage*, Thousand Oaks, CA: Sage Publication, edited by Chris Huxham, 1996.

Huynh T, "Early—stage Fundraising of University Spin–offs: A Study through Demand-site Perspectives", *Venture Capital*, Vol. 18, No. 4, 2016.

Jones C, Hesterly S W, Borgatti S P, "A General Theory of Network Governance: Exchange Conditions and Social Mechanisms", *Academy of Management Review*, Vol. 22, No. 4, 1997.

Kalé L V, Sinha A B, "Information Sharing Mechanisms in Parallel Programs", Proceedings of the 8th International Symposium on Parallel Processing, Cancún, Mexico, 1994.

Kapucu N, Hu Q, *Network Management and Leadership*, Network Governance, 2020.

Kilduff M, "The Friendship Network as a Decision—making Resource: Dispositional Moderators of Social Influences on Organizational Choice", *Journal of Personality and Social Psychology*, No. 62, 1992.

Kooiman J, Jentoft S, "Meta—Governance: Values, Norms and Principles, and the Making of Hard Choices", *Public Administration*, Vol. 87, No. 4, 2009.

Krackhardt D, Kilduff M, "Friendship Patterns and Culture: The Control of Organizational Diversity", *American Anthropologist*, No. 92, 1990.

Lambe C J, Spekman R E, "Alliances, External Technology Acquisition, and Discontinuous Technological Change", *Journal of Product Innovation Management*, Vol. 14, No. 2, 1997.

Lamin A, Dunlap D, "Complex Technological Capabilities in Emerging Economy Firms: The Role of Organizational Relationships", *Journal of International Management*, Vol. 17, No. 3, 2011.

Lee L F, "Identification and Estimation of Econometric Models with Group Interactions. Contextual Factors and Fixed Effects", *Journal of Econometrics*, Vol. 140, No. 2, 2007.

Lewis J M, "The Future of Network Governance Research: Strength in Diversity and Synthesis", *Public Administration*, Vol. 89, No. 4, 2011.

Lincoln J R, Miller J, "Work and Friendship Ties in Organizations: A Comparative Analysis of Relational Networks", *Administrative Science Quarterly*, No. 24, 1979.

Liu C S, Liu Y Q, "On the Application of Target Cost Management in Enterprise Economic Management", *Modern Business*, Vol. 15, No. 21, 2020.

Liu D, "Application of Activity based on Costing in Logistics Enterprises", *China Circulation Economy*, Vol. 35, No. 3, 2020.

Lu H E, Potter A, Rodrigues V S, "Exploring Sustainable Supply Chain Management: A Social Network Perspective", *Supply Chain Management*, Vol. 23, No. 4, 2018.

MacIntyre A, "Institutions and Investors: The Politics of the Economic Crisis in Southeast Asia", *International Organizations*, Vol. 55, No. 1, 2001.

Madigan L S, "Alternative Dispute Resolution: New Approaches to Resolving

Disputes in the Public Sector", *The Justice System Journal*, Vol. 9, No. 2, 1984.

Mael F A, Tetrick L E, "Identifying Organizational Identification", *Educational & Psychological Measurement*, Vol. 52, No. 4, 1992.

Margerum D W, et al, "Role of Halogen (ⅰ) Cation—transfer Mechanisms in Water Chlorination in the Presence of Bromide Ion", *Journal of Environmental Monitoring*, Vol. 4, No. 1, 2001.

McCaffrey D P, Faerman S R, Hart D W, "The Appeal and Difficulties of Participative Systems", *Organization Science*, Vol. 6, No. 6, 1995.

McCann J E, "Design Guidelines for Social Problem—solving Interventions", *The Journal of Applied Behavioral Science*, Vol. 19, No. 2, 1983.

Mcguire M, Agranoff R, "The Limitations of Public Management Network", *Public Administration*, Vol. 89, No. 2, 2011.

Mendoza J P, Dekker H C, Wielhouwer J L, "Firms' Compliance with Complex Regulations", *Law Hum Behav*, Vol. 40, No. 6, 2016.

Mervyn K, Amoo N A, Malby R, "Challenges and Insights in Inter—Organizational Collaborative Healthcare Networks: An Empirical Case Study of a Place—Based Network", *International Journal of Organizational Analysis*, Vol. 27, No. 4, 2019.

Mohammed B A, "Factors Influencing Adoption of Mobile Social Network Games (M—SNGs): The Role of Awareness", *Information Systems Frontiers*, 2018.

O'Toole L J Jr, Meier K J, Nicholson—Crotty S, "Managing Upward, Downward and Outward: Networks, Hierarchical Relationships and Performance", *Public Management Review*, Vol. 7, No. 1, 2005.

O'Toole L J Jr, "Rational Choice and the Public Management of Inter—Organizational Networks". *In the State of Public Management*, edited by Kettl D F and Milward H B, Baltimore: Johns Hopkins University Press, 1997.

O'Toole L J Jr, "Treating Networks Seriously: Practical and Research—Based Agendas in Public Administration", *Public Administration Review*, Vol. 57, No. 1, 1996.

Oliver C, "Determinants of Interorganizational Relationships", *Integration and Future Directions in Academy of Management Review*, Vol. 15, No. 2, 1990.

Padilla Y C, Daigle E L, "Inter—agency Collaboration in an International Setting", *Administration in Social Work*, 1998.

Powell W W, "Neither Market nor Hierarchy: Network Forms of Organization", *In Research in Organizational Behavior*, edited byStaw B M and Larry L, CT: JAI Press Vol. 12, 1990.

Provan K G, Kenis P, "Modes of Network Governance: Structure, Management, and Effectiveness", *Journal of Public Administration Research and Theory*, Vol. 18, No. 2, 2008.

Rice E H, "The Collaboration Process in Professional Development Schools: Results of a Meta—Ethnography, 1990—1998", *Journal of Teacher Education*, Vol. 53, No. 1, 2002.

Riche C, Aubin D, Moyson S, "Too Much of a Good Thing? A Systematic Review about the Conditions of Learning in Governance Networks", *European Policy Analysis*, 2020.

Ring P S, Van de Ven A H, "Developmental Process of Cooperative Interorganizational Relationships", *Academy of Management Review*, Vol. 19, No. 2, 1994.

Roberts N C, Bradley R T, "Stakeholder Collaboration and Innovation: A Study of Public Policy Initiation at the State Level", *Journal of Applied Behavioral Science*, Vol. 27, No. 2, 1991.

Ross E A, "Compromise", *Chartered Accountants Journal*, No. 9332, 1908.

Rosso H A, *Achieving Excellence in Fundraising*, edited by Tempel E R, San Francisco: Jossey—Bass, 2003.

Seidenfeld T, "Substitution of Indifferent Options at Choice Nodes and Admissibility: A Reply to Rabinowicz", *Theory & Decision*, Vol. 48, No. 4, 2000.

Shama A, Juzer B, et al, "Information Sharing Mechanism in Academic Network Community", *International Journal of Engineering Research & Technology (IJERT)*, Vol. 3, No. 3, 2014.

Six B, Zimmeren E V, F Popa, et al, "Trust and Social Capital in the Design and Evolution of Institutions for Collective Action", *International Journal of the Commons*,? Vol. 9, No. 1, 2015.

Smith M K, Lewin K, "Groups Experiential Learning and Action Research", *The Encyclopedia of Informal Education*, 2001.

Suneetha K, Morgan E H, Shruthi C, et al, "Adapting Agriculture Platforms for Nutrition: A Case Study of a Participatory, Video—Based Agricultural Extension Platform in India", *Plos One*, Vol. 11, No. 10, 2016.

Svendsen A C, Laberge M, "Convening Stakeholder Networks: A New Way of Thinking, Being and Engaging", *Journal of Corporate Citizenship*, No. 19, 2005.

Thomson A M, Perry J L, "Collaboration Processes: Inside the Black Box", *Public Administration Review*, Vol. 12, No. 1, 2006.

Thomson A M, "AmeriCorps Organizational Networks on the Ground: Six Case Studies of Indiana AmeriCorps Programs" *Washington. DC: Corporation for National Service*, 2001.

Tighe Geoghegan Y R, "Beyond Community Involvement: Lessons from the Insular Caribbean", *Parks*, 2002.

Tindall D B, et al, "Canada as Social Structure: Social Network Analysis and Canadian Sociology", *Canadian Journal of Sociology*, Vol. 26, No. 3, 2001.

Uzzi B, "The Sources and Consequences of Embeddedness for the Economic Performance of Organizations: The Network Effect", *American Sociological Review*, Vol. 61, No. 4, 1996.

Van de Ven, Andrew H, "Toward a Framework for Organization Aaaessment", *Academy of Management Annual Meeting Proceedings*, No. 1, 1975.

Vielfaure C , "Les Rites D'interaction, de E. Goffman", *Communication & Langages*, No. 92, 1974.

Vohora A, Wright M, Lockett A, "Critical Junctures in the Development of University Hightech Spinout Companies", *Research Policy*, Vol. 33, No. 1, 2004.

Walter U M, Petr C G, "A Template for Family—Centered Interagency Collaboration", *Families in Society the Journal of Contemporary Human Services*, Vol. 81, No. 5, 2000.

Wang X M, "On Value Engineering", *Science & Technology Vision*, Vol. 5, No. 4, 2015.

Watts D J, Strogatz S H, "Collective Dynamics of 'Small—world' Networks", *Nature*, Vol. 393, No. 6, 1998.

Weitz B A, Jap S D, "Relationship Marketing and Distribution Channels", *Journal of the Academy of Marketing Science*, Vol. 23, 1995.

Wood D J, Gray B, "Toward a Comprehensive Theory of Collaboration", *The Journal of Applied Behavioral Science*, Vol. 27, No. 2, 1991.

Young L C, Wilkinson I F, "The Space Between: Towards a Typology of Interfirm Relations", *Journal of Business—to—Business Marketing*, Vol. 4, No. 2, 1998.

Zajac E J, Olsen C P, "From Transaction Cost to Transaction Strategies", Vol. 30, No. 1, 1993.

Zou H, Liu X, Ghauri P, "Technology Capability and The Internationalization Strategies of New Ventures", *Organizations & Markets in Emerging Economies*, Vol. 1, No. 1, 2010.

Zucker T, Flesche C W, Germing U, et al, "Initial Conditions and Moment Restrictions in Dynamic Panel Data Models—Monte Carlo Evidence and an Application to Employment Equations", *Journal of Econometrics*, Vol. 87, No. 1, 1998.

后　记

本书脱胎于笔者的博士学位论文《我国大学募捐协同形成机制研究——基于网络互动视角的实证分析》，出版之时正值我博士毕业满两年。在中国社会科学出版社出版可以说是该作品最好的归宿，也是对我五年辛苦钻研的交代。

尽管我此前已参与过三四部著作的撰写，但是这本书才是我真正意义上的第一本专著。从写作到出版，其中曲折一言难尽。在重新修订博士论文时，我不禁感慨，在读博士期间自己还是满怀激情付出努力了的。

虽然很多人对此类研究尚比较陌生，但是提到大学募捐的使用对象，如大学受捐赠的楼栋、实验室，大学生领取的奖学金和助学金，学生社团的经费，高校老师的科研资助等，大家还是很熟悉的。本书以小见大，且有一定创新性。本书选取"网络互动"这一新视角，试图回答非营利组织领域中大学募捐"互动如何形成协同"的问题，认为网络协同形成机制主要有四个：信息共享机制、成本控制机制、能力建设机制和规范制约机制，具有一定的分类创新、概念创新和观点创新，为社会网络分析理论和协同形成研究增加了新的内容。本书不仅理论上有新观点、新思路、新框架，还对全国大学基金会进行了扎实调研和案例分析，为实践指导和后期可持续研究提供思路和基础。我相信，运用用途灵活的社会资源助力"百年树人"的教育事业功在当代、利在千秋。

本书撰写和出版过程中的很多事情让我心生感慨，值得一记。

毕业于湖南大学的熊晓鸽为武汉大学捐赠1977万元，只是因为感恩武汉大学查全性教授在1977年提议恢复高考。

康晓光老师帮助我定选题时说："为什么要研究捐赠和慈善？因为公益品牌高于其他一切机构的品牌，否则购物界面为什么说此项消费可捐赠0.5元给公益项目，而不是说此项消费可以纳更多税？或者可以为企业创造更多利润？"

2019—2020 年我去美国访学，在宾夕法尼亚大学的"公益与筹款"课堂上，请来自世界各国的学生帮忙填写大学募捐主题问卷。

郭海鹰秘书长带领我们到全国各地高校调研时，结识了很多优秀的、有社会责任感的人和有创意的大学募捐工作者！

……

本书的付梓需要感谢很多人：我的博士导师康晓光教授、调研带队的时任中国人民大学教育发展基金会郭海鹰秘书长、专注钻研高校基金会的杨维东师兄、各高校教育发展基金会和校友会的工作者、鼓励我出版的廖丹子教授、本书的责任编辑李庆红老师……

"路漫漫其修远兮，吾将上下而求索"，我将秉承屈原的精神继续我的科研事业，深入探索捐赠行为和利他动机，为营造更美好的社会公益慈善氛围尽自己的绵薄之力。

刘黄娟

2023 年 8 月于西南财经大学